JURISDIÇÃO CONSTITUCIONAL E DEMOCRACIA

ensaios escolhidos

Dieter Grimm

JURISDIÇÃO CONSTITUCIONAL E DEMOCRACIA

ensaios escolhidos

Edição coordenada por
Gilmar Ferreira Mendes

SÃO PAULO

2023

CONTRACORRENTE

© Suhrkamp Verlag Berlin 2021
All rights reserved by and controlled through Suhrkamp Verlag Berlin
Copyright © EDITORA CONTRACORRENTE
Alameda Itu, 852 | 1° andar |
CEP 01421 002
www.loja-editoracontracorrente.com.br
contato@editoracontracorrente.com.br

EDITORES
Camila Almeida Janela Valim
Gustavo Marinho de Carvalho
Rafael Valim
Walfrido Warde
Silvio Almeida

EQUIPE EDITORIAL
COORDENAÇÃO DE PROJETO: Juliana Daglio
REVISÃO: Fernanda Zandoná
PREPARAÇÃO DE TEXTO E REVISÃO TÉCNICA: Amanda Dorth
DIAGRAMAÇÃO: Gisely Fernandes
CAPA: Maikon Nery

EQUIPE DE APOIO
Fabiana Celli
Carla Vasconcelos
Regina Gomes
Nathalia Oliveira
Erick Facioli

Dados Internacionais de Catalogação na Publicação (CIP)
(Câmara Brasileira do Livro, SP, Brasil)

Grimm, Dieter
  Jurisdição constitucional e democracia : ensaios escolhidos / Dieter Grimm ; coordenação Gilmar Ferreira Mendes ; tradução Paulo Sávio Nogueira Peixoto Maia , Érica Luisa Ziegler. -- 1. ed. -- São Paulo : Editora Contracorrente, 2023. -- (Constitucionalismo contemporâneo)

  Título original: Verfassungsgerichtsbarkeit
  Bibliografia.
  ISBN 978-65-5396-136-4

  1. Democracia 2. Direito Constitucional 3. Direito Constitucional - História 4. Ensaios jurídicos I. Mendes, Gilmar Ferreira. II. Título. III. Série.

23-169390   CDU-342

Índices para catálogo sistemático:
1. Direito Constitucional   342
Aline Graziele Benitez - Bibliotecária - CRB-1/3129

@editoracontracorrente
Editora Contracorrente
@ContraEditora
Editora Contracorrente

SUMÁRIO

AGRADECIMENTOS ... 7

APRESENTAÇÃO ... 11

APRESENTAÇÃO DA COLEÇÃO ... 29

1 – O QUE É POLÍTICO NA JURISDIÇÃO CONSTITUCIONAL? ... 31

2 – DIREITO OU POLÍTICA? A CONTROVÉRSIA KELSEN-SCHMITT SOBRE A JURISDIÇÃO CONSTITUCIONAL E A SITUAÇÃO ATUAL ... 51

    I. A controvérsia histórica ... 51

    II. A situação atual ... 80

3 – CONSTITUIÇÃO, JURISDIÇÃO CONSTITUCIONAL, INTERPRETAÇÃO CONSTITUCIONAL: NA INTERFACE DE DIREITO E POLÍTICA ... 107

4 – NEM CONTRADIÇÃO, NEM CONDIÇÃO: CONTROLE DE CONSTITUCIONALIDADE E DEMOCRACIA ... 131

    I. Reconhecimento internacional, *status* precário ... 131

    II. Nem incompatível, nem imprescindível ... 136

    1. Não há contradição 136
    2. Não há imprescindibilidade 141
  III. Vantagens democráticas e riscos democráticos 145
    1. Vantagens 145
    2. Riscos 148
  IV. Evitando os riscos democráticos 153
    1. Abordagens relacionadas ao conteúdo 153
    2. Abordagem funcional 156
  V. Compensação do risco democrático 160

5 – NOVA CRÍTICA RADICAL À JURISDIÇÃO CONSTITUCIONAL 165

REFERÊNCIAS BIBLIOGRÁFICAS 221

AGRADECIMENTOS

A publicação da presente coletânea possui uma história; alguns de seus episódios precisam ser aqui repassados, à guisa de um inventário das gratidões.

Em maio de 2022, recomendaram-me um pequeno impresso veiculado pela Duncker & Humblot.[1] Era uma palestra proferida por Dieter Grimm sobre a polêmica travada entre Hans Kelsen e Carl Schmitt, a respeito de quem deveria ser o guardião da Constituição. Afeiçoei-me pela magistral descrição da posição dos dois contendores no contexto histórico da República de Weimar e pela leitura que Dieter Grimm propõe acerca do significado atual da polêmica, à luz dos novos usos (teóricos e políticos) de motivos populistas.

Por idiossincrasias do mercado editorial brasileiro, o projeto não avançou (o pequeno número de páginas inviabilizaria sua publicação em formato de livro). Deu-se, então, um feliz encontro. Em outubro de 2022, os Professores Luís Greco e Alaor Leite convidaram-me para proferir Conferência Extraordinária na Humboldt Universität zu Berlin, no âmbito do *"Rechtsphilosophisches Donnerstag-Seminar"*.

---

[1] GRIMM, Dieter. *Recht oder Politik?* Die Kelsen-Schmitt-Kontroverse zur Verfassungsgerichtsbarkeit und die heutige Lage. Berlim: Duncker & Humblot, 2020. Cuida-se do segundo artigo desta coletânea.

Dividi a mesa com Dieter Grimm, que rapidamente solucionou o impasse editorial ao sugerir a tradução de escritos adicionais, que vieram a lume em coletânea lançada pela Suhrkamp, em 2021.[2]

Em busca do tempo perdido, procuramos quem aceitasse a complexa missão de verter para o português, em exíguo espaço de tempo, os quatro artigos indicados por Grimm. Erica Luisa Ziegler abraçou o desafio;[3] também ela cuidou de revisar, minudentemente, a tradução que fizemos do artigo sobre a polêmica Kelsen-Schmitt.[4] A ela nos cabe agradecer não apenas pela agilidade incomum, mas também pela lhaneza de quem sempre se mostrou com espírito aberto para ouvir e incorporar as sugestões que apresentamos durante a etapa de revisão dos originais.

Beatriz Bastide Horbach nos ajudou especificamente com a revisão do segundo e do quinto artigos; e, de modo geral, com várias dúvidas que nos assaltavam. João Gabriel Costa dos Santos voluntariou-se para ler os originais e indicou passagens que mereciam aprimoramento. A ambos expresso minha gratidão pela ajuda; e igualmente a Ana Paula Alves Sak, pela revisão de português, feita com o comprometimento e a atenção que lhes são próprios.

---

2   GRIMM, Dieter. *Verfassungsgerichtsbarkeit*. Berlim: Suhrkamp, 2021.
3   É de Erica Ziegler a tradução de: GRIMM, Dieter. "Was ist politisch an der Verfassungsgerichtsbarkeit?" *Zeitschrift für Politik*, Vol. 66, nº 1, 2019, pp. 89-104; GRIMM, Dieter. "Verfassung, Verfassungsgerichtsbarkeit, Verfassungsinterpretation an der Schnittstelle von Recht und Politik". *In*: _____. *Verfassungsgerichtsbarkeit*. Berlim: Suhrkamp, 2021, pp. 153-171; GRIMM, Dieter. "Weder Widerspruch noch Bedingung: Verfassungsrechtsprechung und Demokratie". *In*: _____. *Verfassungsgerichtsbarkeit*. Berlim: Suhrkamp, 2021, pp. 61-86; e, por fim, GRIMM, Dieter. "Neue Radikalkritik an der Verfassungsgerichtsbarkeit". *In*: _____. *Verfassungsgerichtsbarkeit*. Berlim: Suhrkamp, 2021, pp. 357-398.
4   Também publicado em: GRIMM, Dieter. "Recht oder Politik? Die Kelsen-Schmitt-Kontroverse zur Verfassungsgerichtsbarkeit und die heutige Lage". *In*: _____. *Verfassungsgerichtsbarkeit*. Berlim: Suhrkamp, 2021, pp. 105-142.

AGRADECIMENTOS

Com os originais bem encaminhados, um outro feliz encontro aconteceu, agora com a Editora Contracorrente. Graças à proatividade de Georges Abboud e de Rafael Valim, o presente *Jurisdição constitucional e democracia: ensaios escolhidos* inaugura a coleção "Constitucionalismo Contemporâneo", que levará o selo dessa prestigiada casa editorial e do Instituto Brasileiro de Ensino, Desenvolvimento e Pesquisa (IDP).

Por fim, mas não por último, cumpre tecer uma menção especial a Paulo Sávio Peixoto Maia. Não apenas por me apresentar o texto sobre a polêmica entre Kelsen e Schmitt, em maio de 2022. De lá para cá, Paulo Sávio envidou esforços consideráveis para me ajudar na tradução (do segundo estudo), na revisão dos originais e nas demais etapas desse longo processo. Assim o fez com o mesmo comprometimento e tenacidade que marcaram sua passagem por meu Gabinete, nos últimos três anos – os dois primeiros como assessor, o último na chefia. A coincidência que se deu entre a conclusão desta obra e o termo final de seu período de cessão ao Supremo Tribunal Federal entristece-me pela partida; entretanto, mais me alegra a certeza de que aqui se inicia uma prolífica parceria acadêmica.

GILMAR FERREIRA MENDES[5]

---

[5] Doutor em Direito pela Universidade de Münster, Alemanha. Professor de Direito Constitucional nos cursos de graduação e pós-graduação do Instituto Brasileiro de Ensino, Desenvolvimento e Pesquisa (IDP). Ministro do Supremo Tribunal Federal (STF).

APRESENTAÇÃO

GILMAR FERREIRA MENDES[1]

Em boa hora, o Instituto Brasileiro de Ensino, Desenvolvimento e Pesquisa (IDP) e a Editora Contracorrente lançam a coleção "Constitucionalismo Contemporâneo"; mais feliz ainda foi a decisão de inaugurar a série com a presente coletânea de artigos de um *Scholar* de primeira grandeza. Dieter Grimm foi magistrado do Tribunal Constitucional Federal da Alemanha, entre 1987 e 1999; Professor de Direito Público nas Universidades de Bielefeld e Berlim (lecionou, ademais, na Roma La Sapienza e, por último, em Yale, até 2017); Reitor do Wissenschaftskolleg zu Berlin (2001-2007), dentre outras inúmeras posições e atividades de destaque.

Jurisdição constitucional e democracia: ensaios escolhidos reúne as mais recentes reflexões de Dieter Grimm sobre tema que sempre lhe foi caro, qual seja, o controle de constitucionalidade das leis e dos atos normativos. Em todas as contribuições, há um fio que lhes perpassa e lhes confere noção de conjunto: o contexto atual de

---

[1] Doutor em Direito pela Universidade de Münster, Alemanha. Professor de Direito Constitucional nos cursos de graduação e pós-graduação do Instituto Brasileiro de Ensino, Desenvolvimento e Pesquisa (IDP). Ministro do Supremo Tribunal Federal (STF).

ataque ao Estado Constitucional, um modelo de relacionamento entre Direito e Política que, por sua vez, espelha o consenso democrático forjado após o final da Segunda Guerra.

As democracias contemporâneas vivem conjuntura de expiação diante da disseminação, em escala global, do populismo.[2] Estratégias de desinformação e discursos sectários de radicalização política têm influenciado, e deformado, o debate público.[3] Recalques latentes tornam-se manifestos comportamentos políticos de cunho autoritário;[4] atores e setores resistentes ao projeto do constitucionalismo moderno se veem livres de qualquer pudor para expressar aversão à liberdade e à igualdade, vetores que tão caracteristicamente definem aquele.[5]

O observador da cena atual é assaltado com a sensação de que o século passado assistiu a um claro processo de espraiamento de ordens constitucionais baseadas no pluralismo, ao passo que os tempos atuais parecem indicar um verdadeiro movimento de reversão

---

[2] HAWKINS, Kirk; READ, Madeleine; PAUWELS, Teun. "Populism and its Causes". *In*: KALTWASSER, Cristóbal Rovira *et al.* (Orgs.). *The Oxford Handbook of Populism*. Oxford: Oxford University Press, 2017, pp. 267-281.

[3] As próprias organizações político-partidárias passaram a encampar o método de alastrar desinformação por mídias sociais, utilizando-o na conta de ferramenta ordinária de trabalho, consoante mensurou o Relatório para o ano de 2020 do *Oxford Internet Institute*: "Industrialized Disinformation: 2020 Global Inventory of Organized Social Media Manipulation", conduzido por Samantha Bradshaw, Hannah Bailey e Philip N. Howard, todos da Universidade de Oxford.

[4] HOLMES, Stephen; KRASTEV, Ivan. "Explaining Eastern Europe: Imitation and Its Discontents". *Journal of Democracy*, Vol. 29, n° 3, jul. 2018, pp. 117-128.

[5] BARBER, Nicholas W. *The Principles of Constitutionalism*. Oxford: Oxford University Press, 2018, pp. 11/12, que bem demonstra que o âmbito de incidência material dos princípios do constitucionalismo é vasto: eles disciplinam a organização institucional do Estado, mas também pretendem determinar *como* o Estado deve atuar, e quais objetivos este deve perseguir (inclusive em sentido amplo, que agrega acepções do que venha a ser uma ordem justa).

dessas conquistas. Mais intrigante ainda é perceber que o novo populismo invoca democracia contra a própria democracia:[6] o povo comum somente resgataria sua liberdade e retomaria a condição de protagonista se conseguisse "destruir o sistema", livrando-se, assim, de uma "elite" degenerada.[7]

Como se sabe, o Poder Judiciário é o alvo óbvio dessa narrativa, que trabalha com perigosas inversões. Sob as condições modernas, a afirmação do Direito em face do Estado conheceu solução institucional num Poder Judiciário exclusivamente ocupado de processar violações ao ordenamento jurídico;[8] sob o prisma populista, todavia, o Judiciário passa à condição de entrave para expressão da sã e verdadeira vontade popular, um problema a ser transposto. Isso explica por que é tão vasto o repertório de instrumentos do populismo voltado para inviabilizar o exercício independente da jurisdição.[9]

Na Hungria, Viktor Orbán reduziu o limite de idade da aposentadoria compulsória dos integrantes do Poder Judiciário e do

---

[6] HUQ, Aziz; GINSBURG, Tom. "Democracy without Democrats". *Constitutional Studies*, Vol. 6, nº 1, 2020, pp. 165-188, com ampla gama de exemplos.

[7] JAKAB, Andras. "What can Constitutional Law do against the erosion of democracy and the Rule of Law? On the Interconnectedness of the Protection of Democracy and the Rule of Law". *Constitutional Studies*, Vol. 6, nº 1, 2020, p. 14.

[8] SAJO, Andras; UITZ, Renata. *The Constitution of Freedom*: an introduction to legal constitutionalism. Oxford: Oxford University Press, 2017, pp. 326 e ss. Cf., também, STRECK, Lenio Luiz. *Jurisdição constitucional e decisão jurídica*. 4ª ed. São Paulo: RT, 2014, pp. 113-125.

[9] BARROSO, Luís Roberto. "Populismo, autoritarismo e resistência democrática: as cortes constitucionais no jogo do poder". *Revista Direito e Práxis*. Rio de Janeiro: UERJ, 2022, pp. 45 e ss., principalmente. No repertório do populismo inclui-se, claro, ferramentas retóricas; "ativismo judicial" está entre aquelas de uso mais corriqueiro no Brasil. Sobre o tema, é imprescindível: ABBOUD, Georges. *Ativismo judicial*: os perigos de se transformar o STF em inimigo ficcional. São Paulo: RT, 2022.

Ministério Público (de 70 para 62 anos); ao mesmo tempo, afetou o preenchimento dos novos postos para um "Departamento Judiciário Nacional", órgão diretamente ligado ao governo e munido de competências nada ortodoxas, como aquela de apontar, discricionariamente e *ad hoc*, o foro competente de uma ação judicial.[10] Na Turquia, uma revolta contra Recep Erdogan (rapidamente desarticulada) deu azo à decretação de um estado de emergência que resultou na demissão sumária de mais de 4.000 juízes e promotores (o que corresponde a um terço de um quadro de aproximadamente 14.000 membros), inclusive dois membros da Corte Constitucional. Para além dos expurgos, a domesticação do Poder Judiciário se deu por novas atribuições conferidas por emenda constitucional ao Presidente turco, como a de nomear todos os treze membros do "Conselho de Juízes e Promotores" (HSK), órgão responsável pela nomeação, promoção e controle disciplinar de tais agentes, assim como 4/5 dos membros da Corte Constitucional.[11]

Proceder ao aparelhamento da jurisdição por sectários ideologicamente alinhados a um projeto de tomada de poder é traço constitutivo dos novos autoritarismos populistas – em suas várias colorações, como mostram os exemplos da Venezuela e do Equador.[12] Como isso pode levar algum tempo, o *playbook* do populismo

---

[10] Em paralelo às medidas direcionadas à jurisdição ordinária, Orban também aparelhou a Corte Constitucional por várias maneiras, dentre as quais a expansão de seus assentos, de onze para quinze, e a ampliação da duração dos mandatos (que foi elevado para doze anos). Cf. European Commission for Democracy through Law (Comissão de Veneza). Opinion n. 621/2011 – On the new Constitution of Hungary. 87th. Plenary Session, 17-18 de junho de 2011).

[11] TAHIROGLU, Merve. "How Turkey's Leaders Dismantled the Rule of Law". *The Fletcher Forum of World Affairs*, Vol. 44, nº 1, 2020, pp. 69 e ss.

[12] FREEMAN, Will. "Sidestepping the Constitution: Executive aggrandizement in Latin America and East Central Europe". *Constitutional Studies*, Vol. 6, nº 1, 2020, pp. 40/41.

APRESENTAÇÃO

aconselha o candidato a autocrata a concentrar seus esforços na jurisdição constitucional.

Por vários motivos as pulsões autoritárias do populismo deságuam no Tribunal Constitucional. A posição que este ocupa, na arquitetura do Estado, habilita-o a ombrear com os órgãos de cúpula dos Poderes (Parlamento ou Congresso; Gabinete ou Presidência). Na Alemanha,[13] Itália[14] e Espanha,[15] esse *status* institucional reforçado foi expresso e desenvolvido pela publicística do pós-Guerra a partir da compreensão de que um Tribunal Constitucional consiste em "órgão constitucional".[16] Posição que, por sua vez, decorre de uma função exercida pelos Tribunais Constitucionais que não encontra correspondente perfeito na jurisdição comum:[17] a "responsabilidade

---

[13] SCHLAICH, Klaus; KORIOTH, Stefan. *Das Bundesverfassungsgericht*: Stellung, Verfahren, Entscheidungen. München: C. H. Beck, 2018, p. 21, que bem aduz que, no Direito alemão, entende-se que o *Bundesverfassungsgericht* ostenta natureza jurídica diferenciada em relação aos demais Tribunais justamente por ocupar a posição de um órgão constitucional (*Verfassungsorgan*).

[14] SANDULLI, Aldo. "Sulla posizione della Corte Costituzionale nel sistema degli organi supremi dello Stato". *Rivista Trimestrale di Diritto Pubblico*, ano X, nº 4. Milão: Giuffrè, out./dez. 1960 (Estratto).

[15] OUBIÑA BARBOLLA, Sabela. *El Tribunal Constitucional*: pasado, presente y futuro. Valência: Tirant lo Blanch, 2012, pp. 69-71.

[16] GARCÍA-PELAYO, Manuel. "El status del Tribunal Constitucional". *Revista Española de Derecho Constitucional*, Madrid, nº 100, jan./abr. [1981] 2014, p. 16: "La noción de órgano constitucional fue ya implícitamente formulada por Jellinek en 1892 y explícitamente por Santi Romano en 1898, quien se plantea el problema de su distinción frente a los órganos administrativos. Conceptos próximos fueron en la literatura del tiempo los de órganos inmediatos (Gierke) o los de órganos supremos, capitales o fundamentales del Estado. En todo caso, los conceptos de órgano constitucional y sus fines responden a la necesidad inherente a cualquier organización de cierta amplitud y complejidad – y, por tanto, al Estado – de jerarquizar sus unidades y subunidades de decisión y acción, es decir, sus órganos".

[17] Pelo menos no que se refere ao grau de intensidade.

política própria de manter o Estado de Direito e a sua capacidade regular de funcionamento".[18]

A tarefa de garantir a manutenção do Estado de Direito envolve a de assegurar a supremacia da Constituição. Se uma decisão do povo, tomada em assembleia nacional constituinte, vincula todos os poderes públicos, então as deliberações tomadas pela política ordinária precisam observar a precedência constitucional.[19] Inevitavelmente, a política passa a frequentar a pauta de um Tribunal especializado no Direito Constitucional. O *objeto* da jurisdição constitucional – a lei parlamentar, o decreto do Executivo – é político; da anatomia do objeto resulta que qualquer decisão que sobre ele verse revestirá *efeitos* também políticos. O *parâmetro* de controle é a Constituição, que, por seu turno, ocupa-se de peculiar tarefa, aquela de promover a comunicação entre Direito e política;[20] o ramo do Direito que dela se ocupa, o Direito Constitucional, é o que mais se aproxima da materialidade política, dada a correspondência recíproca que existe entre Direito Constitucional e realização da Constituição.[21]

---

[18] BADURA, Peter. "Die Bedeutung von Präjudizien im öffentlichen Recht". *In*: BLAUROCK, Uwe (Org.). *Die Bedeutung von Präjudizien im deutschen und im französischen Recht*: Referate des 5. Deutsch-Französischen Juristentreffens in Lübeck vom 13.-16, Jun.i 1984. Frankfurt: Metzner, 1985, p. 49 ("*aus der Verfassungsorganqualität des Gerichts desseneigene politische Verantwortlichkeir fiir die Erhaltung der rechtsstaatlichen Ordnung und ihrer Funktionsfähigkeit*").

[19] MUβIG, Ulrike. "A new order of ages. Normativity and Precedence". *In*: _____ (Org.). *Reconsidering Constitutional Formation II – decisive constitutional normativity*: From Old Liberties to New Precedence. Cham: Springer Verlag, 2018, pp. 6/7.

[20] LUHMANN, Niklas. "La costituzione come acquisizione evolutiva". *In*: ZAGREBELSKY, Gustavo; PORTINARO Pier Paolo; LUTHER, Jörg. *Il Futuro della Constituzione*. Torino: Einaudi, 1996, pp. 85 e ss.

[21] MAURER, Hartmut. *Direito do Estado*: fundamentos, órgãos constitucionais, funções estatais. 6ª ed. Trad. Luis Afonso Heck. Porto Alegre: Sergio Antonio Fabris Editor, 2018, p. 71.

APRESENTAÇÃO

Diante desse cenário, alguns se sentem encorajados a afirmar (e outros a denunciar) o *caráter político* da jurisdição constitucional; também *político* seria o Tribunal que, precipuamente, vela pela integridade da Constituição. Dieter Grimm problematiza esse estado de coisas lançando a seguinte indagação, que dá nome ao título do estudo que encabeça a presente coletânea: "O que é político na jurisdição constitucional?" (2019) (*Was ist politisch an der Verfassungsgerichtsbarkeit?*).[22]

Para responder à pergunta, o autor procede ao exame analítico de três aspectos da jurisdição constitucional. De partida, assevera que é vã a tentativa de assentar no *objeto* da jurisdição constitucional o seu traço distintivo. O *objeto* só pode ser político:

> Dessa forma, o que é político na jurisdição constitucional? Certamente o seu *objeto* (*Gegenstand*). Tribunais Constitucionais têm a tarefa de fazer valer as prescrições da Constituição – aquele Direito que se reporta à organização e ao exercício do poder político (*politischer Herrschaft*). A Constituição define não somente a estrutura política básica de um país, mas também dirige e limita a ação política. Decisões políticas apenas podem reivindicar validade se forem compatíveis com a Constituição. Por isso, os objetos do controle judicial de constitucionalidade são, obrigatoriamente, ações ou omissões políticas – e via de regra ações dos órgãos de cúpula do Estado, inclusive daqueles cuja legitimação deriva diretamente do povo, por meio de eleições.[23]

Também infrutífero é divisar o traço característico das Cortes Constitucionais a partir dos *efeitos* de suas decisões:

---

[22] Original: GRIMM, Dieter. "Was ist politisch an der Verfassungsgerichtsbarkeit?" *Zeitschrift für Politik*, Vol. 66, nº 1, 2019, pp. 86-97.
[23] GRIMM, Dieter. "O que é político na jurisdição constitucional?" *In*: _____. *Jurisdição constitucional e democracia*: ensaios escolhidos. São Paulo: Contracorrente, 2023.

Ademais, o *efeito* (*Wirkung*) das decisões de Tribunais Constitucionais é inevitavelmente político, na medida em que seu objeto é político. É de considerável significação política decidir se uma lei aprovada com maioria no Parlamento pode, ou não, vigorar. O mesmo vale para quando um Tribunal Constitucional decide acerca da questão de se o Parlamento pode ratificar um acordo internacional celebrado pelo governo. Mesmo atos reservados ao Executivo, tais como a decisão de participar de missões de paz no exterior, podem depender da última palavra do Tribunal Constitucional. Decisões a respeito de regras da competição política, como, por exemplo, a legislação eleitoral ou as leis sobre o financiamento de campanhas eleitorais, têm enormes consequências políticas.[24]

O *objeto* do controle de constitucionalidade e os *efeitos* decorrentes dessa atividade não são suficientes para lhe estremar da política; apenas quando se enfoca a processualidade da jurisdição constitucional, o seu *modo de proceder* (*Vorgang*), é que esta revela o que propriamente tem de singular. Sob a perspectiva desse terceiro aspecto analítico, Dieter Grimm propõe que "acontece uma *mudança de arenas* (*Arenenwechsel*) quando um ato político é atacado perante um Tribunal Constitucional. Mudam os agentes, os critérios e o procedimento (*Verfahren*). De sujeito, a política passa a ser objeto".[25] Essa mudança de arenas não se reduz à simples continuação da política por outros meios (como poderia entender um Carl von Clausewitz), e, para o demonstrar, Dieter Grimm alude às especificidades do processo jurisdicional de individualização normativa (*richterliche Rechtsfindung*); discorre sobre o modo como a indeterminação de uma norma geral e abstrata dá lugar

---

[24] GRIMM, Dieter. "O que é político na jurisdição constitucional?" *In*: _____. *Jurisdição constitucional e democracia*: ensaios escolhidos. São Paulo: Contracorrente, 2023.

[25] GRIMM, Dieter. "O que é político na jurisdição constitucional?" *In*: _____. *Jurisdição constitucional e democracia*: ensaios escolhidos. São Paulo: Contracorrente, 2023.

à proposição normativa concretizada (*konkretisierter Normsatz*); expõe, magistralmente, que a superação daquele "fosso" (*Kluft*) que inevitavelmente existe entre norma e caso concreto se dá com apoio num arsenal de instrumentos da metodologia e dogmática jurídicas cujo uso, por sua vez, não ocorre em ambiente solipsista – as pré-compreensões e premissas contextuais (*Vorverständnisse und Hintergrundannahmen*) orientam o processo de concretização normativa no campo da indeterminação. Por tudo isso, há um tratamento propriamente jurídico no preenchimento daquela margem interpretativa tipicamente presente em questões constitucionais; nesse *modo de proceder* (*Vorgang*) da jurisdição constitucional, observa-se uma lógica peculiar ao sistema do Direito (*Eigenlogik des Rechtssystems*), em tudo distinta dos critérios reitores da política.[26]

Essa separação analítica entre *objeto, efeito e modo de proceder* (*Gegenstand, Wirkung* e *Vorgang*) é retomada no segundo estudo desta coletânea: "Direito ou Política? A controvérsia Kelsen-Schmitt sobre a jurisdição constitucional e a sua situação atual" (2020).[27]

Nele, são revisitadas as objeções de Carl Schmitt à jurisdição constitucional, pejorativamente por ele descrita como a "Justiça da lei constitucional sobre a lei ordinária" (*Justiz des Verfassungsgesetzes über das einfache Gesetz*).[28] Grimm expõe o caráter artificial desse argumento. A partir de uma diferenciação categórica entre criação do Direito e aplicação do Direito (*Rechtsetzung* e *Rechtsanwendung*) – ou entre lei (*Gesetz*) e julgamento (*Richterspruch*) – Carl Schmitt rejeitava o controle abstrato de normas, competência central da

---

[26] GRIMM, Dieter. "O que é político na jurisdição constitucional?" *In*: _____. *Jurisdição constitucional e democracia*: ensaios escolhidos. São Paulo: Contracorrente, 2023.

[27] Original: GRIMM, Dieter. *Recht oder Politik?* Die Kelsen-Schmitt-Kontroverse zur Verfassungsgerichtsbarkeit und die heutige Lage. Berlim: Duncker & Humblot, 2020.

[28] SCHMITT, Carl. *Der Hüter der Verfassung*. Tübingen: J. C. B. Mohr, 1931, p. 41.

Verfassungsgerichtsbarkeit kelseniana, para aceitar o *richterliches Prüfungsrecht* (aquela prerrogativa que os juízes alemães tinham de examinar, preliminarmente à apreciação de um caso concreto, se estão presentes os requisitos formais extrínsecos de uma lei parlamentar).[29] O último ainda se movia no terreno da aplicação normativa, porque guiado pela subsunção ao "direito legislado". Por seu turno, o controle normativo *in abstracto* lidaria com dúvidas e desacordos acerca do conteúdo da lei; e definir de modo geral uma matéria corresponderia – literalmente – à atividade de *dar leis* (*Gesetzgebung*). No contexto da Constituição de Weimar, arremata Schmitt, isso seria ainda mais verdadeiro: repleta de cláusulas que encartam "compromissos formais dilatórios", a decisão que sobre elas versa tem o efeito de definir algo que o Constituinte não conseguira fazer, e, nessa medida, traduz a primeira vez em que a Constituição é dada (*Verfassungsgebung*).[30] Como um tribunal não pode dar leis – tarefa do legislador – essa *Verfassungsgerichtsbarkeit* oriunda de Viena não poderia ser jurisdição: ela é uma instituição política, e não jurídica.

---

[29] Como, por exemplo era a questão de se saber se a lei fora corretamente promulgada: LABAND, Paul. *Das Staatsrecht des Deutschen Reiches*. 5ª ed. Vol. II. Tübingen: Mohr, 1911, pp. 44 e ss. Não apenas a lei parlamentar poderia figurar como objeto; também atos administrativos eram passíveis de controle, estes até por critério material. Do ponto de vista terminológico, Pedro Cruz Villalón menciona que, no âmbito da República de Weimar, a doutrina publicista mostrava desconforto com a expressão *richterliches Prüfungsrecht*, dada a peculiaridade de formular como "direito" dos juízes o exercício do controle de constitucionalidade, atividade de nítido perfil objetivo-institucional, que versa sobre competência, função, e que, nessa medida, frontalmente conflita com a tonalidade subjetiva que sugere "direito". (VILLALÓN, Pedro Cruz. *La formación del sistema europeo de control de constitucionalidad (1918-1939)*. Madrid: Centro de Estudios Constitucionales, 1987, p. 77).

[30] Carl Schmitt faz um jogo entre *Gesetzgebung* e *Verfassungsgebung*, para aludir que o efeito de uma decisão da jurisdição constitucional seria o de um autêntico ato de legislação constitucional, no sentido literal (porém estranho ao ambiente da língua portuguesa) de uma "dação da Constituição" (*Verfassungsgebung*).

APRESENTAÇÃO

De Viena era oriundo o exemplo de um Tribunal Constitucional competente para o controle abstrato de normas. Sua previsão, na Constituição austríaca de 1920, em muito deve-se às minutas de Hans Kelsen,[31] que assessorou Karl Renner no complexo processo constituinte austríaco.[32] Em Viena, Kelsen exercia seu cargo de magistrado do Tribunal Constitucional da Áustria.[33] Também lá aconteceu a reunião de 1928 da Associação dos Professores de Direito do Estado, na qual Hans Kelsen resolutamente apresentou a jurisdição constitucional como "jurisdição genuína" (*echte Gerichtsbarkeit*).[34]

Dieter Grimm recupera tudo isso e também registra que Schmitt preferiu não se fazer presente em Viena; muito provavelmente porque seu real interesse não era exatamente o de brindar a ciência jurídica com uma distinção conceitual sólida entre jurisdição e legislação. Schmitt já estava, ao tempo, suficientemente entretido com a gestação dos "gabinetes presidenciais",[35] uma transgressão constitucional (*Verfassungsdurchbrechung*)[36] formulada pelos círculos

---

[31] JABLONER, Clemens. "Hans Kelsen und die Entwicklung des B-VG 1920". *In*: JABLONER, Clemens; OLECHOWSKY, Thomas; ZELENY, Klaus (Orgs.). *Die Verfassungsentwicklung 1918-1920 und Hans Kelsen*. Viena: Manz, 2020, pp. 143-156.

[32] SCHMITZ, Georg. "The Constitutional Court of the Republic of Austria 1918-1920". *Ratio Juris*, Vol. 16, n° 2, jun. 2003, pp. 240-265.

[33] Cf. WALTER, Walter. *Hans Kelsen als Verfassungsrichter*. Viena: Manz, 2005.

[34] Cuida-se do célebre painel "Essência e Desenvolvimento da Jurisdição Constitucional" (*Wesen und Entwicklung der Staatsgerichtsbarkeit*), dividido com Richard Thoma. O encontro dos docentes deu-se nos dias 23 e 24 de abril de 1928.

[35] SIMARD, Augustin. *La loi désarmée*: Carl Schmitt et la controverse légalité/légitimité sous Weimar. Québec: Presses de l'Université de Laval, 2009, pp. 255-298.

[36] Em 1924, Erwin Jacobi cunhou a expressão *Verfassungsdurchbrechung* para descrever uma práxis institucional de seu tempo: a modificação material da Constituição sem alteração alguma em seu aspecto redacional. Em termos gerais, compreendia-se que o artigo 76 da Constituição de Weimar dispensava que as emendas constitucionais fossem incluídas

conservadores da República de Weimar determinante para a derrocada daquela ordem democrática.[37] Nesse contexto, o interesse de Carl Schmitt pelo controle de constitucionalidade não era outro: inviabilizá-lo, especialmente se a institucionalização dessa prática se fizesse acompanhar de um órgão constitucional autônomo, como na Áustria. A seu juízo, um Tribunal Constitucional seria vetor que aprofundaria o que chamava de "dissolução pluralista" da República de Weimar; mas hoje muito bem se sabe que tal diagnóstico não era uma descrição asséptica da realidade;[38] ele se orienta pelo propósito de abrir caminho para a instalação de uma democracia identitária

---

no corpo permanente da Constituição de Weimar. Assim, qualquer proposição legislativa aprovada pelo duplo quórum qualificado (dois terços dos votos, presentes à sessão pelo menos dois terços do total de membros da Casa) possuía valor de emenda à Constituição. Desenho esse que gerou as "emendas constitucionais tácitas" (*stillschweigender Verfassungsänderungen*), atualmente proibidas pelo art. 79 (1) da Lei Fundamental de 1949, que exige modificação expressa do texto. Na lição de Massimo Luciani, *Durchbrechung* comunica o ato de romper (verbo *brechen*), mas também acentua, com *durch* ("através de"), o modo pelo qual a ruptura se dá. *Verfassungsdurchbrechung*, portanto, expressa a força normativa de uma disposição constitucional sendo obstada por uma medida que a derroga (LUCIANI, Massimo. "Il diritto e l'eccezione". *Rivista AIC*, n° 2-2022. Roma: Associazione Italiane dei Costituzionalisti, 2022, pp. 49/50). No contexto da República de Weimar, essas rupturas ocorriam por ações que, gradual e dinamicamente, violavam a ordem estabelecida, realidade que, em nosso âmbito linguístico, se deixa apreender melhor por "transgressão constitucional" do que por alternativas como "quebra constitucional" (que, no contexto constitucional brasileiro, associa-se à superação de uma ordem por um golpe de força).

[37] SKACH, Cindy. *Borrowing Constitutional Designs*: Constitutional Law in Weimar Germany and the French Fifth Republic. Princeton: Princeton University Press, 2005, pp. 45/46.

[38] GRAF, Rüdiger. "Either-Or: The Narrative of 'Crisis' in Weimar Germany and in Historiography". *Central European History*, Vol. 43, n° 4. Cambridge: Cambridge University Press, dez. 2010, pp. 592-615.

cujo funcionamento pressupõe a eliminação de qualquer corpo intermediário que se colocasse entre o líder e a massa.³⁹

As observações de Dieter Grimm asseguram que se está diante de mais uma das célebres inversões schmittianas: acusa-se o Tribunal Constitucional de ser uma "instância de alta política" exatamente para que a Política possa operar sem qualquer observância às prescrições normativas impostas pelo Direito.

Ao revisitar a polêmica Kelsen-Schmitt (primeira parte do escrito), Dieter Grimm ficou em condições de introduzir todos os elementos centrais ao debate contemporâneo acerca da legitimidade do controle de constitucionalidade das leis e dos atos normativos. A separação e relacionamento entre Direito e Política, por meio da Constituição,⁴⁰ e a convivência, no plano institucional, entre controle de constitucionalidade e democracia são os fios que ligam os terceiro, quarto e quinto ensaios.

Em "Constituição, jurisdição constitucional, interpretação constitucional: na interface de Direito e Política (2009)"⁴¹ (terceiro ensaio), Dieter Grimm reafirma a autonomia (relativa) do processo de aplicação do Direito, inclusive do Direito Constitucional, não

---

[39] MAIA, Paulo Sávio Peixoto. "A crítica de Carl Schmitt à democracia parlamentar: representação como ato de fé, plebiscito como condição de identidade". *Revista de Informação Legislativa*, Vol. 47, n° 185. Brasília: Senado Federal, jan./mar. 2010, pp. 161-177; BERCOVICI, Gilberto. "Carl Schmitt, o Estado total e o guardião da Constituição". *Revista Brasileira de Direito Constitucional*, n° 1. São Paulo: Editora Método; Escola Superior de Direito Constitucional, jan./jun. 2003, pp. 195 e ss.

[40] Trata-se de tema permanentemente abordado na obra do autor, *v. g.* GRIMM, Dieter. *Die Verfassung und die Politik*: Einsprüche in Störfällen. München: C. H. Beck, 2001.

[41] A tradução teve por base: GRIMM, Dieter. "Verfassung, Verfassungsgerichtbarkeit, Verfassungsinterpretation an der Schnittstelle von Recht und Politik". *In*: _____. *Verfassungsgerichtsbarkeit*. Berlim: Suhrkamp, 2021, pp. 153-171.

obstante as cinco peculiaridades (lá expostas) que o distingue do Direito Legislado (*Gesetzesrecht*). Articula essa autonomia com o plexo institucional do Estado (interessa-se, destacadamente, pelas garantias de independência que os magistrados precisam ter). Escrevendo para a audiência anglo-saxã,[42] Grimm mostra-se consciente de que há "várias democracias consolidadas nas quais a Constituição costuma ser obedecida a despeito de inexistir um Tribunal Constitucional"; em comum a esses casos, todavia, está uma cultura jurídica e política em que o caráter constitucional do Estado (*Verfassungsstaatlichkeit*) encontra-se incorporado como elemento central. Entretanto:

> Para a maioria dos países, sobretudo naqueles que só recentemente passaram à democracia constitucional, é de se recear que, na ausência de uma instância especificamente voltada para exigir o cumprimento da Constituição, esta acabe por assumir diminuta importância na política cotidiana. Assim o comprova a irrelevância que notabilizava os direitos fundamentais na maior parte do mundo, antes da transição para a jurisdição constitucional.[43]

Com isso, Grimm concede que a jurisdição constitucional não se revela uma condição necessária ao Estado Constitucional (e o Reino Unido, que apenas em 2009 instalou uma Suprema Corte, bem o demonstra); sublinha, também, que a dispensa de um controle de constitucionalidade realizado jurisdicionalmente depende de requisitos tão exigentes quanto raros.

Tal posicionamento não deixa de ser uma retomada das reflexões constantes no quarto artigo desta coletânea, originalmente

---

[42] Uma versão inicial do texto foi lançada, em inglês, em: IANCU, Bogdan (Org.). *The Law/Politics Distinction in Contemporary Adjudication*. Utrecht: Eleven, 2009, pp. 21-34.

[43] GRIMM, Dieter. "Constituição, jurisdição constitucional, interpretação constitucional: na interface de Direito e Política" (publicado nesta coletânea).

confeccionado em 2000, para um *Liber Amicorum* dedicado a Lord Slynn of Hadley:[44] "Nem contradição, nem condição: controle de constitucionalidade e democracia".[45] Na oportunidade, Dieter Grimm – obviamente conhecedor do bem-sucedido constitucionalismo inglês, assim como de sua excepcionalidade – prelecionou que a tensão entre esses dois polos não se resolve de modo categórico entre um e outro, mas sim por um sopesamento entre as vantagens e os perigos envoltos na decisão de se abolir o controle de constitucionalidade. Nessa senda, uma "democracia constitucional" que franqueia à Política tudo aquilo que a maioria deseja, sem a possibilidade de um controle a partir de parâmetros postos na Constituição, elimina a segunda parte (a "constitucional") dessa concepção. Diante disso, é legítimo que se indague: livre das amarras da Constituição, tal organização política ganharia em teor democrático?

Essa pergunta foi respondida de modo resolutamente negativo em "Nova crítica radical à jurisdição constitucional" (2020),[46] quinto e último escrito que integra esta coletânea. Nele, registra-se a mudança dos tempos: "há trinta anos, parecia que a Constituição conseguira universalmente se impor como o meio para a legitimação e regulamentação do poder político (*politischer Herrschaft*)"; em vários lugares, a derrocada de ditaduras (inclusive de cunho racista) seguiu-se da promulgação de Constituições democráticas e do estabelecimento do controle de constitucionalidade. Hoje, o autoritarismo populista

---

[44] GRIMM, Dieter. "Constitutional Adjudication and Democracy". *In*: ANDENAS, Mads (Org.). *Judicial Review in International Perspective*: Liber Amicorum in Honour of Lord Slynn of Hadley. Vol. II. Haia: Kluwer Law International, 2000, pp. 103-120.

[45] A presente tradução tomou por base o texto em alemão: GRIMM, Dieter. "Weder Widerspruch noch Bedingung: Verfassungsrechtsprechung und Demokratie". *In*: _____. *Verfassungsgerichtsbarkeit*. Berlim: Suhrkamp, 2021, pp. 61-86.

[46] Original: GRIMM, Dieter. "Neue Radikalkritik an der Verfassungsgerichtsbarkeit". *Der Staat*, Vol. 59. Berlim: Duncker & Humblot, 2020, pp. 321-353.

questiona exatamente essa garantia jurisdicional da Constituição, como se essa disposição institucional consistisse num plano de uma elite togada (e "globalista") para se manter no poder, e não de um amplo consenso civilizatório derivado de um aprendizado histórico.

Com efeito, a passagem do Estado de Direito (*Rechtsstaat*) para o Estado Constitucional (*Verfassungsstaat*) tem no estabelecimento da jurisdição constitucional um elemento central;[47] mas esta é apenas sintoma de um consenso mais profundo: construir uma unidade territorial com poder de mando sem abrir mão de forjar uma nova forma de relacionamento entre o indivíduo e o Estado, em que a cidadania passa a ser promovida pelo *medium* de padrões normativos encartados nos direitos fundamentais.[48] O Estado Constitucional veicula nova concepção substancial de ordem democrática, fundada em valores inegociáveis; é finalisticamente orientado para o fortalecimento do pluralismo político de uma sociedade aberta, o que decerto requer exigentes pressupostos institucionais, tais como a separação dos poderes e a independência dos tribunais.[49]

---

[47] Cf., por todos: ZAGREBELSKY, Gustavo. *Il Diritto Mitte*. Bolonha: il Mulino, 1992. Os fatores que informam essa passagem são múltiplos. Seja em razão da omissão dos Parlamentos europeus para a contenção dos fascismos nacionais, no Entreguerras, seja pela inflação legislativa que acompanhou o início do Estado Social, o fato é que as várias ordens jurídicas nacionais (que até então não conheciam a supremacia constitucional) passaram a conhecê-la por meio do estabelecimento de uma jurisdição constitucional: MENDES, Gilmar Ferreira; GONET, Paulo Branco. *Curso de Direito Constitucional*. São Paulo: Saraiva, 2022, p. 991.

[48] THORNHILL, Chris. "A Constituição de Weimar como uma Constituição militar". *In*: BERCOVICI, Gilberto (Org.). *Cem Anos da Constituição de Weimar*. São Paulo: Quartier Latin, 2019, p. 271.

[49] HÄBERLE, Peter. *El Estado Constitucional*. Trad. Hector Fix-Fierro. Cidade do México: Universidad Autônoma de México, 2001, p. 7.

APRESENTAÇÃO

A jurisdição constitucional, nesse quadro de uma ordem jurídica submetida a um processo de constitucionalização,[50] não se mostra incompatível com um sistema democrático. Consoante colocado por Dieter Grimm, em texto de 1977, trata-se de um modelo de fiscalização democrática dos atos do Poder Público,[51] afinal é por decisão das constituições contemporâneas que os atos praticados pelos órgãos representativos podem ser objeto de crítica e controle, caso desbordem dos limites prescritos pelo Direito.

Também no texto de 2020, essa mensagem é veiculada, embora a propósito de outro problema: a "nova crítica radical" direcionada aos Tribunais Constitucionais, que não se restringe exatamente ao populismo enquanto movimento político. Igualmente com a epígrafe "popular", desenvolveu-se um constitucionalismo, no âmbito anglo-saxão, que se move pelo objetivo de abolir o controle de constitucionalidade.[52] Seus autores representativos não comungam do credo autoritário do populismo, mas com este coincidem ao preconizarem a abolição do controle jurisdicional de constitucionalidade, proposta que se assenta na premissa de que a legislação emanada dos Parlamentos e Congressos é por definição democrática. Essa premissa,

---

[50] PETERS, Anne. "Rechtsordnungen und Konstitutionalisierung: Zur Neubestimmung der Verhältnisse". *Zeitschrift für öffentliches Recht*, Vol. 65, 2010, pp. 10-11.

[51] GRIMM, Dieter. "Verfassungserichtsbarkeit – Funktion und Funktionsgrenzen in demokratischen Staat". *Sozialwissenschaften im Studium des Rechts*. vol 2. München: C. H. Beck, 1977, pp. 83 e ss.

[52] O impulso decisivo desse movimento parece estar relacionado à atuação da Suprema Corte norte-americana no questionado *Bush v. Gore* – como sugere Grimm em diversas passagens. Seja como for, esse constitucionalismo popular consegue ter algum amparo na tradição de *self-government* muito própria à democracia norte-americana. Mais problemática parece ser a importação irrefletida – e descolada das premissas contextuais – das conclusões de autores representativos desse movimento, que pode ter por consequência – certamente indesejada – a de embutir objetivos normativos em teses que se anunciam descritivas.

entretanto, longe está de ser incontestável.⁵³ O povo não pode ser subsumido à representação parlamentar de hoje, e nem sequer à soma dos cidadãos; povo é também os que nos antecederam e as gerações futuras.⁵⁴

A invocação da democracia para destruir a própria democracia não é invenção do autoritarismo populista. Carl Schmitt utilizava-a com habilidade; apropriando-se de Proudhon, lhe aprazia cogitar que "quem diz humanidade, quer enganar" (*Wer Menschheit sagt, will betrügen*"), quando era o caso de advogar por uma política nacionalista identitária.⁵⁵ Mas essa substituição da "humanidade" pelo "povo" também não era sincera em Schmitt, e igualmente falsa o é sob o crivo do autoritarismo populista: pode-se afirmar com segurança que, aqui, "quem diz povo, quer enganar". Dieter Grimm sabe bem disso e expõe as contradições de postulados (políticos e teóricos) que, à guisa de prestigiar a vontade popular, fazem tábula rasa das decisões tomadas por esse mesmo povo, em assembleia constituinte. Cabe a todos os cidadãos e agentes públicos proceder como Dieter Grimm, que pela palavra e pelo exemplo honra a Alemanha com sua constante, firme e erudita defesa do Estado Constitucional – aquisição evolutiva da qual o controle de constitucionalidade é ponta de lança.

Brasília/Lisboa, em junho de 2023.

---

53 Sob essa premissa, também se desenvolveu um chavão correlato, o do "governo dos juízes", frágil sob os mais diferentes aspectos, como bem o demonstra: PFERSMANN, Otto. "Não existe governo dos juízes". In: _____. *Positivismo jurídico e justiça constitucional no século XXI*. Trad. Alexandre Pagliarini. São Paulo: Saraiva/IDP, 2014, pp. 116-134.

54 Cf. MÜLLER, Friedrich. *Quem é o povo? A questão fundamental da democracia*. 2ª ed. Trad. Peter Naumann. São Paulo: Max Limonad, 2001.

55 SCHMITT, Carl. *Der Begriff des Politischen*. Edição de Marco Walter. Berlim: Duncker & Humblot, 2018, p. 168.

APRESENTAÇÃO DA COLEÇÃO

A coleção "Constitucionalismo Contemporâneo", agora lançada com os esforços conjuntos do Instituto Brasileiro de Ensino, Desenvolvimento e Pesquisa (IDP) e da Editora Contracorrente, ocupa-se em divulgar a produção acadêmica mais atual e relevante sobre temas caros à manutenção do Estado Constitucional, artefato surgido no pós-Guerra que traduz nova forma de relacionamento entre o poder e o Direito.

É certo que nunca se debateu tanto o constitucionalismo. Não menos exato é que o tempo presente assiste a curiosas inversões, como aquela promovida por movimentos populistas que, em nome do povo, trabalham para erodir a própria democracia. Esse contexto inspira o surgimento de doutrinas constitucionais que investem contra o Estado Constitucional. Favorece, também, o desenvolvimento de uma contradição em termos: um constitucionalismo autoritário – se não abertamente, pelo menos em seus efeitos, do que é sintoma, por exemplo, a normalização de escritos que articulam com a radical abolição do controle de constitucionalidade.

Assumindo a premissa de que alguma importação doutrinária irrefletida contribui para esse estado de coisas, a curadoria feita nessa Coleção objetiva contribuir com o enriquecimento do debate acadêmico brasileiro, mediante a tradução de alguns dos escritos contemporâneos mais relevantes do Direito Constitucional. Num momento em que o constitucionalismo se vê desafiado por um influxo antidemocrático globalmente estruturado, o melhor a se fazer é fomentar um diálogo teórico produtivo entre diferentes sistemas e perspectivas constitucionais.

GILMAR FERREIRA MENDES

GEORGES ABBOUD

# 1

O QUE É POLÍTICO NA JURISDIÇÃO CONSTITUCIONAL?[1]

Quando se fala em jurisdição constitucional (*Verfassungsgerichtsbarkeit*) e em controle de constitucionalidade (*Verfassungsrechtsprechung*), nada levanta mais dúvida do que saber se as Cortes Constitucionais – ou melhor, tribunais de cúpula com funções constitucionais[2] – seriam instituições jurídicas ou políticas, e se o controle de constitucionalidade seria uma atividade (*Tätigkeit*) jurídica ou política. Nos Estados Unidos, a questão é tão antiga quanto a decisão da Suprema Corte no caso *Marbury v. Madison* (1803), pela qual o Tribunal investiu-se na atribuição do controle de normas. Na Europa, a discussão começou em 1920, com a instalação, na Áustria, do primeiro Tribunal Constitucional especializado. Durante a República de Weimar, o debate conduzido por Hans Kelsen e Carl

---

[1] Tradução de Erica Ziegler. Revisão de Gilmar Ferreira Mendes e Paulo Sávio Nogueira Peixoto Maia.
[2] Doravante, Tribunais Constitucionais, para simplificar.

Schmitt, acerca da jurisdição constitucional, continua atraindo o interesse de todos.[3]

Tal como naquela época, as opiniões continuam divididas. Tanto a ciência do direito quanto a ciência política se ocupam da jurisdição constitucional. Enquanto os cientistas políticos, em sua maioria, consideram a jurisdição constitucional uma instituição política, entre os juristas a tendência é outra. Não deveria surpreender que Tribunais e juízes insistam na natureza jurídica do controle de constitucionalidade. Mas também a maioria dos cientistas do direito se inclina a essa posição. Para o universo anglo-saxão, isso não vale da mesma forma; lá, vários juristas partem do princípio de que o controle de constitucionalidade manuseia política com roupagem jurídica.

O fato de as respostas a essa questão serem tão divergentes entre si suscita dúvidas como a de saber se ela foi formulada corretamente. E se, no exercício do controle jurisdicional de constitucionalidade, Direito e Política não forem mutuamente excludentes, mas convivam lado a lado, de tal modo que a insistência nessa dicotomia tenha por resultado a negligência, por ambas as disciplinas, de um aspecto fundamental desse objeto? É possível que as duas disciplinas tenham razão, embora apenas em parte? Indubitavelmente, os Tribunais Constitucionais têm importante papel político ao decidir sobre a constitucionalidade de medidas políticas. Mas é de igual modo evidente que a atividade dos juízes constitucionais se diferencia daquela dos políticos, e que a diferença decisiva reside exatamente em sua especialização em questões jurídicas.

---

[3] KELSEN, Hans. "Wesen und Entwicklung der Staatsgerichtsbarkeit". *Veröffentlichungen der Vereinigung der Deutschen Staatsrechtslehrer (VVDStRL)*. Vol. 5. Berlim: de Gruyter, 1929, p. 30; SCHMITT, Carl. "Der Hüter der Verfassung". *Archiv des öffentlichen Rechts*, Vol. 55 (neue Folge 16), nº 2, 1929, p. 161; SCHMITT, Carl. *Der Hüter der Verfassung*. Tübingen: Mohr, 1931; KELSEN, Hans. *Wer soll der Hüter der Verfassung sein?* Berlim: W. Rothschild, 1931.

1 – O QUE É POLÍTICO NA JURISDIÇÃO CONSTITUCIONAL?

Isso depõe a favor de uma diferenciação da pergunta, qual seja a de saber se o controle de constitucionalidade tem natureza jurídica ou política. Em vez de buscar de forma aleatória o "se", seria necessário examinar melhor o "como". Nesse sentido, é recomendável distinguir: de um lado, a jurisdição constitucional enquanto instituição (e a função a ela atribuída); de outro, os Tribunais Constitucionais singularmente considerados, os quais certamente podem atuar em desacordo com sua função. Além disso, é preciso dissociar os Tribunais de suas decisões, as quais podem ser analisadas quanto ao seu caráter jurídico ou político, a despeito de as instituições atuarem de modo conforme ou contrário à sua função. Neste artigo, a ênfase recai sobre a jurisdição constitucional enquanto instituição bem como sobre sua função, contanto que exercida funcionalmente (*funktionsgerecht*).

Dessa forma, o que é político na jurisdição constitucional? Certamente o seu *objeto* (*Gegenstand*). Tribunais Constitucionais têm a tarefa de fazer valer as prescrições da Constituição – aquele Direito que se reporta à organização e ao exercício do poder político (*politischer Herrschaft*). A Constituição define não somente a estrutura política básica de um país, mas também dirige e limita a ação política. Decisões políticas apenas podem reivindicar validade se forem compatíveis com a Constituição. Por isso, os objetos do controle judicial de constitucionalidade são, obrigatoriamente, ações ou omissões políticas – e via de regra ações dos órgãos de cúpula do Estado, inclusive daqueles cuja legitimação deriva diretamente do povo, por meio de eleições.

Na verdade, porém, nem todas as decisões dos Tribunais Constitucionais, e muito menos as de Tribunais Superiores com função constitucional, são políticas nesse sentido. Só lidam sempre com matérias políticas aqueles Tribunais Constitucionais cuja competência circunscreve-se ao controle normativo. Em Tribunais com outras atribuições, em contrapartida, nem todo caso diz com as atuações dos órgãos políticos de cúpula. Muitos remédios constitucionais, em especial a reclamação individual (*Individualbeschwerde*), são dirigidos contra atos administrativos ou decisões de outros Tribunais. É um pequeno número de casos de alta política que marca a imagem dos Tribunais Constitucionais na esfera pública, e que alimenta o imaginário acerca do caráter político do controle de constitucionalidade.

Ademais, o *efeito* (*Wirkung*) das decisões de Tribunais Constitucionais é inevitavelmente político, na medida em que seu objeto é político. É de considerável significação política decidir se uma lei aprovada com maioria no Parlamento pode, ou não, vigorar. O mesmo vale para quando um Tribunal Constitucional decide acerca da questão de se o Parlamento pode ratificar um acordo internacional celebrado pelo governo. Mesmo atos reservados ao Executivo, tais como a decisão de participar de missões de paz no exterior, podem depender da última palavra do Tribunal Constitucional. Decisões a respeito de regras da competição política, como, por exemplo, a legislação eleitoral ou as leis sobre o financiamento de campanhas eleitorais, têm enormes consequências políticas. Nunca um efeito político de uma decisão judicial foi mais evidente do que aquela do caso *Bush v. Gore*.[4]

Portanto, não pode haver quaisquer dúvidas sobre o significado político do controle de constitucionalidade. Invocando a Constituição, Tribunais Constitucionais podem tanto impedir quanto exigir o agir político. Eis o ponto: não se trata de transgressão de fronteiras. Um Tribunal Constitucional que se esquiva de casos políticos trai a sua missão. Não existe jurisdição constitucional apolítica. Quem não aceita que uma decisão democraticamente adotada submeta-se a exame de constitucionalidade pelo Judiciário, terá que rejeitar a jurisdição constitucional em seu todo; e também precisa estar preparado para pagar o preço da irrelevância prática da Constituição para o jogo político. O Direito Constitucional não se impõe sozinho, e, quando o seu cumprimento é confiado àqueles aos quais ele se dirige, é o Direito que quase sempre fica em desvantagem.

---

[4] *Bush v. Gore*, 531 U.S. 98 (2000).

1 – O QUE É POLÍTICO NA JURISDIÇÃO CONSTITUCIONAL?

Nestas circunstâncias, a análise vai se afunilando até a indagação sobre se o *modo de proceder* (*Vorgang*)[5] do controle de constitucionalidade (ou seja, a aplicação de disposições constitucionais a um litígio) revelaria também uma natureza política ou se ele poderia ser qualificado como jurídico. Muita coisa depende dessa resposta. Caso o processo de tomada de decisão judicial se evidencie como político, isso prejudicaria substancialmente a fundamentação jurídica da jurisdição constitucional; afinal, por que decisões políticas de longo alcance deveriam ser confiadas a agentes que não foram legitimados por eleições nem são politicamente responsáveis? Outrossim, esta conquista, que é o Estado Constitucional, sofreria um revés se o Direito Constitucional não fosse justiciável (*justiziabel*). Afinal, foi exatamente a expansão da jurisdição constitucional na segunda metade do século XX que concedeu importância à Constituição em muitos países onde ela não fizera diferença durante décadas.

Embora seja bastante difícil negar o caráter político dos dois primeiros aspectos do controle de constitucionalidade, isso muda no terceiro aspecto, atinente ao *modo de proceder* jurisdicional (*Vorgang der Rechtsprechung*). Trata-se de aplicação jurídica (*Rechtsanwendung*), ou seja, uma tarefa que impõe a um litígio concreto uma decisão prévia disposta de modo geral (*generell getroffene*

---

[5] Nota do Coordenador (Gilmar Ferreira Mendes): A separação analítica entre *Gegenstand*, *Wirkung* e *Vorgang* é central no argumento de Dieter Grimm. Se para os dois primeiros conceitos há correspondentes exatos no português, respectivamente "objeto" e "efeito", o mesmo não se pode dizer quanto ao último. Na maneira que foi utilizada, *Vorgang* refere-se às características que dão sigularidade ao ofício judicante, aos traços basilares do funcionamento jurisdicional e ao modo pelo qual o Poder Judiciário cuida das questões de direito que lhes são submetidas. É sintomático que, para exprimir tais significados, seja usualmente necessário recorrer a termos estranhos à língua portuguesa: *métier*, *modus faciendi* e *modus procedendi*, respectivamente. Também isso explica a opção por afastar a tradução mais literal de *Vorgang*, que é "processo": a identidade nominal com o instrumento jurídico pelo qual o Estado exerce sua função de dizer o direito importaria em perda de clareza ou em empobrecimento explicativo.

Vorentscheidung). Ainda que se agitem dúvidas – seja em razão de essa decisão prévia (*Vorentscheidung*), a norma constitucional, ser frequentemente vaga, seja porque não se consegue vislumbrar de que modo o Tribunal Constitucional produziu o seu juízo (*Urteil*) –, é evidente que acontece uma *mudança de arenas* quando um ato político é atacado perante um Tribunal Constitucional. Mudam os agentes, os critérios e o procedimento (*Verfahren*). De sujeito, a política passa a ser objeto.

Se os *agentes*, nos diversos papéis que representavam (como governo, maioria no Parlamento, oposição etc.), eram, até então, políticos, agora eles recuam do papel de tomadores de decisões para o papel de requerentes, requeridos e interessados (*Äußerungsberechtigten*), na medida em que a condução da questão passa ao encargo dos juízes. Estes se diferenciam dos políticos em diversos aspectos: sendo juristas profissionais, ocupam-se com a aplicação de normas jurídicas a fatos. Normalmente, não conquistam seu cargo por meio de eleições diretas. Por isso, tampouco têm de travar campanhas eleitorais; não aparecem com um programa em mãos. Nem sequer podem agir por iniciativa própria; precisam esperar até receber casos para analisar; para decidi-los, não dependem do consenso de terceiros.

Em regra, porém, os juízes dos Tribunais Constitucionais, de fato, devem seu cargo a uma decisão política. São eleitos pelo Parlamento ou indicados pelo Chefe de Estado ou por seu Gabinete. Embora também existam modos mistos ou intermediários de provimento, com a participação de representantes da magistratura ou das carreiras jurídicas, é certo que, em cada caso, a política tem grande influência sobre o elemento pessoal dos Tribunais Supremos. Por causa do risco inerente a essa circunstância, apto a afetar o funcionamento adequado dos Tribunais Constitucionais, as Constituições contêm, com frequência, medidas de proteção cuja tarefa é evitar que a eleição ou a nomeação de magistrados fique somente nas mãos do partido que está no governo: um acordo entre controlador e controlado facilmente subverteria esse controle.

1 – O QUE É POLÍTICO NA JURISDIÇÃO CONSTITUCIONAL?

Além disso, a garantia de independência do Judiciário é uma proteção contra a politização dos Tribunais. Uma vez no cargo, os juízes ficam protegidos de sanções políticas. Possuem independência funcional e não podem ser transferidos ou demitidos em razão das suas decisões. Com isso, sua atividade põe-se a salvo dos resultados eleitorais e de trocas de governos. De maneira alguma a independência judicial configura privilégio pessoal. Ela existe no interesse do Direito e é garantida para que os juízes possam decidir com base em critérios jurídicos, sem temer represálias. Apenas juízes que desprezam a sua vinculação ao Direito podem ser punidos. Tentativas de instrumentalizar os Tribunais para interesses políticos, religiosos ou econômicos são ilegítimas. A separação dos poderes é mais inflexível a este respeito do que na relação entre Legislativo e Executivo.

Também os *critérios* das decisões se modificam: se, na arena política, os referenciais eram os programas dos partidos (e resoluções de seus órgãos de direção), os pontos de vista da conveniência ou da viabilidade e, não por último, do quão substancial será o impacto da decisão sobre as chances eleitorais dos partidos; por outro lado, na arena jurídica, apenas o Direito Constitucional é decisivo. Isso não significa que o Direito Constitucional não tenha qualquer importância no processo político. Usualmente, porém, aquele não serve de sustentáculo desde o início: aparece como corretivo após a vontade política ter sido formada. A política suscita a questão constitucional para assegurar-se de que será consentido, no plano jurídico, aquilo que se almeja no plano político. Em contrapartida, a questão propriamente política, que antes era primordial, torna-se secundária no processo judicial constitucional (*verfassungsgerichtlichen Prozess*). Se não pairasse a ameaça de um controle constitucional, no pano de fundo, a questão constitucional, provavelmente, não teria maior peso no processo político.

De forma correspondente, altera-se o *procedimento* (*Verfahren*). O objetivo dos procedimentos judiciais constitucionais é estabelecer, em relação à decisão política em exame, o que disposições pertinentes da Constituição significam – e no que isso implica, juridicamente.

De acordo com esse objetivo, trata-se de um processo (*Prozess*) no qual apenas argumentos jurídicos são permitidos. Embora seja possível questionar o que pode e o que não pode valer como argumento jurídico, é inquestionável que argumentos não jurídicos não são tolerados. A dúvida sobre se uma medida política é inteligente, útil ou viável não tem importância, a não ser que ela possa ser reformulada como um ponto de vista juridicamente relevante. De igual modo, é irrelevante, nos procedimentos judiciais, se determinado juízo decisório (*Urteil*) terá efeito nefasto sobre partidos políticos, empresários, igrejas etc.

É possível afirmar, portanto, que a abordagem do Tribunal não é política no sentido como o é a atividade dos partidos políticos, do Parlamento, do Governo e de conferências internacionais. Com isso ainda não se respondeu, no entanto, à pergunta acerca do caráter político ou jurídico do controle de constitucionalidade. Pois até agora só é fato que, com o ajuizamento da ação perante o Tribunal, o conflito político entra em outro estágio: continua, mas sob condições modificadas, porquanto circunscritas a aspectos constitucionais. Em contrapartida, a questão que permanece em aberto é se os agentes jurídicos – que a partir de agora são os que decidem – estão de tal modo atrelados (ou deixando-se atrelar) a critérios jurídicos referenciais que já não se franqueie espaço para considerações políticas.

Por conseguinte, a pergunta pelo caráter político ou jurídico do controle de constitucionalidade pode ser delimitada ao próprio processo jurisdicional de tomada de decisão (*Prozess der gerichtlichen Entscheidungsfindung*): este deve ser classificado como uma operação jurídica, apesar do significado político do objeto e dos efeitos de decisões constitucionais? Aqui, a observação empírica esbarra nos seus limites. Isso tem a ver com a especificidade desse modo de proceder (*Vorgang*). Quase em todo o lugar, o processo jurisdicional de tomada de decisão está sujeito ao sigilo deliberativo (*Beratungsgeheimnis*), de forma que é difícil obter esclarecimentos sobre a maneira como os juízes chegam a suas decisões. Só num reduzido número de países, como por exemplo no Brasil, as deliberações dos Tribunais acontecem no espaço público. No entanto, nesses países, a deliberação (*Beratung*) não parece ser o ambiente real da tomada de decisão.[6]

Além disso, durante a deliberação de um caso, uma parte desse proceder (*Vorgang*) se passa na cabeça dos juízes, de forma que o observador tem à disposição, no máximo, autorrepresentações judiciais, cuja confiabilidade pode ser, porém, duvidosa. É muito difícil esperar de um juiz que ele informe ter sido guiado por motivos outros, que não jurídicos, em sua tomada de decisão. Por causa dessa intransparência, entra muita especulação na descrição científica da conduta judicial. A parte mais importante da atividade constitucional, qual seja a tomada de decisão sobre se a Constituição permite ou proíbe determinada medida política, continua sendo, tanto para a ciência quanto para a esfera pública, uma *black box*.

Deve-se admitir, no entanto, que ao menos parte do processo jurisdicional de tomada de decisão seja acessível a uma observação indireta. Os Tribunais Constitucionais têm de fundamentar suas decisões e publicar essa fundamentação. Os fundamentos decisórios são apresentados como atos de cognição, não de vontade. Por meio deles, o Tribunal Constitucional esclarece como e por que seu juízo decisório (*Urteil*) decorre da Constituição. Países do *Common Law* permitem leituras mais amplas, uma vez que também os magistrados com voto vencido podem comunicar o seu posicionamento, permitindo-se, assim, conclusões acerca da discussão interna. Isso é raro em países do *Civil Law*. Mesmo onde é possível prolatar votos dissidentes em decisões constitucionais – como na Alemanha –, essa possibilidade não é muito utilizada. Consequentemente, não se pode considerar que tenha havido unanimidade com base apenas na falta de votos dissidentes, por exemplo.

---

[6] Cf. SILVA, Virgílio Afonso da. "Deciding without deliberating". *International Journal of Constitutional Law*, Vol. 11, nº 3, 2013.

Como se sabe, a elaboração e a apresentação de uma decisão podem divergir totalmente. De fato, a maioria dos cientistas políticos e um grande grupo de juristas, sobretudo nos Estados Unidos, partem do pressuposto de que, em seu processo de tomada de decisão, o juiz atua de modo diverso daquele afirmado na fundamentação decisória. Eles são considerados agentes estratégicos, que se orientam por interesses próprios, pessoais ou institucionais, por valores subjetivos ou por preferências políticas. Após a decisão ter sido tomada nessas bases, ela seria apresentada como algo que imprescindivelmente decorresse das disposições da Constituição. Segundo essa opinião, regramentos jurídicos não teriam importância decisória no processo de individualização do Direito realizado judicialmente (*richterliche Rechtsfindung*). Esse enfoque é descrito como uma visão realista do comportamento judicial.

Sem dúvida, existem casos aos quais essa descrição se aplica. Nem todo Tribunal atua em conformidade funcional. Tomando-se em consideração algumas Cortes, certamente se encontrarão magistrados que dão pouca atenção ao Direito e, ao invés disso, seguem suas próprias preferências ou interesses. De igual modo, encontrar-se-ão magistrados que colocam os interesses institucionais do Judiciário acima da correta aplicação do Direito. É possível haver também juízes que temem conflitos com poderosos agentes políticos e, ao responder às questões constitucionais levantadas, orientam-se conforme expectativas políticas explicitamente comunicadas ou antecipadas. Há numerosos exemplos disso na história e no tempo presente. É discutível, no entanto, se estas formas de conduta são patológicas ou tipicamente judiciais.

Existe ao menos um cientista político que rejeita decididamente o enfoque "realista". Após ter examinado a práxis da tomada de decisões de oito Tribunais Constitucionais, ele afirma: "Este livro é bem diferente da maioria das obras de cientistas políticos sobre os Tribunais; não porque eu considere equivocadas as outras obras, mas porque ocupo-me primordialmente com a argumentação judicial, que assumo como o cerne da atuação dos juízes e como fundamental

1 – O QUE É POLÍTICO NA JURISDIÇÃO CONSTITUCIONAL?

para a compreensão do papel dos Tribunais em sociedades complexas. (...) Meu método é o de levar a argumentação judicial a sério, na condição de maior, senão o único, fator determinante de decisões judiciais". Ele prefere esse enfoque "(...) porque parece simplesmente improvável que tantos homens e tantas mulheres, socializados pela profissão, precisem mentir ou autoiludir-se com seus argumentos".[7]

Esse é um argumento probabilístico (*Plausibilitätsargument*) e, enquanto tal, comparado a levantamentos empíricos, pouco convincente. Mas nem todo comportamento judicial permite ser empiricamente detectado, e tampouco os realistas jurídicos dispõem de um acesso exclusivo ao plano empírico: eles apoiam as suas percepções acerca do comportamento judicial numa premissa preconcebida, a *rational choice*. No entanto, não está absolutamente claro sob quais condições, em que extensão e em quais âmbitos do convívio social a abordagem da *rational choice* promete um esclarecimento completo e confiável a respeito da conduta humana. Acresça-se a isso o fato de que os sociólogos frequentemente não estão familiarizados com a especificidade da argumentação jurídica, ou seja, com a forma e o estilo pelos quais se deriva uma decisão individual-concreta a partir de uma norma geral-abstrata – e exatamente por isso tendem a subestimá-la, consoante Robertson corretamente assinala.

A discussão a seguir se refere ao tipo de juiz que Robertson tem diante dos olhos, aquele juiz que se esforça com seriedade para decidir

---

[7] ROBERTSON, David. *The Judge as Political Theorist*: Contemporary Constitutional Review. Princeton: Princeton University Press, 2010, p. 21: "*This book is rather different from most work by political scientists on courts, not because I think other work wrongly conceived, but because I am much more concerned with judicial argument, which I take to be the core of judges' activity, and central to understanding the role courts play in complex societies. (...) My method is to take judicial argument seriously as one of the major, if not the sole, determinants of the decisions courts make. (...) because it simply seems beyond credibility that so many thousands of professionally socialized able men and women should be lying or deluding themselves in their arguments*".

questões constitucionais com base na sua convicção, juridicamente alcançada, quanto ao sentido de uma norma. Essa imagem de juiz não remete a um tipo ideal; é, antes, uma descrição da realidade. Ela corresponde à minha própria experiência como membro de uma Corte dessa espécie.[8] Os magistrados de Karlsruhe[9] sempre procuraram desenvolver a resposta a um problema constitucional a partir da Constituição. Um juiz que não estivesse em condições de justificar seu posicionamento com argumentos jurídicos, ou que argumentasse de forma política, no lugar de jurídica, teria sido desacreditado. Era comum que membros do Tribunal alterassem sua percepção original acerca da solução correta com base em argumentos apresentados durante a deliberação.

Claro que isso não significa o final da discussão já neste ponto, pois a tentativa de resolver controvérsias constitucionais de forma jurídica poderia ser em vão; por exemplo, porque o juiz não consegue extrair indícios suficientes do texto constitucional para decidir um caso com base meramente jurídica, de modo a sobrar espaço para outras considerações. Por causa disso, é necessário restringir o foco mais uma vez e perguntar se o processo de aplicação de uma norma constitucional a determinado caso é um ato político em si mesmo e, se o for, até que ponto. Assim, o problema da disposição dos juízes para se deixarem vincular pelas normas da Constituição se desloca para o da capacidade vinculante dessas mesmas normas.

Em contraposição a "instruções específicas" (*Einzelweisungen*),[10] que se referem a uma determinada situação dada e consumam-se com

---

[8] Cf. GRIMM, Dieter. *Ich bin ein Freund der Verfassung*: Wissenschaftsbiographisches Interview von Oliver Lepsius, Christian Waldhoff und Matthias Roßbach mit Dieter Grimm. Tübingen: Mohr Siebeck, 2017.

[9] Nota do Coordenador (Gilmar Ferreira Mendes): Trata-se da cidade alemã na qual o Tribunal Constitucional Federal está sediado.

[10] Nota do Coordenador (Gilmar Ferreira Mendes): Nos termos do art. 84 (5) da *Grundgesetz* de 1949: "Para assegurar a execução de leis federais, poderá ser outorgada ao Governo Federal, por meio de uma lei

1 – O QUE É POLÍTICO NA JURISDIÇÃO CONSTITUCIONAL?

a sua execução, as normas jurídicas valem para uma multiplicidade imprevisível de casos futuros. Por isso, elas têm de ser formuladas de maneira mais ou menos geral e abstrata. Os casos aos quais se aplicam essas normas são, em contrapartida, sempre individuais e concretos. Entre norma e caso, abre-se, portanto, um fosso (*Kluft*). Isso resulta da usual impossibilidade de a norma ser aplicada, de modo linear, a um caso. Ao invés, é preciso cruzar o fosso com o auxílio da interpretação, que consiste na tentativa de verificar o que a norma geral e abstrata significa dentro daquele caso individual e concreto. Exige-se de quem aplica o Direito exatamente isso: que a partir de uma norma geral e abstrata seja derivada uma proposição jurídica (*Rechtssatz*) mais concreta, a qual, a partir de então, torna-se aplicável ao caso.

Dependendo do tempo de vigência e do grau de determinação da norma, do caráter inovador e da complexidade do caso, isso pode ser mais fácil ou difícil. Contudo, não há norma jurídica que seja tão clara a ponto de jamais suscitar dúvidas acerca de seu significado diante de um caso específico. Apenas da leitura do texto normativo, é até possível constatar que uma norma fora elaborada de maneira vaga e indeterminada; mas não se pode concluir que uma norma é clara e inequívoca independentemente do caso ao qual ela deverá ser aplicada. A mesma norma pode estar clara em relação a certo estado de coisas e obscura diante de outro. Decerto, sempre existe a possibilidade de não haver dúvidas razoáveis sobre o significado de uma norma para determinado caso. Normalmente, no entanto, esses casos nem chegam até o Tribunal. A maioria dos processos constitucionais resulta exatamente de dúvidas razoáveis quanto ao significado de disposições constitucionais para o caso concreto.

---

que requer a aprovação do Conselho Federal, a faculdade de expedir *instruções específicas* para casos especiais. Estas instruções deverão ser dirigidas aos órgãos estaduais superiores, salvo quando o Governo Federal considerar que há urgência".

Além disso, normas jurídicas vagas são mais frequentes no Direito Constitucional do que no direito legislado (*Gesetzesrecht*).[11] Muitas normas constitucionais são princípios, e não regras, no sentido que lhes empresta a terminologia de Robert Alexy.[12] O fosso entre norma e caso é, por isso, quase sempre maior do que no direito ordinário. Abrem-se, portanto, margens interpretativas àquele juiz que aplica a Constituição a casos litigiosos. Evidentemente, essas margens não permitem interpretações aleatórias (pois toda margem é também limite), mas é certo que elas toleram mais do que apenas uma leitura aceitável. O preenchimento desses espaços não é mero afazer cognitivo (*kognitiver Vorgang*). A interpretação de uma norma não se esgota na revelação de um sentido que já no momento da promulgação fora nela depositado. Faz parte da concretização da norma também um elemento criativo. Uma proposição normativa concretizada (*konkretisierte Normsatz*) não é simplesmente achada; ao contrário, ela é, até certo grau, construída, mas no âmbito de uma cadeia argumentativa que possa reconduzi-la até a norma.

---

[11] Nota do Coordenador (Gilmar Ferreira Mendes): Verte-se *Gesetzesrecht* por "direito legislado", que é expressão mais apta a comunicar a diferença (estrutural e funcional) entre, de um lado, as normas postas por uma decisão do poder constituinte (direito constitucional), e de outro, o material normativo produzido pelos Parlamentos, no exercício de sua função legiferante. Conquanto seja certo que as Constituições modernas notabilizem-se pelo caráter textual, e nessa medida também consistam em "direito legislado", a solução aqui adotada consegue por evidência de modo mais adequado a relação – que é o fio condutor das observações de Dieter Grimm – entre jurisdição constitucional (a cargo dos Tribunais) e democracia (cujo lugar de representação é o Parlamento). Embora "direito ordinário" ou "direito infraconstitucional" sejam mais correntes no contexto brasileiro, e aludam à parcela do ordenamento jurídico que se coloca no patamar normativo inferior à Constituição, elas não conseguem referir a um dos protagonistas dessa relação, os Parlamentos.

[12] ALEXY, Robert. *Theorie der Grundrechte*. Baden-Baden: Nomos, 1985, pp. 71 e ss.

1 – O QUE É POLÍTICO NA JURISDIÇÃO CONSTITUCIONAL?

Contudo, bastaria esse fato para comprovar que seria política, por natureza, a aplicação de disposições constitucionais em casos concretos? Se fosse assim, a jurisdição começaria a tornar-se política ali onde a norma não mais consegue ser precisa; e, por conseguinte, não somente a jurisdição constitucional, mas toda e qualquer jurisdição seria política. Não podem ser ignoradas, contudo, as diversas limitações nas quais incorrem aqueles que aplicam o Direito. O modo pelo qual se colmata a zona de indeterminação (como uma norma vaga torna-se aplicável ao caso) é algo juridicamente orientado, que não se deixa para a conveniência judicial resolver. As margens se reduzem por meio da dogmática jurídica (entendimentos compartilhadamente desenvolvidos, na academia e na práxis, quanto à interpretação "correta"), dos precedentes e do método interpretativo.

Por meio da dogmática e dos precedentes, aquele que aplica o Direito tem à disposição um arquivo preservado e reconhecido de interpretações de normas e conceitos jurídicos que pode consultar para a solução de problemas jurídicos recorrentes, em vez de ter de desenvolver, caso a caso, soluções totalmente novas. Métodos jurídicos mostram caminhos pelos quais normas formuladas de maneira indefinida podem ser concretizadas racionalmente sem que se tenha de abandonar a vinculação normativa. É uma das tarefas das metodologias distinguir entre argumentos jurídicos e não jurídicos. Em grande parte, a formação jurídica consiste em familiarizar os estudantes com a dogmática e com os precedentes, transmitindo-lhes a capacidade de lidar de forma objetiva e racional com aquelas normas jurídicas que não se podem aplicar de modo imediato a qualquer caso concreto.

O arsenal dogmático e metodológico dos juristas é vasto. A norma pertinente não se encontra isolada; é parte de um contexto mais amplo. Com frequência, esse contexto sistemático fornece outras informações acerca do significado de uma prescrição jurídica. O mesmo vale para a pergunta acerca da finalidade de uma norma. A legislação é uma atividade com direcionamento finalístico. Toda norma é criada com vistas a determinado efeito que ela deverá desencadear na realidade. Um passar de olhos na história da legislação pode ser, por isso, bastante elucidativo. Se quiséssemos descrever todos os instrumentos jurídicos que auxiliam a desvendar o sentido das normas, teríamos de introduzir aqui uma metodologia da interpretação constitucional.

É claro que nem a dogmática nem os métodos jurídicos vinculam os juízes de maneira semelhante à autoridade do texto da norma. A dogmática e a metódica (*Methodik*) são o resultado de um processo permanente de labor na área do Direito, do qual participam cientistas e profissionais. Esse processo raramente é incontrastável e nunca é definitivo. Concorrem aí diversos métodos, e o resultado de uma controvérsia jurídica pode depender do método preferido pelo Tribunal. Os limites entre argumentos jurídicos e não jurídicos podem ser traçados diversificadamente pelas várias metodologias. Nesse sentido, argumentos teleológicos foram por longo tempo considerados não jurídicos. Para uma escola metodológica, a adaptação de normas antigas aos desafios modernos é Política, já, para outra, é Direito.

Não obstante, são métodos jurídicos. Cada qual formula pressupostos a partir dos quais a interpretação de uma norma pode reivindicar correção jurídica (*rechtliche Richtigkeit*). Mas, como não há uma instância externa que poderia decidir qual dogmática e qual método são corretos, deve-se concluir que sempre haverá várias interpretações, sem que se possa dizer qual delas está correta e qual está equivocada. Casos nos quais apenas uma única interpretação normativa poderia reivindicar correção consistem em raras exceções. Para a grande maioria dos casos, e certamente para aqueles que se tornam objeto de controvérsias constitucionais, existe mais de uma solução aceitável do ponto de vista jurídico.

Isso não pode, no entanto, conduzir à aceitação de um *anything goes*. Há interpretações evidentemente erradas, não importando qual dogmática ou método predomina. "Erradas" significa, neste caso, que a interpretação se localiza fora da margem de interpretações possíveis. Mesmo que a interpretação esteja dentro desse espaço, as

1 – O QUE É POLÍTICO NA JURISDIÇÃO CONSTITUCIONAL?

divergências entre os juízes acerca da solução correta continuam sendo divergências jurídicas. Mas fato é que a delimitação do conteúdo da norma e o preenchimento daquele espaço que uma norma cede à interpretação exigem decisões dos juízes que não são determinadas de todo pelo texto da norma.

Isso possibilita uma última delimitação do problema. A questão passa a ser o que define a escolha entre diversas soluções juridicamente possíveis. Será que, afinal, convicções políticas, filiações partidárias e interesses próprios conseguirão se impor desimpedidamente? Há sociólogos que parecem assim supor quando, ao tentarem lançar luz numa *black box*, pesquisam dados sociais relativos aos juízes. No entanto, a pergunta acerca da origem familiar, da confissão religiosa, do estado civil, da situação econômica e o que mais possa justificar esse interesse só seria relevante se entre essas especificidades e a atuação decisória houvesse uma relação causal; se, portanto, um juiz católico sempre julgasse a favor da Igreja; o filho de um empresário, contra os sindicatos; um proprietário de imóvel, a favor dos locadores.

Pode-se deixar de lado esse tipo de sociologismo vulgar (*Vulgärsoziologismus*). Em contrapartida, deve-se levar mais a sério aquela teoria sociológica que, para o esclarecimento de condutas judiciais, não parte dos interesses subjetivos de cada juiz, e sim dos interesses objetivos da sua instituição – o Poder Judiciário. Segundo essa premissa, o juiz determina e preenche as margens de interpretação normativa de modo a fazer com que o seu próprio poder cresça. Embora isso até possa acontecer, o fato é que essas teorias subestimam a lógica peculiar do sistema do direito e a relativa autonomia dos processos jurídicos (*Eigenlogik des Rechtssystems und die relative Autonomie rechtlicher Prozesse*). Elas nem ao menos diferenciam suficientemente propósito de efeito. O propósito de um tratamento profissional de questões jurídicas é honrar, da melhor maneira, a pretensão de validade das normas jurídicas. O efeito é, com frequência, um alargamento da atribuição do Tribunal para exercer o controle.

A especificação e o preenchimento da margem interpretativa fazem com que, necessariamente, as decisões não sejam plenamente determinadas pelo texto normativo; por isso, podem assumir uma ou outra maneira sem necessariamente violar a norma. Como isso ocorre? Sobretudo são pré-compreensões e premissas contextuais (*Vorverständnisse und Hintergrundannahmen*) que orientam a concretização normativa no campo da indeterminação. Elas não deveriam ser consideradas de antemão como sendo apenas subjetivas. Muitas são de natureza supraindividual. Tendências de época, como por exemplo acepções modificadas em relação a papéis de gênero ou de orientação sexual, têm certa importância ao influenciar a interpretação do princípio de igualdade (que é bastante aberto). Os Tribunais Constitucionais não se encontram fora da sociedade para a qual dizem o Direito. Eles estão expostos a mudanças de concepções da mesma maneira como atuam sobre elas.

Premissas contextuais (*Hintergrundannahmen*) também podem afetar determinadas concepções básicas acerca de uma ordem social justa, como o que se pode ceder ao mercado e o que o próprio Estado precisa assumir. Elas podem adquirir importância quando se trata de apreciar constitucionalmente certas limitações aos direitos econômicos fundamentais. Premissas contextuais podem remeter à função das Constituições: seriam elas apenas um regulamento da política, ou contêm linhas de ação para a política? A postura dos juízes acerca da sua própria função no sistema político pode, aliás, fazer parte das premissas contextuais e conferir importância à pergunta pelo *judicial activism* ou *judicial self-restraint*, por exemplo.

Todo juiz se encontra sob o imperativo de ter de decidir de forma juridicamente correta, sem que, no entanto, essa correção tenha sido conclusivamente predeterminada no texto constitucional. Por isso, todo juiz tem de reconhecer que aqueles que chegarem a um resultado diferente do apresentado por ele mesmo nem sempre estarão, por causa disso, errados do ponto de vista jurídico (ou até mesmo não jurídico). Por esse motivo, julgamentos polêmicos e votos divergentes não seriam a prova de que, na verdade, isso não se trata

1 – O QUE É POLÍTICO NA JURISDIÇÃO CONSTITUCIONAL?

de Direito. Pode-se discutir legitimamente sobre a correta leitura do Direito vigente. A sociedade não pode irrealisticamente exagerar nas suas expectativas de certeza em relação ao Direito. Via de regra, a segurança jurídica (*Rechtsgewissheit*) não se alcança já com a entrada em vigor da norma; realiza-se apenas quando da aplicação ao caso.

Pré-compreensões e representações (*Vorverständnisse und Vorstellungen*) como as citadas são inevitáveis enquanto as decisões não puderem ser confiadas a robôs. Embora essas acepções não sejam jurídicas, num sentido mais estrito e literal, não se pode, simplesmente, ignorá-las, tomando-as como extrajurídicas. Elas são motivadas pela tarefa de esclarecer o sentido de uma norma constitucional e estão integradas no processo de interpretação constitucional e na casuística. As pré-compreensões ou representações da realidade social, nas quais essas normas devem desdobrar o seu efeito, não se inserem de pronto no processo de individualização do Direito (*Rechtsfindung*): apenas o influenciam de maneira normativamente transmitida e canalizada. Para além disso, tendências subjetivas são atenuadas pelo fato de que a interpretação de uma norma é um esforço coletivo: todos os argumentos apresentados têm de ser reconhecidos como relevantes do ponto de vista jurídico por parte de uma categoria (*Gruppe*).

É claro que nunca se pode excluir a possibilidade de que também aqueles Tribunais Constitucionais que levam a sua função jurídica a sério ultrapassem o limite quase indefinível entre interpretação constitucional e alteração da Constituição (*Verfassungsänderung*); ou que destoem do ritmo da sociedade em cujo nome declaram o Direito. Exsurge, disso, a necessidade de corretivos. Faz parte desse contexto a observação crítica por parte da ciência jurídica, a qual examina a jurisdição com vistas à sua plausibilidade jurídica e à sua consistência lógica. Outro corretivo consiste na discussão pública, já que os juízes estão expostos à mídia. Isso não significa que os juízes deveriam orientar as suas decisões pela opinião pública, e sim que eles são chamados a refletir o tempo inteiro com senso crítico acerca da sua própria conduta.

Tais influências jamais deixam de ter o seu efeito sobre os juízes constitucionais. Os juízes sabem da específica vulnerabilidade dos Tribunais Constitucionais, que decorre do fato de que os destinatários das suas decisões são os órgãos de cúpula do Estado. Portanto, não há nenhum órgão de execução acima deles, tal como ocorre em assuntos do direito ordinário (*einfachen Rechts*). Em última análise, no entanto, fazem-se necessários contrapesos para enfrentar os riscos que os Tribunais Constitucionais representam com relação à legitimação democrática de decisões coletivamente vinculantes. Por isso, a práxis dos Tribunais Constitucionais tem de ser corrigível no aspecto político. Contudo, o corretivo não consistiria na possibilidade de a política anular ou ignorar decisões. No Estado de Direito, não existe uma correção retroativa, e sim prospectiva do controle de constitucionalidade, por meio da alteração constitucional.

2

DIREITO OU POLÍTICA? A CONTROVÉRSIA KELSEN-SCHMITT SOBRE A JURISDIÇÃO CONSTITUCIONAL E A SITUAÇÃO ATUAL[1]

I. A controvérsia histórica

Em sua *Teoria da Constituição* (*Verfassungslehre*), publicada em 1928, Carl Schmitt reservara à jurisdição constitucional apenas algumas observações dispersas, a maioria em letras miúdas. Um ano depois, ela havia se tornado seu tema principal. Em 1929, ele publicou o artigo "O Tribunal do *Reich* como Guardião da Constituição" (*Das Reichsgericht als Hüter der Verfassung*), em coletânea dedicada ao *Reichsgericht* – concluída em agosto de 1928, segundo informação própria –, e outro ensaio intitulado "O Guardião da Constituição"

---

[1] Tradução de Gilmar Ferreira Mendes e Paulo Sávio Nogueira Peixoto Maia, que agradecem a Erica Ziegler e a Beatriz Bastide Horbach pela atenta leitura que fizeram da primeira versão do texto.

(*Der Hüter der Verfassung*), no *Archiv des öffentlichen Rechts*. Este último, em 1931, foi expandido em um livro com o mesmo título. Teria o tema, repentinamente, se tornado candente? Ou ele teria passado a ser objeto de maior atenção do Direito Constitucional somente após o trabalho sobre a *Teoria da Constituição*, ao qual Schmitt se dedicara no segundo semestre de 1927?

Não houve nada disso. O assunto estava na agenda desde as deliberações da Assembleia Nacional Constituinte de Weimar.[2] No Comitê Constitucional (*Verfassungsausschuss*), o anteprojeto de Hugo Preuß recebeu críticas, porque previa um Tribunal do Estado (*Staatsgerichtshof*) para controlar a constitucionalidade do direito estadual (*Landesrecht*), mas tribunal algum para exercer essa competência quanto às leis do *Reich*. O artigo correspondente seguiu a regra "O direito do *Reich* derroga o direito do *Land*" e, nessa medida, poderia ser aplicada em litígios. A competência para o controle judicial (*Prüfungskompetenz*) deveria ser atribuída por lei a um tribunal superior do *Reich* – muito embora Hugo Preuß considerasse supérflua uma lei do *Reich* para veicular tal competência, afinal, na Alemanha, cada juiz já possuía a prerrogativa de examinar a constitucionalidade das leis do *Reich*.

Vários membros do Comitê Constitucional questionaram a existência dessa atribuição, havida por alguns como até mesmo impossível de um ponto de vista lógico. A discussão culminou na propositura de uma moção suprapartidária[3] para que se atribuísse

---

[2] *Verhandlungen der verfassunggebenden Deutschen Nationalversammlung*, Vol. 336, pp. 483 e ss. Cf. WENDENBURG, Helge. *Die Debatte um die Verfassungsgerichtsbarkeit und der Methodenstreit der Staatsrechtslehre in der Weimarer Republik*. Göttingen: O. Schwartz, 1984, pp. 43 e ss.; KÜHNE, Jörg-Detlef. *Die Entstehung der Weimarer Verfassung*. Düsseldorf: Droste, 2018, pp. 74 e ss.; GUSY, Christoph. *100 Jahre Weimarer Verfassung*. Berlim: Duncker & Humblot, 2018, pp. 68 e ss.

[3] Nota do Coordenador (Gilmar Ferreira Mendes): A expressão *interfraktionellen Antrag* não encontra correspondente perfeito em português.

2– DIREITO OU POLÍTICA? A CONTROVÉRSIA...

ao Tribunal do Estado o exame da constitucionalidade das leis do *Reich*, a pedido de cem deputados do *Reichstag*. Com um empate em hora adiantada e com alguns membros do Comitê já ausentes da sessão, a moção não foi aprovada. Os subscritores reservaram-se no direito de prosseguir na próxima sessão (*Lesung*) e, se necessário, no Pleno. Entretanto, isso acabou não acontecendo na correria das deliberações finais. A questão foi, portanto, deixada em aberto e passou a ser abordada com particular zelo por estudiosos do Direito Constitucional. Von Hippel indica nada menos que 65 contribuições doutrinárias sobre o assunto,[4] que foi o objeto da conferência fundadora da Associação dos Professores de Direito do Estado (*Staatsrechtslehrervereinigung*), em 1922, e de várias das Jornadas dos Juristas Alemães (*Deutscher Juristentage*).[5]

A atenção que esse assunto em particular atraiu pode ser explicada por sua significativa carga política. O direito de controle judicial (*richterlichen Prüfungsrecht*)[6] era considerado importante

---

Oriunda de um apoiamento de constituintes de diversos partidos com assento na Assembleia de Weimar, esse perfil suprapartidário da moção expressa o traço polêmico da matéria: suficiente para inviabilizar uma agremiação a fechar questão e, ao mesmo tempo, para aglutinar interesses independentemente do programa de cada partido.

4 HIPPEL, Ernst von. "Das richterliche Prüfungsrecht". *In*: ANSCHÜTZ, Gerhard; THOMA, Richard (Orgs.). *Handbuch des Deutschen Staatsrechts*. Vol. II. Tübingen: Mohr Siebeck, 1932, pp. 554/555, notas de rodapé 32 e 33.

5 THOMA, Richard. "Das richterliche Prüfungsrecht". *Archiv des öffentlichen Rechts* (doravante: *AöR*), Vol. 43, 1922, p. 267; *32° Deutscher Juristentag*, 1921; *33° Deutscher Juristentag*, 1924; *34° Deutscher Juristentag*, 1926.

6 Nota do Coordenador (Gilmar Ferreira Mendes): Na quadra final do Império de Bismarck, desenvolveu-se a compreensão de que o Poder Judiciário poderia examinar, preliminarmente à apreciação de um caso concreto, se a promulgação de determinada lei oriunda do *Reichstag* observara as prescrições constitucionais. Por *richterliches Prüfungsrecht* (ou *das richterliche Prüfungsrecht*) designa-se esse controle, de perfil formal, porque limitado a verificar se o direito invocado como causa

para o destino do projeto constitucional. Até por isso, o *front* se estabeleceu conforme a posição que se tinha a respeito da República de Weimar. Por um lado, os juristas conservadores críticos de Weimar, que, na época do Império, opuseram-se ao direito de controle judicial (*richterliche Prüfungsrecht*), passaram a lhe ser favorável: por temerem um Parlamento dominado por forças de esquerda, viam na magistratura conservadora um contrapeso. De outro lado, os juristas de espírito democrático temiam precisamente isso, inclinando-se a rejeitar o direito de controle judicial a fim de proteger a legislação parlamentar de um Poder Judiciário cético em relação ao Parlamento. A democracia parlamentar foi, portanto, o verdadeiro objeto da controvérsia, que teve continuidade, após a entrada em vigor da Constituição, no debate sobre o direito de controle judicial.

Debate com o qual Carl Schmitt era obviamente familiarizado. Na *Teoria da Constituição*, faz-se referência a algumas contribuições doutrinárias marcantes. Entretanto, foi por meio da jurisprudência que o tema adquiriu maior importância. No instigante julgamento

---

de pedir era, realmente, lei em sentido formal (LABAND, Paul. *Das Staatsrecht des Deutschen Reiches*. 5ª ed. Vol. II. Tübingen: Mohr, 1911, pp. 44 e ss.). Pedro Cruz Villalón registra que, no âmbito da República de Weimar, a doutrina mostrava desconforto com a expressão *richterliches Prüfungsrecht*, dada a peculiaridade de formular como "direito" dos juízes o exercício do controle de constitucionalidade, atividade de nítido perfil objetivo-institucional, que versa sobre competência, função, e que, nessa medida, frontalmente conflita com a tonalidade subjetiva que sugere "direito" (VILLALÓN, Pedro Cruz. *La formación del sistema europeo de control de constitucionalidad (1918-1939)*. Madrid: Centro de Estudios Constitucionales, 1987, p. 77). Nesta tradução, adotou-se "direito de controle judicial" para verter *richterliches Prüfungsrecht*. Essa solução se justifica por sua capacidade de transmitir o perfil incipiente do controle de constitucionalidade no cenário alemão da época (forte na indecisão conceitual de tomar por "direito" de um agente público uma competência), bem como por ser apta para demarcar uma diferença em relação ao controle normativo *in abstracto*, de inspiração kelseniana, e que ocupa o cerne das preocupações de Dieter Grimm nos escritos que compõem esta coletânea.

do caso da recomposição das perdas com a hiperinflação,[7] o *Reichsgericht* reivindicou o direito de examinar a compatibilidade constitucional das leis do *Reich* não apenas sob o aspecto formal, mas também material.[8] Lavrado em novembro de 1925, tal acórdão, entretanto, já estava disponível quando da elaboração da *Teoria da Constituição*. O *Staatsrechtslehrertagung* e o *Deutscher Juristentag* (DJT) trataram do assunto em 1926;[9] o DJT, a propósito, declarou-se

---

[7] Nota do Coordenador (Gilmar Ferreira Mendes): A Alemanha experimentou uma hiperinflação em 1923 (só em outubro daquele ano, na importância de 29.500%). As causas desse que foi um dos maiores processos inflacionários já vistos, foram múltiplas, mas, segundo Jutta Hoffritz, poucas ocuparam importância comparável à decisão do governo alemão de imprimir mais papel-moeda para financiar a resistência passiva dos mineiros do Vale do Ruhr – greve deflagrada em reação à ocupação de tal região pelos Aliados, esta última, em retaliação pelo fato de a Alemanha ter suspendido o pagamento das reparações de guerra (HOFFRITZ, Jutta. *Totentanz*: 1923 und seine Folgen. Hamburgo: Harper Collins, 2022). Em dezembro de 1923, o governo alemão adotou medidas de emergência para enfrentar a situação. Como as correções deram-se em patamar muito inferior ao percentual inflacionário, multiplicaram-se processos judiciais que articulavam, como causa de pedir, a violação ao direito de propriedade (veja-se: um controle material de constitucionalidade). O *Reichsgericht* apreciou o assunto no célebre acórdão de 4 de novembro de 1925 (referenciado por Dieter Grimm na nota de rodapé seguinte). Na ocasião, embora não tenha chegado ao ponto de declarar a inconstitucionalidade da medida, o *Reichsgericht* afirmou o dever do Poder Judiciário de examinar a compatibilidade constitucional das leis antes de decidir acerca de sua incidência num caso concreto. Há resumo acessível do caso em: CALDWELL, Peter C. *Popular sovereignty and the crisis of the German constitutional law*: the theory and practice of Weimar constitutionalism. Durham: Duke University Press, 1997, pp. 153-155.

[8] *Entscheidungen des Reichsgerichts in Zivilsachen (RGZ)* 111, 320.

[9] KAUFMANN, Erich; NAWIASKY, Hans; HENSEL, Albert; BÜHLER, Ottmar. "Die Gleichheit vor dem Gesetz im Sinne des Art. 109 der Reichsverfassung". *Veröffentlichungen der Vereinigung der Deutschen Staatsrechtslehrer (VVDStRL)*. Vol. 3. Berlim: de Gruyter, 1927, pp. 2-24 e 25-43; ANSCHÜTZ, Gerhard; MENDE, Helmuth. "Empfiehlt es sich, die Zuständigkeit des Staatsgerichtshofs auf andere als die in Art. 19 Abs. 1 RV bezeichneten Verfassungsstreitigkeiten auszudehnen?"

unanimemente a favor de uma emenda constitucional, na forma proposta pelos relatores Anschütz e Mende. No final de 1926, um anteprojeto do Ministério da Justiça federal foi encaminhado ao Parlamento (*Reichstag*).[10]

Tampouco se percebe, no período compreendido entre a *Teoria da Constituição* e o artigo no *Archiv des öffentlichen Rechts*, acontecimentos políticos que poderiam explicar o interesse repentino de Schmitt pela jurisdição constitucional. É verdade que os "anos dourados" da República de Weimar chegavam ao fim em 1929. Mas a queda do último governo parlamentar e a transição para os gabinetes presidenciais (*Präsidialkabinetten*) – aqueles que dependiam do bel-prazer do Presidente do *Reich* e de seus poderes de emergência – ainda estavam por acontecer quando Schmitt se voltou mais intensamente para a jurisdição constitucional. Deve ter sido, portanto, o posicionamento assertivo de Hans Kelsen a favor da jurisdição constitucional, em abril de 1928, na conferência de Viena da Associação dos Professores de Direito do Estado,[11] que desafiou Schmitt a explicitar em detalhes a sua posição quanto à jurisdição constitucional.[12]

Verhandlungen des 34. Deutschen Juristentages, Vol. 34, nº 2. Berlim: De Gruyter, 1926, pp. 193-234.

[10] Cf. WENDENBURG, Helge. *Die Debatte um die Verfassungsgerichtsbarkeit und der Methodenstreit der Staatsrechtslehre in der Weimarer Republik*. Göttingen: O. Schwartz, 1984, pp. 37 e ss.; DREIER, Horst. "Verfassungsgerichtsbarkeit in der Weimarer Republik". *Der Staat*, Vol. 22, 2014, pp. 363 e ss. O projeto de lei não chegou a ser votado nas 3ª e 4ª legislaturas do Parlamento (*Reichstag*) e não foi mais apresentado.

[11] KELSEN, Hans. "Wesen und Entwicklung der Staatsgerichtsbarkeit". *Veröffentlichungen der Vereinigung der Deutschen Staatsrechtslehrer (VVDStRL)*. Vol. 5. Berlim: de Gruyter, 1929, pp. 30-88.

[12] O próprio Schmitt admite isso: cf. SCHMITT, Carl. "Der Hüter der Verfassung". *AöR*, Vol. 55, 1929, p. 181. Ele escreve o seguinte: "em comentário aos argumentos do segundo Relator, H. Kelsen".

2– DIREITO OU POLÍTICA? A CONTROVÉRSIA...

Na *Teoria da Constituição*, Schmitt referiu-se à jurisdição constitucional em três pontos. Ao discutir o conceito de "controvérsias constitucionais" (*Verfassungsstreitigkeiten*), que a Constituição de Weimar utilizava em relação aos poderes do Tribunal do Estado (*Staatsgerichtshof*), ele perguntou se seria aconselhável resolver dúvidas e desacordos de opinião sobre a interpretação da Constituição em processos judicialiformes (*justizförmigen*).[13] Para esse fim, ou seja, para o exame da constitucionalidade das leis, poderia ser considerado um Tribunal do Estado ou uma Corte Constitucional. Em concordância com os palestrantes da 33ª e 36ª edições da Jornada dos Juristas Alemães (*Deutschen Juristentages*), Schmitt declarou que essa solução era óbvia. Entretanto, seguiu-se uma reserva: tal tribunal seria, "na verdade, uma instância de alta política (*hochpolitische Instanz*)",[14] porque teria de decidir também – aliás, sobretudo – acerca daquelas dúvidas e diferenças de opinião resultantes dos compromissos formais dilatórios da Constituição de Weimar.

Na terminologia de Schmitt, compromissos formais dilatórios (*dilatorische Formelkompromisse*) são dispositivos que acomodam, de modo formal e provisório, uma questão controversa não resolvida na Constituinte, com a consequência de que as decisões judiciais que sobre eles versam têm o efeito de retomar a controvérsia sobre o próprio mérito do assunto. Schmitt acrescenta que é impossível separar as questões jurídicas das questões políticas. Portanto, é "mais honesto" confiar tais decisões a uma instância política do que a uma instância judicial. Em seguida, vem a conhecida frase, repetida em todas as publicações subsequentes: "Caso contrário, existe o perigo

---

[13] SCHMITT, Carl. *Verfassungslehre*. Berlim: Duncker & Humblot, 1928, pp. 117/118.
[14] SCHMITT, Carl. *Verfassungslehre*. Berlim: Duncker & Humblot, 1928, p. 118.

de que, em vez de uma judicialização da política, sobrevenha uma politização do Judiciário".[15]

A segunda referência à jurisdição constitucional é introduzida pela assertiva: "controvérsias constitucionais genuínas são sempre controvérsias políticas".[16] Com ela, Schmitt afirma que a decisão (*Entscheidung*) sobre dúvidas e desacordos de opinião sobre a constitucionalidade das leis, por parte de um tribunal específico, "não é uma genuína decisão processual (*Prozessentscheidung*)", como o seriam aqueles julgamentos (*Urteile*) proferidos em processos criminais ou civis. A assertiva é de interesse na medida em que limitaria a competência geral de controle jurisdicional (*allgemeine Prüfungskompetenz der Gerichte*). Mas ao contrário do que muitos acreditam, o controle de normas realizado pelo Judiciário não seria uma exigência do Estado de Direito. Aquele pressupõe a separação entre Direito e Política, que entretanto não existe: "uma decisão sobre 'constitucionalidade' nunca é uma decisão apolítica".[17] Disso não são extraídas outras conclusões, na *Teoria da Constituição*.

A terceira referência dá-se na passagem alusiva à separação de poderes, oportunidade em que Schmitt critica a decisão do *Reichsgericht* de 1925.[18] Diz, a propósito, que a questão não seria a de saber se leis inconstitucionais são inválidas – algo óbvio –, e sim quem seria o competente para decidir. O *Reichsgericht*, acredita Schmitt, não teria justificado suficientemente tal competência. Ainda assim, Schmitt quis afirmar o direito de controle judicial (*richterliche Prüfungsrecht*) como algo incapaz de afetar a separação dos

---

[15] SCHMITT, Carl. *Verfassungslehre*. Berlim: Duncker & Humblot, 1928, p. 119.

[16] SCHMITT, Carl. *Verfassungslehre*. Berlim: Duncker & Humblot, 1928, p. 136.

[17] SCHMITT, Carl. *Verfassungslehre*. Berlim: Duncker & Humblot, 1928, pp. 136/137.

[18] SCHMITT, Carl. *Verfassungslehre*. Berlim: Duncker & Humblot, 1928, pp. 195/196.

poderes. Em tal caso, o Judiciário não interfere no Legislativo, porque ainda que decida sobre dúvidas relacionadas à validade das leis, "não vai além da pura normatividade; inibe, mas não comanda".[19] Não havendo "intervenção" na legislação, a separação de poderes não poderia ser violada a partir do exercício do direito de controle judicial (*richterliche Prüfungsrecht*).

Esta é a perspectiva de Schmitt anteriormente à intervenção de Kelsen. Ela foi aqui reproduzida detalhadamente porque, diante de uma questão à qual seria de se esperar uma resposta fundamentada de modo sistemático na *Teoria da Constituição*, encontra-se um Carl Schmitt inconclusivo, até mesmo contraditório. As razões não estão claras. Ao sugerir que, "para Schmitt, mais importante do que a consistência teórica era a consideração por seus colegas conservadores – os quais ele não queria apunhalar pelas costas em questão politicamente sensível como o direito de controle judicial (*richterliche Prüfungsrecht*)",[20] também Volker Neumann não fundamenta sua explicação, que permanece como mera conjectura.

Hans Kelsen é bem diferente. Trata-se do mais resoluto e, em sua argumentação, o mais consistente defensor da jurisdição constitucional (*Verfassungsgerichtsbarkeit*). Atribui-se a ele o mérito de ser o criador da jurisdição constitucional especializada, aquela em que o controle normativo assume o posto de competência central, consoante disposto na Constituição da Áustria de outubro de 1920 – a qual deriva de seus anteprojetos. Mais rápida do que a Áustria, fora, entretanto, a Tchecoslováquia, ao concretizar esse modelo em sua Constituição de fevereiro de 1920, sem o envolvimento de Kelsen. Como explicação para tanto, fez-se referência às pré-condições favoráveis para uma jurisdição constitucional no contexto da monarquia

---

[19] SCHMITT, Carl. *Verfassungslehre*. Berlim: Duncker & Humblot, 1928, p. 196.
[20] NEUMANN, Volker. *Carl Schmitt als Jurist*. Tübingen: Mohr Siebeck, 2015, p. 224.

dos Habsburgos:[21] desde a Constituição de Dezembro de 1867, já haveria uma proteção jurídica (*Rechtsschutz*) bem desenvolvida contra o Estado, incluindo a proteção relativa aos direitos fundamentais (*Grundrechtsschutzes*), embora ainda faltasse o controle das leis (*Gesetzesprüfung*). Dessa forma, no século XIX, as demandas por uma jurisdição constitucional já haviam sido vocalizadas.

Elas são retomadas nos esboços de Kelsen para a Constituição Federal [da Áustria, de 1920], muito embora apresentem intenção e configuração diversas àquilo que foi posteriormente incorporado à Constituição, como tratam de demonstrar pesquisas recentes.[22] Nas minutas de Kelsen, o controle das leis circunscreveu-se às leis estaduais, e, como na Constituição de Weimar, serviu para garantir a primazia do Direito federal. No entanto, isso provocou a resistência dos Estados-membros (*Länder*), que só pôde ser superada concedendo-se-lhes o direito de submeter as leis federais ao controle de constitucionalidade. Ninguém resistiu tanto a isso como Kelsen,

---

21 Cf. STOURZH, Gerald. "Schutz der Verfassung in der österreichischen Dezemberverfassung von 1867". *In*: SIMON, Thomas; KALWODA, Johannes (Orgs.). *Schutz der Verfassung*: Normen, Institutionen, Höchst-und Verfassungsgerichte: Tagung der Vereinigung für Verfassungsgeschichte in Hofgeismar vom 12. bis 14. März, 2012. (Der Staat). Vol. 22. Berlim: Duncker & Humblot, 2014, p. 223; STOURZH, Gerald. "Hans Kelsen, die österreichische Bundesverfassung und die rechtsstaatliche Demokratie". *In*: *Die Reine Rechtslehre in wissenschaftlicher Diskussion*: Referate und Diskussion auf dem zu Ehren des 100. Geburtstages von Hans Kelsen von 22. bis 27. September 1981, abgehaltenen Internationalen Symposion. Viena: Manz, 1982, p. 7.

22 Cf. WIEDERIN, Ewald. "Der österreichische Verfassungsgerichtshof als Schöpfung Hans Kelsens und sein Modellcharakter als eigenständiges Verfassungsgericht". *In*: SIMON, Thomas; KALWODA, Johannes (Orgs.). *Schutz der Verfassung*: Normen, Institutionen, Höchst-und Verfassungsgerichte: Tagung der Vereinigung für Verfassungsgeschichte in Hofgeismar vom 12. bis 14. März, 2012. (Der Staat). Vol. 22. Berlim: Duncker & Humblot, 2014, p. 283 (complementado com apoio em novo material de arquivo, na palestra "Vergessene Wurzeln der gerichtlichen Normenkontrolle", realizada no Tribunal Constitucional em 28.01.2020).

escreve Ewald Wiederin,[23] que chega ao ponto de dizer que as posteriores exposições científicas de Kelsen corresponderiam apenas a uma tentativa de projetar uma estrutura teórica para o regramento constitucional. Sua atuação jurisdicional na nova Corte Constitucional não teria em nada correspondido a isso.[24]

A posição de Kelsen pode ser resumida sucintamente por causa de sua clareza e rigor. O princípio a partir do qual ele desenvolve sua visão é aquele da construção escalonada do ordenamento jurídico (*Stufenbau der Rechtsordnung*).[25] O direito regula sua própria geração. Todo ato estatal que reivindicar reconhecimento e cumprimento jurídico deve ser autorizado por uma norma de degrau superior e precisa ater-se à moldura da autorização. Consequentemente, as leis só têm validade jurídica se estiverem baseadas numa competência constitucional e se respeitarem os limites dessa competência. Por isso, as atividades de criação e aplicação do direito (*Rechtsetzung und Rechtsanwendung*) não são opostos absolutos, mas tão apenas relativos. Todo ato jurídico tem um elemento jurídico criativo (*rechtsschöpferisches*) e um elemento jurídico aplicativo (*rechtsanwendendes*) que lhe é inerente. Apenas a margem se estreita de cima para baixo.

---

23 WIEDERIN, Ewald. "Der österreichische Verfassungsgerichtshof als Schöpfung Hans Kelsens und sein Modellcharakter als eigenständiges Verfassungsgericht". *In*: SIMON, Thomas; KALWODA, Johannes (Orgs.). *Schutz der Verfassung*: Normen, Institutionen, Höchst- und Verfassungsgerichte: Tagung der Vereinigung für Verfassungsgeschichte in Hofgeismar vom 12. bis 14. März, 2012. (Der Staat). Vol. 22. Berlim: Duncker & Humblot, 2014, p. 297.

24 WIEDERIN, Ewald. "Der österreichische Verfassungsgerichtshof als Schöpfung Hans Kelsens und sein Modellcharakter als eigenständiges Verfassungsgericht". *In*: SIMON, Thomas; KALWODA, Johannes (Orgs.). *Schutz der Verfassung*: Normen, Institutionen, Höchst- und Verfassungsgerichte: Tagung der Vereinigung für Verfassungsgeschichte in Hofgeismar vom 12. bis 14. März, 2012. (Der Staat). Vol. 22. Berlim: Duncker & Humblot, 2014, p. 304.

25 KELSEN, Hans. "Wesen und Entwicklung der Staatsgerichtsbarkeit". *Veröffentlichungen der Vereinigung der Deutschen Staatsrechtslehrer (VVDStRL)*. Vol. 5. Berlim: de Gruyter, 1929, pp. 31 e ss.

Ela é mais ampla para o legislador, menos ampla para os tribunais e menor ainda para os atos administrativos (*Vollzugsakte*).

Para Kelsen, no entanto, a exigência de uma ação estatal dotada de conformidade jurídica só estará garantida se sua observância for controlada não por uma instância como o Parlamento, que é política (conquanto vinculada pela Constituição), e sim por uma instância independente em relação ao Parlamento.[26] Essa autoridade tampouco pode limitar-se a declarar a incompatibilidade da lei com a Constituição, mas deve também poder anulá-las (*aufheben*), porque Kelsen duvida da prontidão do Parlamento para corrigir-se com base em mera objeção declaratória. Tratando-se de questões de Direito (*Rechtsfragen*), a presença do Judiciário se impõe. Se tal tarefa será executada por qualquer tribunal, ou por um tribunal especial, cuida-se de algo a ser definido secundária e pragmaticamente. O próprio Kelsen preferiu um tribunal especial ao controle de constitucionalidade difuso e incidental.

Funcionalmente considerado, o controle jurisdicional da constitucionalidade dos atos normativos é parte da legislação. Um órgão com poderes para anular leis participa do poder legiferante, embora apenas de forma negativa. Em contraste com a criação de uma lei, na qual a liberdade política predomina sobre a vinculação jurídica, essa relação inverte-se quando da anulação de uma lei em sede de fiscalização jurisdicional de constitucionalidade; em tal situação, predomina o elemento de aplicação jurídica. Os motivos políticos que determinaram a aprovação da lei não interessam. Nesse sentido, o controle de constitucionalidade é "jurisdição genuína" (*echte Gerichtsbarkeit*).[27]

---

[26] KELSEN, Hans. "Wesen und Entwicklung der Staatsgerichtsbarkeit". *Veröffentlichungen der Vereinigung der Deutschen Staatsrechtslehrer (VVDStRL)*. Vol. 5. Berlim: de Gruyter, 1929, pp. 53 e ss.

[27] KELSEN, Hans. "Wesen und Entwicklung der Staatsgerichtsbarkeit". *Veröffentlichungen der Vereinigung der Deutschen Staatsrechtslehrer (VVDStRL)*. Vol. 5. Berlim: de Gruyter, 1929, p. 56.

Ao contrário de Schmitt, Kelsen não duvidava, portanto, de que a anulação (*Aufhebung*) ou a não aplicação (*Nichtanwendung*) de uma lei constituísse uma intervenção, embora justificada, no poder legiferante do Parlamento. Se essa possibilidade não existir, a Constituição carecerá de plena vinculatividade jurídica. Então, seguem-se as palavras que não são menos famosas do que a advertência de Schmitt contra a judicialização e a politização: sem jurisdição constitucional, a Constituição significaria "nada muito além de um desejo não vinculante". Uma vez que a manutenção de leis inconstitucionais também requer um fundamento jurídico, que só poderia vir da Constituição, na ausência da jurisdição constitucional, o Direito Constitucional, enquanto critério para as leis, assume o sentido de uma "autorização alternativa" (*Alternation*): "é dessa forma, mas se assim não o for, então também (e arbitrariamente) de outra forma".[28]

É sabido que Carl Schmitt não compareceu à Conferência de Viena. Perdeu, assim, a oportunidade de se confrontar diretamente com Kelsen. Isso foi posteriormente compensado nos dois ensaios de 1929 e no livro de 1931,[29] em relação aos quais Kelsen respondeu, no mesmo ano de 1931, com o artigo "Quem deve ser o Guardião da Constituição?" (*Wer soll der Hüter der Verfassung sein?*).[30] Nos casos em que Kelsen tinha considerado que *deveria haver* jurisdição

---

[28] KELSEN, Hans. "Wesen und Entwicklung der Staatsgerichtsbarkeit". *Veröffentlichungen der Vereinigung der Deutschen Staatsrechtslehrer (VVDStRL)*. Vol. 5. Berlim: de Gruyter, 1929, p. 79.

[29] SCHMITT, Carl. "Das Reichsgericht als Hüter der Verfassung". *In*: SCHREIBER, Otto (Org.). *Die Reichsgerichts-Praxis im deutschen Rechtsleben*. Festgabe zum 50jährigen Bestehen des Reichsgerichts (1. Oktober 1929). Vol. 1. Berlim: de Gruyter, 1929, p. 154; SCHMITT, Carl. "Der Hüter der Verfassung". *AöR*, Vol. 55, 1929, p. 161; SCHMITT, Carl. *Der Hüter der Verfassung*. Tübingen: Mohr, 1931. Esses textos são idênticos, em suas partes essenciais.

[30] Sobre essa discussão, cf.: BEAUD, Olivier; PASQUINO, Pasquale (Orgs.). *La controverse sur "Le gardien de la constitution" et la justice constitutionelle*: Kelsen contra Schmitt. Paris: Panthéon-Assas, 2007.

constitucional (para o bem da Constituição), Schmitt insistiu que não *poderia haver* jurisdição constitucional (pelo menos se a Constituição fosse devidamente compreendida). Schmitt diferenciou a jurisdição constitucional (*Verfassungsgerichtsbarkeit*) – entendida como aquela instituição dotada da tarefa específica de ser "guardiã da constituição" – do direito de controle judicial (*richterliche Prüfungsrecht*), ou seja, a prerrogativa que todos os órgãos judicantes têm de examinar a constitucionalidade das leis relevantes para a decisão de uma controvérsia jurídica. O último ele afirmou, a primeira ele rejeitou.[31]

Schmitt desenvolve seu ponto de vista a partir da diferença entre a criação do direito (*Rechtsetzung*) e a aplicação do direito (*Rechtsanwendung*), ou, como ele usualmente expressa, entre lei (*Gesetz*) e julgamento (*Richterspruch*).[32] Aqui ele já se distancia incisivamente de Kelsen. Onde este último vê apenas uma diferença gradual entre criação e aplicação normativa – porque ambos necessariamente combinam elementos da criação da lei e da aplicação da lei –, Schmitt encontra uma diferença essencial. "Uma lei não é um julgamento, um julgamento não é uma lei, e sim a decisão de um 'caso' com base em uma lei".[33] Uma coisa é a Política, a outra é a aplicação do Direito. Portanto, a diferença factual entre as duas áreas deve ser mantida. A natureza da matéria exclui "uma combinação de

---

[31] SCHMITT, Carl. "Das Reichsgericht als Hüter der Verfassung". *In*: SCHREIBER, Otto (Org.). *Die Reichsgerichts-Praxis im deutschen Rechtsleben*. Festgabe zum 50jährigen Bestehen des Reichsgerichts (1. Oktober 1929). Vol. 1. Berlim: de Gruyter, 1929, pp. 82 e ss.

[32] SCHMITT, Carl. "Der Hüter der Verfassung". *AöR*, Vol. 55, 1929, pp. 186 e ss.; SCHMITT, Carl. *Der Hüter der Verfassung*. Tübingen: Mohr, 1931, pp. 36 e ss.

[33] SCHMITT, Carl. "Der Hüter der Verfassung". *AöR*, Vol. 55, 1929, p. 187; SCHMITT, Carl. *Der Hüter der Verfassung*. Tübingen: Mohr, 1931, p. 37.

justiça genuína e disputa constitucional genuína".[34] Uma sequência contínua de etapas, tal como Kelsen acredita, não existiria.

A aplicação do Direito pressupõe a existência de normas jurídicas que, por sua vez, vinculam o aplicador do Direito. Somente sob esta condição pode-se justificar a independência judicial. Kelsen tampouco contestaria isso. A única questão é até que ponto a vinculação se estende. Aqui, Schmitt exige mais do que Kelsen. Para Kelsen, a vinculação coincide com os limites da norma. Estes podem ser racionalmente identificados. Dentro dos limites, diferentemente, não prevalece a cognição, e sim a decisão.[35] Por sua vez, para Schmitt só se pode falar em vinculação caso se estiver a tratar de "normas determináveis passíveis de subsunções mensuráveis".[36] As normas determinam o Judiciário (*Justiz*) a tal ponto que o juiz pode aplicá-las ao caso sem qualquer ação própria. O que ele faz já está substancialmente regido pela lei.[37] O juízo (*Urteil*) é meramente "deduzido de uma decisão mensurável e previsível já contida na lei".[38] Onde tais normas existem, há Justiça (*Justiz*); onde elas faltam, esta convola-se em Política.

Schmitt tece uma diferença entre a aplicação de uma norma pela via da subsunção e o esclarecimento de dúvidas e desacordos de opinião acerca do significado de tal norma; neste último, o conteúdo da lei não é aplicado ao caso, mas, antes de qualquer coisa, definido. Isso não poderia ser, por sua própria natureza, atividade

---

[34] SCHMITT, Carl. "Der Hüter der Verfassung". *AöR*, Vol. 55, 1929, p. 181.

[35] KELSEN, Hans. *Reine Rechtslehre*: Einleitung in die rechtswissenschaftliche Problematik. Leipzig e Viena: Franz Deuticke, 1934, pp. 90 e ss.

[36] SCHMITT, Carl. *Der Hüter der Verfassung*. Tübingen: Mohr, 1931, p. 19.

[37] SCHMITT, Carl. "Der Hüter der Verfassung". *AöR*, Vol. 55, 1929, p. 189.

[38] SCHMITT, Carl. *Der Hüter der Verfassung*. Tübingen: Mohr, 1931, p. 38.

judicante, e sim legiferante – tratando-se de ausência de clareza de normas constitucionais, o caso seria de legiferação constitucional (*Vefarssungsgesetzsgebung*).[39] Um tribunal que elimina dúvidas e desacordos acerca do conteúdo de uma norma está, na realidade, tornando-se a segunda câmara do Parlamento.[40] Kelsen não vê nenhum problema nisso, porque cada aplicação do Direito contém um elemento intrínseco de criação do Direito, e assim pode, sem se envolver em contradições, nominar o Tribunal Constitucional de "legislador negativo".[41] Em Schmitt, a frase decisiva é: "Toda Justiça (*Justiz*) assim o é enquanto atada a normas, e deixa de sê-lo quando as próprias normas resultam duvidosas ou disputadas quanto a seu conteúdo".[42]

Arremata Schmitt que para o controle jurisdicional de normas só há duas possibilidades: ou existe uma contradição óbvia entre a Constituição e a lei, caso em que o Tribunal "pune" esta violação "à maneira de uma justiça penal vindicativa"[43] (casos tão evidentes, todavia, custosamente transcorreriam em circunstâncias usuais); ou,

---

[39] SCHMITT, Carl. "Das Reichsgericht als Hüter der Verfassung". *In*: SCHREIBER, Otto (Org.). *Die Reichsgerichts-Praxis im deutschen Rechtsleben*. Festgabe zum 50jährigen Bestehen des Reichsgerichts (1. Oktober 1929). Vol. 1. Berlim: de Gruyter, 1929, p. 78; SCHMITT, Carl. "Der Hüter der Verfassung". *AöR*, Vol. 55, 1929, p. 198; SCHMITT, Carl. *Der Hüter der Verfassung*. Tübingen: Mohr, 1931, p. 45.

[40] SCHMITT, Carl. "Das Reichsgericht als Hüter der Verfassung". *In*: SCHREIBER, Otto (Org.). *Die Reichsgerichts-Praxis im deutschen Rechtsleben*. Festgabe zum 50jährigen Bestehen des Reichsgerichts (1. Oktober 1929). Vol. 1. Berlim: de Gruyter, 1929, pp. 79/80.

[41] KELSEN, Hans. "Wesen und Entwicklung der Staatsgerichtsbarkeit". *Veröffentlichungen der Vereinigung der Deutschen Staatsrechtslehrer (VVDStRL)*. Vol. 5. Berlim: de Gruyter, 1929, p. 56 e item 9.

[42] SCHMITT, Carl. *Der Hüter der Verfassung*. Tübingen: Mohr, 1931, p. 19.

[43] SCHMITT, Carl. "Das Reichsgericht als Hüter der Verfassung". *In*: SCHREIBER, Otto (Org.). *Die Reichsgerichts-Praxis im deutschen Rechtsleben*. Festgabe zum 50jährigen Bestehen des Reichsgerichts (1.

em razão da falta de clareza da norma, haveria dúvidas e desacordos acerca de seu conteúdo, e exatamente por isso não se poderia falar de violação. Aclarar conteúdo corresponde à atividade de dar leis (*Gesetzgebung*);[44] e o é mais ainda quando se cuida de "compromissos formais dilatórios": quando definidos, tem-se a primeira vez em que realmente a Constituição é dada (*Verfassungsgebung*).[45] Uma instituição que assim o faz não pode, por tudo isso, ser um tribunal.

Kelsen nomina de "jurisprudência dos conceitos"[46] essa conclusão de Schmitt, e de "teoria do autômato" o seu modelo de aplicação do Direito.[47] Ele não perde a oportunidade de registrar que Schmitt recai, aqui, numa contradição em termos. De fato, no primevo escrito "Lei e Juízo" (*Gesetz und Urteil*),[48] Schmitt sustentara, contra a opinião ora dominante, que não haveria uma inexorável vinculação do juiz à lei, a ponto de tornar desnecessária a participação do magistrado na decisão de um caso. Percepção que é até reiterada em "O Guardião da Constituição" (*Der Hüter der Verfassung*), no qual, com referência à obra de 1912, assevera-se: "Em toda decisão, e também naquela em que um Tribunal subsome

---

Oktober 1929). Vol. 1. Berlim: de Gruyter, 1929, p. 80; SCHMITT, Carl. *Der Hüter der Verfassung*. Tübingen: Mohr, 1931, p. 45.

[44] SCHMITT, Carl. "Das Reichsgericht als Hüter der Verfassung". *In*: SCHREIBER, Otto (Org.). *Die Reichsgerichts-Praxis im deutschen Rechtsleben*. Festgabe zum 50jährigen Bestehen des Reichsgerichts (1. Oktober 1929). Vol. 1. Berlim: de Gruyter, 1929, p. 80; SCHMITT, Carl. "Der Hüter der Verfassung". *AöR*, Vol. 55, 1929, p. 196; SCHMITT, Carl. *Der Hüter der Verfassung*. Tübingen: Mohr, 1931, p. 45.

[45] SCHMITT, Carl. *Der Hüter der Verfassung*. Tübingen: Mohr, 1931, p. 48.

[46] KELSEN, Hans. *Wer soll der Hüter der Verfassung sein?* Berlim: W. Rothschild, 1931, p. 13.

[47] KELSEN, Hans. *Wer soll der Hüter der Verfassung sein?* Berlim: W. Rothschild, 1931, p. 21.

[48] SCHMITT, Carl. *Gesetz und Urteil*: Eine Untersuchung zum Problem der Rechtspraxis. Berlim: Verlag Otto Liebmann, 1912.

um fato à hipótese legal, no curso de um processo, existe um elemento de pura decisão que não pode ser derivado do conteúdo da norma".⁴⁹ Schmitt acrescenta expressamente que dessa regra não escapa o direito de controle judicial (*richterliche Prüfungsrecht*): "Mesmo no caso de um Tribunal que de maneira tão somente acessória exerça o seu direito de controle (*Prüfungsrecht*) esse elemento decisionista é perceptível".⁵⁰

Se assim for, porém, a conclusão que se impõe é a de que não apenas a jurisdição constitucional, mas toda a jurisdição seria, por sua natureza, legislação e, por isso, política. Pois não são apenas as normas constitucionais que levantam dúvidas e desacordos de opinião, mas também o direito legislado (*Gesetzesrecht*).⁵¹ Kelsen também argumenta contra isso.⁵² Em comparação com o Direito Constitucional, é possível que o número de normas relativamente precisas no direito legislado supere o de normas vagas. Entretanto,

---

⁴⁹ SCHMITT, Carl. *Der Hüter der Verfassung*. Tübingen: Mohr, 1931, pp. 45/46.
⁵⁰ SCHMITT, Carl. *Der Hüter der Verfassung*. Tübingen: Mohr, 1931, p. 46.
⁵¹ Nota do Coordenador (Gilmar Ferreira Mendes): Verte-se *Gesetzesrecht* por "direito legislado", que é expressão mais apta a comunicar a diferença (estrutural e funcional) entre, de um lado, as normas postas por uma decisão do poder constituinte (direito constitucional), e de outro, o material normativo produzido pelos Parlamentos, no exercício de sua função legiferante. Conquanto seja certo que as Constituições modernas notabilizem-se pelo caráter textual, e nessa medida também consistam em "direito legislado", a solução aqui adotada consegue por evidência de modo mais adequado a relação – que é o fio condutor das observações de Dieter Grimm – entre jurisdição constitucional (a cargo dos Tribunais) e democracia (cujo lugar de representação é o Parlamento). Embora "direito ordinário" ou "direito infraconstitucional" sejam mais correntes no contexto brasileiro, e aludam à parcela do ordenamento jurídico que se coloca no patamar normativo inferior à Constituição, elas não conseguem referir a um dos protagonistas dessa relação, os Parlamentos.
⁵² KELSEN, Hans. *Wer soll der Hüter der Verfassung sein?* Berlim: W. Rothschild, 1931, pp. 17/18.

norma alguma é tão inequívoca a ponto de nunca levantar dúvidas. Se uma norma é vaga, isso se revela em sua leitura; se é inequívoca ou ambígua, tal dependerá do caso ao qual é aplicada. A mesma norma pode ser clara em relação a um caso e obscura quanto a outro. Mas por que, então, é possível o direito de controle judicial (*richterliche Prüfungsrecht*), mas não a jurisdição constitucional (*Verfassungsgerichtsbarkeit*)?

Para reforçar seu ponto de vista, Schmitt salienta outra diferença entre os dois. A jurisdição constitucional não aplica normas a fatos, tal como um tribunal comum; aplica, sim, normas a normas.[53] Com efeito, esta é a essência do controle de normas: examina-se se uma norma de patamar inferior, uma lei, é compatível com uma norma de patamar superior, a Constituição. Schmitt, entretanto, não descreve a atividade como ela é; antes, apresenta-a como a "Justiça da lei constitucional sobre a lei ordinária" (*Justiz des Verfassungsgesetzes über das einfache Gesetz*).[54] Kelsen considera isso impossível, porque uma lei não pode ser a guardiã de outra lei. As leis, afirma ele, não são objetos, mas parâmetros de conformidade de um procedimento judicial (*Maßstäbe eines Gerichtsverfahrens*). Com seu pequeno deslocamento linguístico de "um tribunal examinando uma norma" para "uma norma examinando outra norma", Schmitt transforma a jurisdição constitucional em algo absurdo; o que é descrito por Kelsen – em dicção bem pouco kelseniana – como um "completo despropósito".[55]

Schmitt vai um passo além; intenta destruir a base sobre a qual repousa a justificação dada por Kelsen à jurisdição constitucional, a

---

[53] SCHMITT, Carl. "Der Hüter der Verfassung". *AöR*, Vol. 55, 1929, p. 191; SCHMITT, Carl. *Der Hüter der Verfassung*. Tübingen: Mohr, 1931, p. 41.

[54] SCHMITT, Carl. *Der Hüter der Verfassung*. Tübingen: Mohr, 1931, p. 41.

[55] KELSEN, Hans. *Wer soll der Hüter der Verfassung sein?* Berlim: W. Rothschild, 1931, p. 20.

saber, a doutrina da construção escalonada do ordenamento jurídico (*Stufenbau der Rechtsordnung*) ou a hierarquia das normas. Só se pode falar de normas de patamar superior ou inferior, quando se tem distintos gradientes de alterabilidade e de revogabilidade normativa. Uma maior dificuldade no emendamento de uma norma resulta em sua elevação. Se quiséssemos fazer uma hierarquia de normas a partir disso, seria por simples metáfora.[56] Também isso soava diferente no passado. Em sua *Teoria da Constituição*, Schmitt acusou essa postura de ser positivista. A Constituição não seria superior por ser mais difícil de emendar, seria, isso sim, mais difícil de emendar porque é superior, ou seja: mais relevante em termos de conteúdo.[57]

Agora, Schmitt se apressa em descartar essa relação hierárquica, asseverando que o juiz é obrigado a decidir mesmo quando tem diante de si dois comandos contraditórios: "ora, se ele escolher (...) uma das disposições legais colidentes como base de sua decisão judicial, a outra disposição colidente não se aplica. Isso é tudo".[58] Mas se isso é verdade da perspectiva da consequência jurídica (*Rechtsfolge*), não menos exato é que se trata de uma banalidade. O que não se menciona é que, para essa escolha, existem regras de colisão (*Kollisionsregeln*) universalmente aceitas; uma delas reza que a norma de patamar superior tem precedência sobre a norma de patamar inferior. Se as normas conflitantes estiverem no mesmo nível, valerão outras regras de colisão: a norma mais nova tem precedência sobre a mais antiga, a especial sobre aquela mais geral. Onde não se dá nem uma nem outra coisa, aquele que aplica o Direito deve perquirir uma interpretação harmonizadora.

---

[56] SCHMITT, Carl. "Der Hüter der Verfassung". *AöR*, Vol. 55, 1929, p. 191; SCHMITT, Carl. *Der Hüter der Verfassung*. Tübingen: Mohr, 1931, p. 39.

[57] SCHMITT, Carl. *Verfassungslehre*. Berlim: Duncker & Humblot, 1928, p. 18.

[58] SCHMITT, Carl. "Der Hüter der Verfassung". *AöR*, Vol. 55, 1929, p. 168.

Portanto, também a especificidade que subjaz à aplicação de normas às normas, levada a efeito pelas Cortes Constitucionais, não sustenta a abordagem diferenciada: comparado a estas, um tribunal comum não faz nada de diferente ao exercer o direito de controle judicial (*richterliche Prüfungsrecht*). Também nesse caso as normas são aplicadas às normas, e o que fora declarado impossível, no contexto da jurisdição constitucional (*Verfassungsgerichtsbarkeit*), aqui é silenciosamente ignorado. Como as normas constitucionais não se tornam mais claras e inequívocas quando são aplicadas por tribunais civis ou penais, em vez de uma Corte Constitucional, o problema permanece o mesmo. Se a conformidade de uma lei à Constituição é decidida por um Tribunal Constitucional num processo de controle em abstrato, ou se o é por um tribunal ordinário (*Fachgericht*)[59] no bojo de processo de controle em concreto, nada muda acerca desse modo de proceder (*Vorgang*): de acordo com Schmitt, trata-se de legislação, e não de jurisdição.

Diante disso, Schmitt já não retoma a sua estrita separação entre a subsunção de disposições claras e o esclarecimento de dúvidas e desacordos de opinião; em vez disso, introduz um critério gradual, distinguindo entre a decisão associada a cada aplicação da lei, por um lado, e o aumento do decisionismo no esclarecimento de dúvidas e desacordos de opinião sobre normas constitucionais, por outro. Ele admite que o tribunal, ao valer-se do direito de controle judicial (*richterliche Prüfungsrecht*), também decide dúvidas acerca do conteúdo de uma disposição legislativa. De todo modo, não se

---

[59] Nota do Coordenador (Gilmar Ferreira Mendes): Nos contextos austríaco e alemão, *Fachgericht* serve de antípoda para *Verfassungsgericht*, Corte Constitucional. Trata-se de conceito normalmente utilizado para gizar um âmbito de competência mediante exclusão: a atribuição judicial que não se coloca dentro da competência da jurisdição constitucional, *Verfassungsgerichtsbarkeit*, encontra-se sob o campo da *Fachgerichtsbarkeit*. Por isso, embora o respeito à literalidade aconselhe a tradução de *Fachgericht* por "tribunal especializado", essa solução diz pouco ao direito brasileiro, o que explica nossa preferência por "tribunal ordinário".

cuida de uma "argumentação acachapante, e sim de uma decisão circunscrita a eliminar, com autoridade, a dúvida".[60]

No caso de uma instância cuja função específica é decidir dúvidas, o caráter decisionista (*dezisionistische Charakter*) do pronunciamento é, no entanto, "ainda mais forte e essencialmente definidor" do que uma instituição que só esclarece tais dúvidas "acessoriamente", por ocasião da aplicação das leis a casos individuais.[61] No caso da primeira, o elemento decisionista é "não apenas parte da decisão, que é acrescentada ao elemento normativo a fim de tornar possível a *res judicata*; ao contrário, a decisão como tal é o significado e a finalidade do pronunciamento, e seu valor não reside em uma argumentação acachapante, e sim na eliminação, com autoridade, da dúvida que exsurge exatamente das muitas argumentações possíveis e mutuamente contraditórias".[62] Como se vê, a diferença não mais reside no *modo* pelo qual se procede ao exame da lei (*Vorgang der Gesetzesprüfung*), mas na *instituição* que a desempenha.

Fica ainda mais evidente que é do órgão que se está a tratar quando Schmitt se refere à consequência jurídica (*Rechtsfolge*). Cortes Constitucionais anulam leis inconstitucionais, ao passo que os tribunais ordinários (*Fachgerichte*) desconsideram-nas na decisão concreta. A vontade do legislador é de fato frustrada em ambos os casos: uma vez de modo geral, na outra de forma apenas pontual. Para Schmitt, porém, essa não é uma diferença gradual, mas categórica. O que o tribunal comum faz, ao contrário da Corte Constitucional, não é controlar o legislador. "A não aplicação da lei ordinária permanece na moldura de uma subsunção ao suporte fático – de outra lei, que àquela precede" (*Die Nicht-Anwendung des einfachen Gesetzes*

---

[60] SCHMITT, Carl. *Der Hüter der Verfassung*. Tübingen: Mohr, 1931, p. 46.
[61] SCHMITT, Carl. *Der Hüter der Verfassung*. Tübingen: Mohr, 1931, p. 46.
[62] SCHMITT, Carl. *Der Hüter der Verfassung*. Tübingen: Mohr, 1931, p. 46.

*bleibt im Rahmen der tatbestandsmäßigen Subsumtion unter ein anderes, vorgehendes Gesetz).*⁶³ O foco continua sendo a legislação. Por meio do direito de controle judicial *(richterliche Prüfungsrecht)* não se cria "uma instância especial, cuja função em sentido estrito seria a preservação e a guarda da Constituição".⁶⁴

Em última análise, esta frase fornece a chave para entender a posição de Schmitt: seu inconformismo direciona-se a esse órgão especial, a um guardião da Constituição que, embora judicial, decide algo que, na substância, é político. Se alguém quisesse afiançar semelhante tarefa a um órgão específico, a designação não deveria recair num dos poderes existentes, "sob pena de tal órgão adquirir uma preponderância sobre os demais poderes e se evadir do controle. Ele se tornaria, assim, o senhor da Constituição *(Herren der Verfassung)*".⁶⁵ A indecisão, agora, desaparece. Permanecem, contudo, as contradições. Levando-se em conta as muitas e óbvias inconsistências, só se pode concordar com Kelsen e indagar por que "um autor de intelecto tão extraordinário como Carl Schmitt implica-se em contradições tão palpáveis apenas para manter a tese de que a jurisdição constitucional não é jurisdição, mas legislação".⁶⁶

Caso não se interrompa a leitura de Schmitt na passagem em que ele alcança o objetivo de suas reflexões sobre a jurisdição constitucional, o porquê indagado por Kelsen é elucidado: a aplicação da Constituição não seria jurisdição e, por isso, nenhum tribunal

---

63 SCHMITT, Carl. "Das Reichsgericht als Hüter der Verfassung". *In*: SCHREIBER, Otto (Org.). *Die Reichsgerichts-Praxis im deutschen Rechtsleben*. Festgabe zum 50jährigen Bestehen des Reichsgerichts (1. Oktober 1929). Vol. 1. Berlim: de Gruyter, 1929, p. 87.

64 SCHMITT, Carl. "Der Hüter der Verfassung". *AöR*, Vol. 55, 1929, p. 166.

65 SCHMITT, Carl. "Der Hüter der Verfassung". *AöR*, Vol. 55, 1929, p. 212/213.

66 KELSEN, Hans. *Wer soll der Hüter der Verfassung sein?* Berlim: W. Rothschild, 1931, pp. 21/22.

pode ter competência sobre ela. Torna-se aí evidente que a preocupação de Schmitt não era exatamente a de comprovar a inviabilidade da jurisdição constitucional – tema em torno do qual gravitava o debate de então sobre o guardião. Na verdade, Schmitt precisava desse resultado e por isso tentou justificá-lo a todo preço, porque assim poderia trazer à baila outro guardião da Constituição, mais conveniente.

Esse passo é dado pela primeira vez nos dois ensaios de 1929. Em ambos, Schmitt já havia reparado que vários poderiam funcionar como guardião da Constituição (e, de fato, muitos o foram);[67] quem seria o escolhido era algo que dependia de onde partia o perigo à Constituição. Na monarquia constitucional do século XIX, eram os monarcas e o seu Executivo que se mostravam avessos às Constituições. Em situação tal, o guardião nato da Constituição era o Parlamento, que havia entrado na cena política exatamente quando do advento daquela. Representando a sociedade burguesa, relativamente homogênea, o Parlamento, por meio do direito de legislar (*Gesetzgebungsrecht*),[68] tinha uma maneira eficaz para impedir que o Executivo invadisse a esfera de liberdade constitucionalmente concedida à burguesia.

---

[67] SCHMITT, Carl. "Das Reichsgericht als Hüter der Verfassung". *In*: SCHREIBER, Otto (Org.). *Die Reichsgerichts-Praxis im deutschen Rechtsleben*. Festgabe zum 50jährigen Bestehen des Reichsgerichts (1. Oktober 1929). Vol. 1. Berlim: de Gruyter, 1929, pp. 72 e ss.; SCHMITT, Carl. "Der Hüter der Verfassung". *AöR*, Vol. 55, 1929, pp. 170 e ss.

[68] Nota do Coordenador (Gilmar Ferreira Mendes): Um dos traços que conferem identidade à arquitetura monárquica alemã do século XIX foi a compreensão de que a Coroa, por concessão, estabelece com a sociedade civil um acordo, no sentido de que intervenções na liberdade e na propriedade contarão com a prévia aquiescência do Parlamento. O uso de "*-recht*", aqui, para descrever essa reserva de lei parlamentar (ao tempo, reserva de lei em sentido formal), estimula sua tradução literal, que parece transmitir com mais fidelidade a compreensão de um exercício pactuado de competência entre Coroa e Representação Popular.

Schmitt considera que o perigo foi deslocado quando da transição para o regime democrático de governo. O Parlamento era agora um campo de batalha de interesses particulares; e a lei, o instrumento da respectiva maioria para fazer valer seus interesses. Por isso, segundo Schmitt, esse Parlamento fora desqualificado enquanto guardião da Constituição: é esta que, agora, carece de proteção em face daquele. Para tanto, e considerando a arquitetura constitucional de Weimar, somente o Presidente do *Reich* poderia fazê-lo, do ponto de vista de Schmitt. Isso se coloca, então, no âmbito de um diagnóstico temporal mais amplo no livro sobre o Guardião, de 1931, remetendo aos outros ensaios de 1929 e 1930.[69] O que não se percebe no livro é o fato de a República de Weimar ter entrado numa nova etapa, em 1930. A "situação constitucional concreta do presente", que Schmitt descreve na segunda parte do livro de 1931, ainda é aquela anterior a 1930.[70] Se Kelsen, em sua réplica, já lida com tais transformações,[71] Schmitt, por seu turno, só o fará em 1932, com "Legalidade e Legitimidade" (*Legalität und Legitimität*).

Para Schmitt, a situação constitucional do presente é caracterizada pelos conceitos "pluralismo, policracia e federalismo".[72] O que eles têm em comum é a contraposição a uma unidade estatal coesa e estável acima da sociedade. Federalismo significa "pluralidade de entes públicos no território estatal" (*Pluralität von staatlichen Gebilden auf staatlichem Boden*); permanecendo como algo imanentemente estatal (*staatsimmanent*), não ameaçaria, por si só, a estatalidade (*Staatlichkeit*). O pluralismo, por sua vez, significa uma multitude de "complexos sociais de poder" firmemente organizados,

---

[69] SCHMITT, Carl. *Der Hüter der Verfassung*. Tübingen: Mohr, 1931, pp. 71 e ss.

[70] SCHMITT, Carl. *Der Hüter der Verfassung*. Tübingen: Mohr, 1931, pp. 71 e ss.

[71] KELSEN, Hans. *Wer soll der Hüter der Verfassung sein?* Berlim: W. Rothschild, 1931, pp. 8 e ss.

[72] SCHMITT, Carl. *Der Hüter der Verfassung*. Tübingen: Mohr, 1931, p. 71. Idem, para os esclarecimentos conceituais seguintes.

que se espraiam sobre os diferentes setores da vida do Estado e que, "enquanto tais, apropriam-se da formação da vontade estatal, sem deixar de ser entidades meramente sociais (não estatais)". Finalmente, policracia significa "uma maioria de titulares juridicamente autônomos da economia pública (*öffentlichen Wirtschaft*), em cujo caráter autárquico o Estado encontra seu limite".

O diagnóstico é: a separação entre Estado e sociedade – tal como existia no Estado de Direito burguês – foi removida, dando lugar a um Estado total;[73] "total" não no sentido atual e corriqueiro de onipotência e opressão, e sim no sentido de uma interpenetração entre Estado e sociedade, que já não torna possível a existência de qualquer esfera social politicamente livre – porque submete todas elas ao controle estatal, ao mesmo tempo em que entrega o Estado às forças sociais e a seus interesses antagônicos. O Estado total, no sentido que Schmitt lhe empresta, não é, portanto, um Estado forte, e sim debilitado. Dessa forma, o Estado liberal tornou-se um Estado econômico e de bem-estar, e o Estado neutro, um Estado de partidos, pluralista.

O Parlamento, em especial, já não representava a sociedade burguesa perante o poder estatal (*staatlichen Herrschaft*); sem o velho adversário que lhe conferia identidade, conquistou ele mesmo esse poder e, com isso, "se desintegrou".[74] Desde então, a questão da unidade tem sido retomada, porque tampouco o governo (*Regierung*) seria capaz de a encarnar. O Estado atual seria um "instável Estado de coalizão partidária" carente de governabilidade (*Koalitions-Parteien--Staat ohne Regierungsfähigkeit*).[75] Para Schmitt, tudo isso significa uma desnaturação da Constituição de Weimar, cujo teor democrático

---

[73] SCHMITT, Carl. *Der Hüter der Verfassung*. Tübingen: Mohr, 1931, p. 79.
[74] SCHMITT, Carl. *Der Hüter der Verfassung*. Tübingen: Mohr, 1931, p. 82.
[75] SCHMITT, Carl. *Der Hüter der Verfassung*. Tübingen: Mohr, 1931, p. 88.

assenta-se na compreensão do povo enquanto unidade. Ela é uma decisão política desse povo, e não um contrato entre soberano e burguesia (como no dualismo da monarquia constitucional); e muito menos um compromisso entre forças políticas heterogêneas – tais ideias foram, na Constituição de Weimar, "solenemente rejeitadas, porquanto violadoras do espírito constitucional".[76]

Para Schmitt, portanto, é tarefa constitucional o reestabelecimento de uma unidade estatal coesa e estável. Esta, não podendo emergir do pluralismo, deve ser refeita para além das partes e dos interesses particulares. Esse posicionamento de Schmitt não mais será desenvolvido e analisado aqui, tampouco seu muito peculiar conceito de democracia, que parte exatamente do pluralismo para contrapor-se à concepção de Kelsen.[77] Trata-se apenas de saber o que isso significa para o guardião da Constituição, e aqui Schmitt faz um retorno profundo ao século XIX, especificamente até a doutrina do *"pouvoir neutre"*, de Benjamin Constant – tida por Kelsen como a "doutrina de um dos mais antigos e comprovados ideólogos da monarquia constitucional", e que é retomada justamente por Carl Schmitt, que não se cansa de nos lembrar que a situação da monarquia constitucional passou e, portanto, todas as suas categorias perderam sua utilidade para o estado constitucional democrático.[78]

Para Schmitt, a necessidade de contrapesos neutros ao pluralismo já encontrara expressão na autonomia do *Reichsbank* e do *Reichsbahn*[79] – autonomia expressamente por ele negada a um

---

[76] SCHMITT, Carl. *Der Hüter der Verfassung*. Tübingen: Mohr, 1931, p. 62.
[77] KELSEN, Hans. *Vom Wesen und Wert der Demokratie*. Tübingen: Mohr, 1920.
[78] KELSEN, Hans. *Wer soll der Hüter der Verfassung sein?* Berlim: W. Rothschild, 1931, pp. 8/9.
[79] Nota do Coordenador (Gilmar Ferreira Mendes): A Constituição de Weimar estipulou que o *Reich* passaria a ser o proprietário das ferrovias situadas no território nacional (art. 89), o que foi formalizado

tribunal constitucional, que, tragado pelas batalhas partidárias, apenas seria por elas esmagado, sobretudo porque tal colegiado, dotado de "funcionários profissionais" – como ele nomina os juízes –, seria diretamente contrário ao princípio democrático.[80] Até então, a "democracia", enquanto argumento contra a jurisdição constitucional, não tinha desempenhado um papel na argumentação de Schmitt. Somente quando ele escolheu o Presidente do *Reich* como o predestinado guardião da Constituição – o qual encarna a unidade do povo (que, por sua vez, na Constituição encontrou sua forma) – ele também precisou deslegitimar democraticamente o Tribunal Constitucional, e retratá-lo como um perigo para a democracia; enquanto Kelsen, a partir de sua compreensão pluralista da democracia, pôde postular a jurisdição constitucional já quase como consequência do princípio democrático.[81]

No Presidente do *Reich*, Schmitt encontra o *pouvoir neutre* que, em conformidade com o espírito da Constituição de Weimar, pode recuperar, sozinho, a unidade. O que o qualifica para o papel de guardião seria o fato de ser eleito pelo povo em sua totalidade, ou

---

num acordo celebrado entre o ente central e os Länder, em 1º de abril de 1920. Em 1924, foi criada a *Deutsche Reichsbahn*, primeiro como estatal (*staatliches Unternehmen*), depois como companhia (que com natureza privada gerenciava essa universalidade de bens públicos). A considerável autonomia que tal ente desfrutava em relação ao governo do *Reich* originava-se das exigências do Plano Dawes, voltadas para garantir o pagamento das reparações de guerra. Quanto ao *Reichsbank*, ele consistia no então Banco Central da Alemanha, e seu Diretor era nomeado pelo Presidente do *Reich*, sem nenhuma participação do Parlamento.

[80] SCHMITT, Carl. "Der Hüter der Verfassung". *AöR*, Vol. 55, 1929, p. 256; SCHMITT, Carl. *Der Hüter der Verfassung*. Tübingen: Mohr, 1931, p. 48: *"Beamtenjustiz"*.

[81] KELSEN, Hans. *Vom Wesen und Wert der Demokratie*. Tübingen: Mohr, 1920, p. 75; KELSEN, Hans. "Wesen und Entwicklung der Staatsgerichtsbarkeit". *Veröffentlichungen der Vereinigung der Deutschen Staatsrechtslehrer (VVDStRL)*. Vol. 5. Berlim: de Gruyter, 1929, pp. 80/81.

2– DIREITO OU POLÍTICA? A CONTROVÉRSIA...

seja, de representá-lo justamente em sua unidade, pressuposta pela Constituição.[82] É claro que ele precisa dispor, então, dos instrumentos apropriados. O que um tribunal constitucional pode fazer para proteger a Constituição é claro: ele anula atos inconstitucionais. Na possibilidade de "conectar-se imediatamente com essa vontade geral do povo alemão", Schmitt vislumbra o instrumento do Presidente do *Reich*.[83] De acordo com a Constituição, ele tem essa possibilidade por meio da realização de referendos. Em última análise, é nisso que se baseia a esperança de Schmitt.

Kelsen não tem muita dificuldade em desmontar o posicionamento de Schmitt, apresentado como direito constitucional, e não como uma proposta de reforma.[84] Kelsen ressalta que, de acordo com a Constituição de Weimar, o Parlamento detinha a mesma legitimidade democrática imediata do Presidente do *Reich,* e que a eleição do Presidente do *Reich* não fora menos dominada pela estrutura partidária (*Parteibetrieb*) do que a eleição parlamentar. De resto, também o Presidente do *Reich* só desfrutava do apoio de parte da população. Sobretudo, Kelsen explica que a única atribuição que permite ao Presidente do *Reich* assumir o papel de guardião seria aquela execução das leis do *Reich*. De outra banda, haveria inúmeras atribuições que nada teriam a ver com a custódia constitucional, fazendo dele, ao contrário, a principal fonte de perigo para a Constituição, especialmente numa época – alude Kelsen à situação constitucional a partir de 1930 – em que a Constituição foi reduzida a um único artigo, qual seja, o artigo 48.[85] Em 1931,

---

[82] SCHMITT, Carl. *Der Hüter der Verfassung*. Tübingen: Mohr, 1931, pp. 76 e ss.

[83] SCHMITT, Carl. *Der Hüter der Verfassung*. Tübingen: Mohr, 1931, p. 159.

[84] KELSEN, Hans. *Wer soll der Hüter der Verfassung sein?* Berlim: W. Rothschild, 1931, pp. 42 e ss.

[85] KELSEN, Hans. *Wer soll der Hüter der Verfassung sein?* Berlim: W. Rothschild, 1931, p. 8.

Schmitt e Kelsen ainda não poderiam imaginar o que o Presidente faria com este poder em 1933.

II. A situação atual

Schmitt recusava-se a entregar para o Judiciário as decisões políticas, ao passo que Kelsen não aceitava que o cumprimento da Constituição se desse ao bel-prazer da Política: nisso residia a controvérsia estabelecida entre esses antípodas, cada um com sua razão. Acompanhar um ou outro é algo que depende de onde seja posicionada a jurisdição constitucional: no âmbito do Direito ou da Política. Sobre isso não há consenso até hoje. No período do pós-guerra, entretanto, houve inicialmente uma tendência na direção de Kelsen. Após a paralisia da democracia parlamentar, nos últimos anos da República de Weimar, o abandono da ordem constitucional na Lei de Plenos Poderes (*Ermächtigungsgesetz*)[86] e o desrespeito a todos os valores civilizatórios sob o Nacional-Socialismo, era uma convicção amplamente compartilhada, durante a reconstrução de um Estado alemão após o fim da guerra, que a nova Constituição teria de ser salvaguardada em face de violações e erosões. À diferença de Weimar, os meios foram acordados rapidamente e sem maiores debates: um tribunal constitucional.[87] A advertência de Schmitt já não encontrava ressonância.

---

[86] Nota do Coordenador (Gilmar Ferreira Mendes): Oficialmente designada "Lei para o Alívio da Aflição do Povo e do Reich" (*Gesetz zur Behebung der Not von Volk und Reich*), de 24 de março de 1933. Cuida-se de instrumento legislativo que transferiu todas as competências do Parlamento alemão à Chancelaria do *Reich*, à época já ocupada por Adolf Hitler.

[87] Sobre a criação do Tribunal Constitucional Federal da Alemanha, Cf. LAUFAR, Heinz. *Verfassungsgerichtsbarkeit und politischer Prozess*: Studien zum Bundesverfassungsgericht der Bundesrepublik Deutschland. Tübingen: Mohr Siebeck, 1965, pp. 13-93; sobre o seu desenvolvimento, desde o início: COLLINGS, Justin. *Democracy's*

2– DIREITO OU POLÍTICA? A CONTROVÉRSIA...

Tornada novamente um país independente, também a Áustria retomou a jurisdição constitucional – após sua Corte Constitucional ter sido inativada em 1933 (ainda antes do *Anschluss* ao *Reich* alemão sob o austro-fascismo) e extinta em 1934. Os outros derrotados da Segunda Guerra Mundial, Itália e Japão, fizeram o mesmo, conquanto de maneiras distintas. A Itália instituiu uma Corte Constitucional especial, que, no entanto, ficou aquém do Tribunal Constitucional Federal alemão em termos de competências. O Japão, cuja Constituição tinha sido elaborada nos Estados Unidos, adotou o modelo norte-americano de um tribunal superior com atribuição geral, inclusive para o controle normativo (extraordinariamente reticente em questões constitucionais, só em raras oportunidades o Tribunal declarou a invalidade de leis).

Se o modelo de Kelsen prevaleceu, isso não significa que a fonte da jurisdição constitucional derive da Teoria Pura do Direito. Na condição de positivista, Kelsen fora inicialmente desacreditado na Alemanha pós-1945, mas não em seu país de origem, a Áustria, onde por muito tempo o direito público continuou a ser tratado cientificamente no sentido kelseniano. Na Alemanha, ao contrário, o fator decisivo foi a convicção de que uma Constituição sem jurisdição constitucional estaria indefesa à mercê dos seus oponentes. Este foi um argumento empírico baseado na experiência, que também se encontra em Kelsen, embora inserido ali no contexto da argumentação pura do direito: uma vez que o descumprimento da Constituição também requer um fundamento jurídico, a renúncia à jurisdição constitucional só poderia significar que a Constituição deixaria de ser obrigatória, o que, por seu turno, estava fora de cogitação, porquanto implicaria em romper com a estrutura escalonada do ordenamento jurídico.

Guardians: a History of the German Federal Constitutional Court, 1951-2001. Oxford: Oxford University Press, 2015, pp. 1-62.

Ulteriormente, no curso do século XX, seguiram esse exemplo países de todo o mundo que, libertados de sistemas fascistas, comunistas, racistas e militaristas, adotaram Constituições democráticas – em quase nenhuma delas estava ausente a jurisdição constitucional.[88] Esta, doravante, pertencia a um *standard* constitucional irrenunciável, caso se estivesse levando a sério um novo começo ou, pelo menos, se se quisesse dar essa aparência. Muitos países foram além do que Kelsen tinha em mente e do que Schmitt ainda considerava aceitável. Ambos já haviam alertado sobre a reclamação constitucional (*Verfassungsbeschwerde*), sobre a atribuição de legitimidade *ad causam* (*Klagebefugnis*) para indivíduos processarem o Estado por violações a direitos fundamentais. Ambos foram igualmente céticos quanto a tentativas de resolver casos concretos com base em parâmetros extraídos de princípios fundamentais da Constituição, tais como o da liberdade e o do Estado de Direito.[89]

---

[88] Cf. TATE, Neal C.; VALLINDER, Torbjörn (Orgs.). *The Global Expansion of Judicial Power*. Nova York: New York University Press, 1995; VISSER, Maartje de. *Constitutional Review in Europe*. Oxford: Hart Publishing, 2014; SADURSKI, Wojciech. *Rights Before Courts*: a Study of Constitutional Courts in Postcommunist States of Central and Eastern Europe. Dordrecht: Springer Netherlands, 2005; GARDBAUM, Stephen. *The New Commonwealth Model of Constitutionalism*: Theory and Practice. Cambridge: Cambridge University Press, 2013; SIEDER, Rachel; SCHJOLDEN, Line; ANGELL, Alan (Orgs.). *The Judicialization of Politics in Latin America*. Nova York: Palgrave Macmillan US, 2005; GINSBURG, Tom. *Judicial Review in New Democracies*: Constitutional Courts in Asian Cases. Cambridge: Cambridge University Press, 2003; CHEN, Albert H. Y. *Constitutional Courts in Asia*: a comparative perspective. Cambridge: Cambridge University Press, 2018; FOMBAD, Charles M. (Orgs.). *Constitutional Adjudication in Africa*. Oxford: Oxford University Press, 2017; MALLAT, Chibli. *Introduction to Middle Eastern Law*. Oxford: Oxford University Press, 2009, cap. 5.

[89] KELSEN, Hans. "Wesen und Entwicklung der Staatsgerichtsbarkeit". *Veröffentlichungen der Vereinigung der Deutschen Staatsrechtslehrer (VVDStRL)*. Vol. 5. Berlim: de Gruyter, 1929, pp. 68 e ss.; SCHMITT, Carl. *Der Hüter der Verfassung*. Tübingen: Mohr, 1931, pp. 47/48. Ele considerou, como parte da jurisdição administrativa, as *Verfassungsbeschwerde* interpostas por particulares em razão de

Diferentemente, em grande parte dos países que passaram para a jurisdição constitucional, foi introduzida a reclamação constitucional (*Verfassungsbeschwerde*), pela qual a maioria dos casos adentra os tribunais; na Alemanha ela representa cerca de 98% de todos os peticionamentos. Alguns países até mesmo admitiram a legitimação popular. Na Hungria, por exemplo, a propositura dispensou a demonstração de interesse de agir do requerente (*Selbstbetroffenheit*).[90] Houve até tribunais constitucionais que foram autorizados a agir *ex officio*, como o da Rússia, antes de sua suspensão temporária. Muitos tribunais internacionais estão preocupados com a proteção dos direitos humanos nos países, rompendo assim os limites do tradicional direito internacional vestfaliano.[91] Na filosofia política, há correntes que consideram obrigatória a jurisdição constitucional: a pretensão de dignidade e de liberdade do indivíduo, em função da qual o Estado existe, só é garantida se aos indivíduos forem

---

violação de direitos fundamentais, em SCHMITT, Carl. "Der Hüter der Verfassung". *AöR*, Vol. 55, 1929, p. 209.

[90] Nota do Coordenador (Gilmar Ferreira Mendes): O manejo de uma *Verfassungsbeschwerde* condiciona-se à demonstração de que a norma alegadamente inconstitucional afeta o patrimônio jurídico daquele que figura como requerente. Em jurisprudência constante, o Tribunal Constitucional Federal alemão exige, ademais, que os direitos fundamentais do requerente sejam afetados de modo direto e contemporâneo pela norma impugnada (por exemplo: BVerfGE 102, 197 [206]). Cuida-se de um ônus argumentativo que demanda a explicitação de "como a norma impugnada os colocou em uma posição pior do que a situação jurídica anterior" (BVerfGE, Primeira Câmara do Primeiro Senado, Acórdão de 28 de janeiro de 2014 – 1BvR 573/11, Rn. 3), e, nessa condição, autoriza a tradução de *Selbstbetroffenheit* por "interesse de agir", com a necessária ressalva de que a *Verfassungsbeschwerde*, no âmbito alemão (e de modo geral seus equivalentes em outros países europeus), tem primordialmente um perfil objetivo, vocacionada para a defesa da higidez da ordem constitucional – registre-se, a propósito, que a decisão tomada em casos tais é tão *erga omnes* quanto aquelas pronunciadas em sede de ação direta (§ 31 da Lei do *BVerfG*).

[91] Cf. ALTER, Karen J. *The New Terrain of International Law*: Courts, Politics, Rights. Princeton: Princeton University Press, 2014.

franqueados não apenas direitos, mas também os correspectivos remédios jurídicos.[92]

Muitos tribunais constitucionais desenvolveram uma dinâmica considerável que não fora prevista – e menos ainda pretendida – pelos constituintes. São sobretudo os direitos fundamentais que angariam, pela via interpretativa, novos conteúdos e eficácias. O Tribunal Constitucional Federal alemão – ferozmente combatido por Schmitt e seus discípulos[93] – cumpriu um papel de destaque para tanto.[94]

---

[92] Cf. WEINRIB, Jacob. *Dimensions of Dignity*. Cambridge: Cambridge University Press, 2016, pp. 17/18, 156/157 e 167/168; WEINRIB, Jacob. "The Modern Constitutional State: a Defence". *Queen's Law Journal*, Vol. 40, 2014, p. 166; HAREL, Alon *et al. Wozu Recht?* Freiburg: Verlag Karl Alber, 2018, pp. 243-284; KUMM, Mattias. "The Idea of Socratic Contestation and the Right to Justification". *Law and Ethics of Human Rights*, Vol. 4, 2010, pp. 141-175; KUMM, Mattias. "Constitutional Courts and Legislatures". *Católica Law Review*, Vol. 1, 2017, pp. 55-66.

[93] Cf. FORSTHOFF, Ernst. "Die Umbildung des Verfassungsgesetzes" *In*: BARION, Hans; FORSTHOFF, Ernst; WEBER, Werner (Orgs.). *Festschrift für Carl Schmitt*. Berlim: Duncker & Humblot, 1959, pp. 35-62; SCHMITT, Carl. "Die Tyrannei der Werte". *In*: *Säkularisierung und Utopie*. Ebracher Studien. Ernst Forsthoff zum 65. Geburtstag. Stuttgart: Kohlhammer, 1967, pp. 37-62; BÖCKENFÖRDE, Ernst-Wolfgang. "Kritik der Wertbegründung des Rechts". *In*: SPAEMANN, Robert *et al. Festschrift für Robert Spaemann*. Weinheim: Acta Humaniora, VCH, 1987, pp. 1-21; BÖCKENFÖRDE, Ernst-Wolfgang. "Die Methoden der Verfassungsinterpretation". *Neuen Juristischen Wochenschrift*. München: Beck, 1976, pp. 2089-2099.

[94] Cf. ROBERTSON, David. *The Judge as Political Theorist*: Contemporary Constitutional Review. Princeton: Princeton University Press, 2010, o autor descreve o Tribunal Constitucional como "the most important of all", p. 11, cf. ainda p. 40; GRIMM, Dieter. "The Role of Fundamental Rights after 65 Years of Constitutional Jurisprudence in Germany". *International Journal of Constitutional Law* (I-CON), Vol. 13, 2015, pp. 9-29; WRASE, Michael. "Die Methode der Grundrechtsinterpretation". *In*: GRIMM, Dieter (Org.). *Vorbereiter – Nachbereiter?* Studien zum Verhältnis von Verfassungsrechtsprechung und Verfassungsrechtswissenschaft. Tübingen: Mohr Siebeck, 2019, pp. 339-393.

Em sua "jurisprudência orientada pelos valores" (*wertorientierten Rechtsprechung*), direcionada para a máxima eficácia possível dos direitos fundamentais (nas respectivas circunstâncias), a proteção da liberdade fica praticamente sem lacunas. O princípio da proporcionalidade impõe ao legislador limites que vão além daqueles expressamente estabelecidos na Lei Fundamental. Os direitos fundamentais já não são direcionados tão somente de forma negativa, para a defesa contra o Estado: também impõem ao Estado deveres positivos de proteção, se a liberdade é ameaçada por particulares.

Cada um desses desenvolvimentos pode até estar convincentemente justificado a partir do significado e da função dos direitos fundamentais, mas, a cada interpretação constitucional extensiva, a Corte Constitucional simultaneamente amplia seu âmbito de controle (*Prüfungsrahmen*) e restringe a liberdade de ação da política. Quanto mais finamente se tece essa malha constitucional, menos espaço há para o processo democrático. É por isso que, apesar do triunfo da posição de Kelsen, a inquietação de Schmitt com a judicialização da política e a politização do Judiciário nunca foi completamente silenciada, e, hoje em dia, pode-se até ouvi-la cada vez mais.[95] Mas a discussão é diferente daquela da República de Weimar. É fato que ainda se cuida do problema direito-política, mas não do endereçamento schmittiano (e tampouco de seu argumento).

O critério pelo qual a jurisdição constitucional deve ser atualmente avaliada é o da democracia. No debate de Weimar, ela permanecera primordialmente em segundo plano. Para Kelsen, a democracia configurava simplesmente um argumento adicional em favor da jurisdição constitucional. Os perigos eram, na melhor das hipóteses, superficialmente abordados e minimizados com o conselho de que

---

[95] Cf. para a Alemanha, p. ex., JESTAEDT, Matthias; LEPSIUS, Oliver; MÖLLERS, Christoph; SCHÖNBERGER, Christoph. *Das entgrenzte Gericht*. Eine kritische Bilanz nach sechzig Jahren Bundesverfassungsgericht. Berlin: Suhrkamp, 2011.

as Constituições deveriam evitar qualquer "fraseologia".[96] Schmitt primordialmente fundamentava sua recusa não na incompatibilidade com a democracia, e sim no caráter político (em vez de jurídico) do controle de constitucionalidade (*Verfassungsrechtsprechung*); onde ele invocava a democracia, não se tratava de "democracia" no sentido do constitucionalismo ocidental. Na verdade, ele presumia uma vontade popular hipostasiada, pré-existente, que não é forjada em certos procedimentos constitucionalmente regidos, mas sim independente destes e, nessa condição, avessa a qualquer controle.

Sobretudo o país que pioneiramente forjou o controle de constitucionalidade, os Estados Unidos, é especialmente obcecado pelo *countermajoritarian difficulty* (dilema contramajoritário).[97] A crítica à *judicial review* tem longa tradição nos Estados Unidos.[98] Isso se explica, pelo fato – de modo algum irrelevante – de que lá a democracia consolidara-se antes da *judicial review*, e de que esta, na ausência de uma autorização constitucional explícita, foi justificada pelo *Chief Justice* John Marshall como sendo intrínseca ao conceito de Constituição.[99] Sob circunstâncias tais, a jurisdição constitucional

---

[96] KELSEN, Hans. "Wesen und Entwicklung der Staatsgerichtsbarkeit". *Veröffentlichungen der Vereinigung der Deutschen Staatsrechtslehrer (VVDStRL)*. Vol. 5. Berlim: de Gruyter, 1929, p. 70.

[97] Esse conceito encontra-se originalmente em: BICKEL, Alexander. *The Least Dangerous Branch*. New Haven: Yale University Press, 1962, p. 16; FEREJOHN, John; PASQUINO, Pasquale. "The Judiciary and the Popular Will". *University of Pennsylvania Journal of Constitutional Law*, Vol. 13, 2011, p. 353, faz uma comparação com o conceito de "countermajoritarian opportunity".

[98] Cf. FRIEDMAN, Barry. "The Birth of an Academic Obsession: The History of the Countermajoritarian Difficulty". *Yale Law Journal*, Vol. 112, 2002, pp. 153-259.

[99] *Marbury v. Madison*, 5 U.S. (1 Cranch), 137 (1803). Da mesma forma, nos tempos atuais, a fundamentada manifestação do *Chief Justice* Aharon Barak no *judicial review* israelense, *in*: *United Mizrahi Bank v. Migdal Village*, CA 6821/93 (1995), ou a decisão da Suprema Corte indiana que alarga o *judicial review* de emendas constitucionais, in: *Fall Kesavananda Bharati v. State of Kerala*, 4 SCC 225 (1973).

nos Estados Unidos aparece como algo usurpatório, ao passo que, na Europa, diferentemente, é havida como resposta ao colapso da democracia e à experiência do totalitarismo e, por isso, como meio de salvaguarda democrática (*Demokratiesicherung*).

Ultimamente, contudo, as coisas já não se limitam a críticas e apelos por mais *judicial self-restraint* (autocontenção judicial). Cada qual com uma justificação diferente, mas sempre em nome da democracia, autores como Mark Tushnet, Larry Kramer e Jeremy Waldron exigem a abolição da *judicial review*, e, portanto, do controle de normas (*Normenkontrolle*), ao postularem um *populist constitutional law* ou um *popular constitutionalism*[100] A Suprema Corte precisaria limitar-se a funcionar como o tribunal recursal de cúpula para controvérsias fundadas na lei (*Gesetzesstreitigkeiten*), perdendo, assim, suas competências constitucionais ou, pelo menos, deixando de ser a detentora da última palavra. A democracia que tais autores invocam, no entanto, não é a democracia schmittiana, na qual o povo (pressuposto enquanto unidade) encontra sua personificação num líder (*Führer*) carismático, por meio do qual obtém capacidade de ação (*Handlungsfähigkeit*). Os três autores querem abolir a jurisdição constitucional para que as decisões usurpadas por ela sejam novamente tomadas por *"the people themselves"* – uma frase que remonta aos pais fundadores e que adquiriu significado icônico nos Estados Unidos.

No entanto, tampouco existe, por trás disso, uma inclinação à democracia plebiscitária, como seria de se supor. Nessas abordagens, o povo não tem palavra alguma a dizer. Seria o Parlamento,

---

[100] TUSHNET, Mark. *Taking the Constitution Away from the Courts*. Princeton: Princeton University Press, 1999; KRAMER, Larry D. *The People Themselves*: Popular Constitutionalism and Judicial Review. Oxford: Oxford University Press, 2004; WALDRON, Jeremy. *Law and Disagreement*. Oxford: Oxford University Press, 1999; WALDRON, Jeremy. "The Core of the Case Against Judicial Review". *Yale Law Journal*, Vol. 115, 2006, pp. 1346-1406. Cf. o capítulo *Nova crítica radical à jurisdição constitucional*, nesta obra.

eleito pelo povo e imerso no discurso público da sociedade, que deveria decidir o que a Constituição significa, proíbe ou exige em cada caso – exatamente aquilo que Kelsen havia estimado como um meio inútil de garantia da Constituição. Os déficits de representação parlamentar, que não são pequenos nos Estados Unidos,[101] são negligenciados ou compensados com o enfraquecimento deliberativo da Suprema Corte. É claro que os autores acabam por chegar na situação prognosticada por Kelsen: Constituição torna-se algo disponível. Ela passa a ser tão somente um ponto de vista no discurso político, e não mais uma prescrição vinculante. Sua normatividade jurídica é tacitamente sacrificada.

Outros autores buscam conciliar jurisdição constitucional e democracia, adotando *"weak forms of judicial review"*, ou o chamado *"Commonwealth model of judicial review"*. Este modelo, promovido nomeadamente por Stephen Gardbaum,[102] mantém o controle normativo jurisdicional, mas confere ao Parlamento a atribuição de manter uma lei que fora declarada inconstitucional. Este caminho foi percorrido pela primeira vez no Canadá, em 1982. Ali, a tentativa de acrescentar um catálogo de direitos fundamentais à Constituição de 1867 ameaçou falhar devido à resistência de várias províncias, que receavam por um impulso centralizador (*Unitarisierungsschub*) advindo dos direitos fundamentais. A resistência só pôde ser

---

[101] Cf., p. ex., LESSIG, Lawrence. *Republic, lost*: How Money Corrupts Congress, and a plan to stop it. Nova York: Unabridged, 2011; POST, Robert. *Citizens Divided*: campaign finance reform and the constitution. Cambridge: Harvard University Press, 2014.

[102] GARDBAUM, Stephen. *The New Commonwealth Model of Constitutionalism*: Theory and Practice. Cambridge: Cambridge University Press, 2013, assim como as contribuições no Simpósio "Weak-Form Review in Comparative Perspective". *International Journal of Constitutional Law* (I-CON), Vol. 17, 2019, pp. 807-942. Essa questão também deve ser considerada para a Alemanha, cf. KAISER, Roman; WOLFF, Daniel. "Verfassungshütung im Commonwealth als Vorbild für den deutschen Verfassungsstaat?" *Der Staat*, Vol. 56, 2017, pp. 39-76.

superada mediante a concessão da chamada *override clause*.¹⁰³ O Reino Unido e a Nova Zelândia seguiram caminhos semelhantes com seus *Human Rights Acts* de 1998 e de 1990, respectivamente. O que, no Canadá, foi uma inevitável concessão, agora é posta pela literatura como a solução preferencial.

A menos que se adote a "Teoria Pura do Direito", de Kelsen, é difícil negar a existência de uma tensão entre democracia e jurisdição constitucional. A democracia é inconcebível sem a vigência da regra da maioria. Na eleição, o povo decide, por maioria, quem pode, em seu nome, tomar decisões coletivamente vinculantes, e tais decisões são, por seu turno, tomadas por maioria de votos no órgão eleito. Um Tribunal Constitucional, entretanto, pode negar obrigatoriedade a tais decisões, muito embora seus membros não possuam um mandato direto do povo (são legitimados, do ponto de vista democrático, apenas indiretamente) e tampouco possam ser responsabilizados pela via democrática, em razão de sua atuação (considerando que apenas aplicam o direito que a eles foi posto). Os Tribunais Constitucionais são instituições contramajoritárias.

Saber se essa tensão pode ser resolvida com a supressão da jurisdição constitucional, como tem sido cada vez mais argumentado recentemente, é algo que depende, por um lado, de qual compreensão de democracia é tomada por pressuposto; e, por outro lado, de como exatamente se entende a atividade do Tribunal Constitucional. Considerando-se, em primeiro lugar, a compreensão de democracia, tem-se que se essa for identificada com o princípio majoritário, a relação material entre a maioria e os tribunais constitucionais, que podem anular decisões majoritárias invocando a Constituição, seria de fato incompatível com a democracia. A jurisdição constitucional precisaria ser abandonada, tal como demandado por Tushnet, Kramer e Waldron; ou os julgamentos do Tribunal Constitucional poderiam

---

¹⁰³ Cf. WEINRIB, Lorraine. "Of Diligence and Dice: Reconstituting Canada's Constitution". *University of Toronto Law Journal*, Vol. 42, 1985, p. 207.

ser superados pelo voto majoritário dos representantes eleitos do povo, consoante postulado por Gardbaum e seus seguidores.

Pode-se duvidar da factibilidade de semelhante concepção de democracia, avessa à vinculação jurídica da maioria, que se não torna a Constituição de pronto supérflua, decerto a reduz a regras de organização e procedimento. Constituições não são elaboradas para fins estritamente regulamentares, como ocorre com as regras de trânsito; ao contrário, são concebidas com o objetivo de viabilizar a formação da vontade democrática. As Constituições não poderiam, por isso, ser autossuficientes: a consecução desse objetivo depende de outras condições, que incluem pelo menos eleições e discurso político livres, as quais são habitualmente garantidas pelas Constituições, por meio dos direitos fundamentais. Constitucionalistas norte-americanos que também levam a sério o dilema contramajoritário, como John Hart Ely, querem, por isso, conciliar jurisdição constitucional com democracia, circunscrevendo a *judicial review* à conservação dos pressupostos da democracia.[104]

Pois bem, os Estados constitucionais de tipo democrático-liberal, dos quais estamos falando aqui, baseiam-se precisamente no pressuposto de que, no interesse da liberdade e da igualdade dos indivíduos, são estabelecidos limites para a maioria, os quais, usualmente, expressam-se em catálogos de direitos fundamentais, que, por seu turno não se permitem reduzir à proteção da democracia. O fato de a Constituição estabelecer tais limites não obriga, por si só, ao reconhecimento da jurisdição constitucional. É imaginável a situação em que, simplesmente em razão de sua validade jurídica, esses limites sejam reconhecidos e, em geral, respeitados, mesmo sem que haja um órgão especificamente dedicado ao seu cumprimento. Decerto que existem Estados que podem ser definidos como liberais, em sentido jusfundamental (*grundrechtlichen*), ainda que não

---

[104] ELY, John Hart. *Democracy and Distrust*. Cambridge: Harvard University Press, 1980.

exista um tribunal constitucional que garanta direitos fundamentais (*Grundrechte sichert*).

Do ponto de vista histórico, porém, é possível demonstrar que semelhante situação exige importantes pré-condições; requer que tanto o povo quanto seus representantes internalizem uma cultura jurídica segundo a qual os que exercem o poder não questionam sua vinculação à Constituição, e a sociedade não tolera que o caráter vinculante do Direito seja objeto de indiferença. Essa pré-condição é empiricamente verificada de modo bastante raro em Estados constitucionais. Mais corriqueiro é o caso de a Constituição ser arrastada no conflito com interesses e intenções políticas de curto prazo. Em contrapartida, a jurisdição constitucional aumenta as chances de a Constituição ser respeitada no processo político e impede que os detentores do poder sempre prevaleçam em conflitos que versem sobre suas demandas.[105] Por isso, o apelo por um órgão habilitado a fazer cumprir a Constituição parece no mínimo oportuno e de modo algum aprioristicamente incompatível com a noção de democracia constitucional.[106]

Por essa razão é que os referidos autores americanos só conseguem manter essa posição no plano teórico ao custo de negar não apenas a justiciabilidade dos direitos fundamentais, mas também, ao fim, sua própria normatividade: rebaixando-os a exortações veneráveis e historicamente saturadas, como o faz Tushnet; ou assumindo que não há consenso social acerca do significado dos direitos fundamentais em controvérsias concretas, e tampouco qualquer viabilidade científica no estabelecimento desse significado

---

[105] Sobre a comparação de sistemas de governo com e sem jurisdição constitucional, cf. GRIMM, Dieter. "Verfassungsgerichtsbarkeit und Demokratie". *In*: _____. *Verfassungsgerichtsbarkeit*. Berlim: Suhrkamp, 2021, pp. 35 e ss.

[106] Cf. o capítulo *Nem contradição, nem condição: controle de constitucionalidade e democracia*, nesta obra.

com pretensões de verdade, como em Waldron.[107] Ao fazê-lo, eles involuntariamente endossam aquela suposição de Kelsen: a rejeição à jurisdição constitucional é inoportuna não apenas sob a ótica empírica, sendo também incompatível com o caráter juridicamente vinculante (*Rechtsverbindlichkeit*) da Constituição.

Assumindo-se uma compreensão de democracia que seja, em princípio, compatível com a jurisdição constitucional, a atitude em relação à última depende, em segundo lugar, de como se concebe a atividade (*Tätigkeit*) do Tribunal Constitucional. Se o controle de constitucionalidade for de natureza jurídica, não há qualquer contradição principiológica com a democracia; ele apenas zela pelas condições de um governo legítimo (condições que o próprio povo impôs a seus representantes na Constituição cuja autoria é àquele atribuída). Isso não impede eventual contradição entre a vontade daquela maioria popular constituinte (e histórica) (*historischen, verfassungsgebenden Volksmehrheit*) e a vontade da atual maioria parlamentar legiferante (*gesetzgebenden Parlamentsmehrheit*). Mas esta tensão tem de ser tolerada, ou ao menos provisoriamente resolvida, por meio de modificação ou reinstitucionalização constitucional (*Verfassungsänderung oder Verfassungsneuschöpfung*); não é possível evitá-la insistindo na diferença Constituição/Lei e na precedência da primeira em relação à segunda.

Se, diferentemente, o controle de constitucionalidade for de natureza política, então sua justificação passa a assumir feição problemática, de um ponto de vista democrático. Se são políticas aquelas decisões judiciais que anulam a vontade dos representantes (politicamente construída), então não se compreende por que elas devam ser confiadas a um pequeno número de pessoas, democraticamente

---

[107] TUSHNET, Mark. *Taking the Constitution Away from the Courts*. Princeton: Princeton University Press, 1999, p. 192; WALDRON, Jeremy. "The Core of the Case Against Judicial Review". *Yale Law Journal*, Vol. 115, 2006, pp. 1366 e ss. Cf. o capítulo *Nova crítica radical à jurisdição constitucional*, nesta obra.

menos legitimadas e impassíveis de responsabilização. No entanto, temos também de lidar com a consequência de que o cumprimento das vinculações postas pela Constituição será deixado ao alvedrio dos próprios destinatários. Nessas circunstâncias, não há sanções jurídicas para violações à Constituição; remanescem apenas sanções políticas na forma de perda de aceitação ou supressão de sua legitimidade – que se não são irrelevantes, não podem, porém, substituir o exame jurisdicional da constitucionalidade em face de medidas políticas concretas.

A questão de saber se a jurisdição constitucional deve ser considerada jurídica ou política não apenas acabou por dividir Kelsen e Schmitt; ela continua sendo controversa. As frentes coincidem em parte com os limites científico-disciplinares. Os cientistas políticos tendem a assumir que Tribunais Constitucionais são instituições políticas, e igualmente política se considera sua atividade (*Tätigkeit*). Os cientistas do Direito, pelo menos na Europa, tendem a assumir que são instituições jurídicas, assim como sua atividade. Ambos observam o mesmo objeto, mas de perspectivas diferentes e com interesses investigativos diversos. Enquanto a Ciência do Direito – pelo menos quando dogmaticamente compreendida – pergunta qual interpretação da Constituição é juridicamente correta, a Ciência Política, despreocupada com a exatidão jurídica, preocupa-se com os efeitos que a existência de uma jurisdição constitucional e suas decisões exercem sobre o sistema político.

Essa discrepância sugere a questão de se saber se a alternativa "jurídico ou político" não seja talvez por demais indiferenciada para capturar adequadamente o objeto de estudo do controle de constitucionalidade; ambos os pontos de vista têm sua relativa justificativa. Para essa investigação, seria conveniente uma segmentação do complexo da jurisdição constitucional de acordo com o objeto (*Gegenstand*), efeito (*Wirkung*) e modo de proceder (*Vorgang*).[108]

---

[108] Cf. o capítulo *O que é político na jurisdição constitucional?*, nesta obra.

Caso se proceda desta forma, dois esclarecimentos podem ser obtidos com relativa facilidade. Para começar, o *objeto* (*Gegenstand*) do controle de constitucionalidade é político. Tribunais Constitucionais devem determinar e aplicar as disposições da Constituição, de modo vinculante, a um litígio. A Constituição, por sua vez, é aquele Direito especializado na estruturação e no exercício do poder político e, portanto, diz respeito, em particular, à conduta dos órgãos de cúpula do Estado, incluindo o legislador. O controle de normas é o cerne da jurisdição constitucional.

Os *efeitos* (*Wirkungen*) também são políticos. Havendo incompatibilidade com a Constituição, decisões políticas (tais como uma deliberação legislativa, uma celebração de tratado ou atos de governo) não podem ser executadas ou devem ser revertidas. A política pode ser instada a tomar decisões que preferiria evitar, caso o tribunal constitucional conclua que a Constituição assim o exige. Em ambos os aspectos, portanto, a jurisdição constitucional é inelutavelmente política. Se a jurisdição constitucional se desviasse de questões políticas, ou se evitasse decisões com efeitos políticos, trairia sua missão. Não existe uma jurisdição constitucional apolítica. Neste sentido, a jurisdição constitucional é um fator político autônomo dentro do sistema de governo, o qual modifica, a um só tempo, as condições de atuação dos outros órgãos estatais.

A única questão em aberto é se também seria político o *modo de proceder* (*Vorgang*)[109] do controle de constitucionalidade, isto é,

---

[109] Nota do Coordenador (Gilmar Ferreira Mendes): A separação analítica entre *Gegenstand*, *Wirkung* e *Vorgang* é central no argumento de Dieter Grimm. Se para os dois primeiros conceitos há correspondentes exatos no português, respectivamente "objeto" e "efeito", o mesmo não se pode dizer quanto ao último. Na maneira que foi utilizada, *Vorgang* refere-se às características que dão sigularidade ao ofício judicante, aos traços basilares do funcionamento jurisdicional e ao modo pelo qual o Poder Judiciário cuida das questões de direito que lhes são submetidas. É sintomático que, para exprimir tais significados, seja usualmente necessário recorrer a termos estranhos à lingua portuguesa: *métier*, *modus*

a forma como se conduz a interpretação da Constituição e sua aplicação a casos específicos. Em seu aspecto funcional, a definição de jurisdição constitucional é reconhecidamente clara: ela deve aplicar ao caso individual e concreto as prescrições que o texto constitucional formula de modo geral e abstrato para a ação política; ou seja, a jurisdição constitucional apenas executa, num litígio, uma pré-decisão que ao povo é imputada. Entretanto, isso não é suficiente para se obter a resposta pretendida, porque a função só poderia tornar-se realidade, consoante intentado, se as normas constitucionais estivessem em condições de determinar a decisão judicial de tal forma que o juiz pudesse aplicá-las ao caso sem qualquer interação, e se o juiz também se deixasse ser determinado pelas normas.

Kelsen não viu nisso qualquer problema: considerou meramente sociológica a questão de se saber se os juízes deixavam-se vincular pelas normas, e, de resto, assumiu que cada norma tinha sua própria moldura interpretativa, cujo interior haveria de ser colmatado, autonomamente, pelo aplicador do Direito – este só não poderia traspassar os limites delineados para esse quadro. A interpretação constitucional, assim, é convergente com a verificação dos limites da interpretação. Dentro desses limites, o juiz pode escolher entre diferentes alternativas de interpretação, guarnecidas pelo próprio Direito. Dessa forma, a escolha efetuada pelo tribunal continua, para Kelsen, no âmbito do Direito. Sob circunstâncias tais, a questão acerca do que orienta a escolha é irrelevante. Schmitt não precisou comentar a disposição do juiz para ser vinculado (*Bindungswillen der Richter*), porque ele já negava ao Direito Constitucional – à diferença do Direito Legislado (*Gesetzesrecht*) – um caráter vinculante; assim, por não serem suficientemente determinadas do ponto

---

faciendi e *modus procedendi*, respectivamente. Também isso explica a opção por afastar a tradução mais literal de *Vorgang*, que é "processo": a identidade nominal com o instrumento jurídico pelo qual o Estado exerce sua função de dizer o direito importaria em perda de clareza ou em empobrecimento explicativo.

de vista normativo, as decisões de um tribunal constitucional são, por isso, forçosamente políticas.

Perante ambos, deve-se admitir que, de qualquer forma, o texto constitucional é incapaz de determinar por completo a sua aplicação a casos concretos; é necessária a prévia interação do juiz para que se consiga decidir um caso com base na norma. Entre a norma formulada de modo geral e abstrato e o caso concreto e individual, abre-se um fosso, que pode ser maior ou menor, mas que, em qualquer caso, deve ser transposto. Assim, a interpretação constitucional não consiste somente na descoberta de um significado depositado na norma desde o início, mas, em parte, na construção do significado. Nisso reside a adequada localização do problema democrático da jurisdição constitucional, e não na possibilidade de que a invocação de um direito hierarquicamente superior fruste a vontade de uma maioria parlamentar. A jurisdição constitucional deve aplicar as regras que lhes foram estabelecidas aos casos que lhe são apresentados e, no entanto, ela mesma acaba criando, em parte, essas regras durante o processo de aplicação.

Reconhecer a existência desse fosso [entre norma e caso] e dessa margem de interpretação ainda não é o suficiente para responder à questão acerca do caráter jurídico ou político da aplicação do Direito, pois ambos são fenômenos inerentes ao Direito, e não equívocos cometidos no curso da atividade de criação normativa (*Rechtsetzung*). Diferentemente do que ocorre com as "instruções específicas" (*Einzelweisungen*),[110] que se referem a uma situação factual já existente, e que se exaurem no momento de sua implementação; as normas

---

[110] Nota do Coordenador (Gilmar Ferreira Mendes): Nos termos do art. 84 (5) da *Grundgesetz* de 1949: "Para assegurar a execução de leis federais, poderá ser outorgada ao Governo Federal, por meio de uma lei que requer a aprovação do Conselho Federal, a faculdade de expedir *instruções específicas* para casos especiais. Estas instruções deverão ser dirigidas aos órgãos estaduais superiores, salvo quando o Governo Federal considerar que há urgência".

jurídicas visam regular uma infinidade de casos futuros, inclusive aqueles imprevisíveis, e por isso precisam ser forçosamente formuladas de modo geral e abstrato. Uma concretização da norma que a torna preliminarmente adequada para a decisão do caso concreto é inevitável – o que pode ser mais difícil ou mais fácil, a depender do grau de precisão da norma e da complexidade do caso. Para a questão do caráter jurídico ou político do controle de constitucionalidade, portanto, não é decisivo saber *se* a interpretação é necessária, mas *como* ela acontece.

A Ciência Política, especialmente a norte-americana, é rápida com a resposta de que decisões de casos judiciais consistem em política juridicamente camuflada. Chega-se a este juízo porque, via de regra, ela não se envolve com o modo de proceder inerente à interpretação constitucional (*Vorgang der Verfassungsinterpretation*); ao contrário, conclui, a partir da indefinição de várias normas constitucionais, que sua aplicação seria um ato político. Grandes segmentos da ciência jurídica norte-americana compartilham esta visão. De acordo com este ponto de vista, os juízes fazem algo diferente do que anunciam na fundamentação de seus julgamentos. A produção e a exposição da decisão apresentam uma grande disparidade. Os juízes, como todos os agentes políticos, estão interessados em maximizar suas próprias vantagens. Eles tomam suas decisões com base nessa máxima e depois as apresentam como se, necessariamente, decorressem da Constituição.[111] Dessa forma, nega-se ao sistema jurídico uma racionalidade intrínseca ou uma lógica específica – tal só poderia se tratar de autoilusão ou de ideologia profissional.[112]

---

[111] Cf. HIRSCHL, Ran. *Towards Juristocracy*: The Origins and Consequences of the New Constitutionalism. Cambridge: Harvard University Press, 2004.

[112] Definitivamente diferente, no entanto: ROBERTSON, David. *The Judge as Political Theorist*: Contemporary Constitutional Review. Princeton: Princeton University Press, 2010, pp. 13-27.

A verificação dessa hipótese é obviamente difícil, porque o modo como se dá o processo de tomada de decisão (*Vorgang der Entscheidungsfindung*) realiza-se em praticamente todas as ordens jurídicas sob o manto do sigilo deliberativo (*Beratungsgeheimnis*). Mesmo no ínfimo número de países onde também a deliberação (*Beratung*) é pública, não se sabe o que a precede, e menos ainda o que motiva os juízes individualmente. Votos dissidentes minoritários podem lançar alguma luz sobre a escuridão, mas também estão sujeitos à circunstância de que a produção e a exposição da decisão não necessariamente coincidem. O real modo de proceder (*Vorgang*) permanece oculto tanto do público quanto da investigação científica. Tampouco a ciência social dispõe de acesso privilegiado a tais atividades; dispõe apenas de uma teoria na qual apoia sua perspectiva, qual seja a abordagem da *rational choice*, adotada a partir da economia. No entanto, não está claro, de forma alguma, até que ponto se estende o seu valor explicativo e a quais tipos de atores e decisões ela pode ser aplicada.

Em compensação, o que se pode observar é que ocorre uma mudança de arena quando uma decisão política é submetida ao controle de constitucionalidade. A política, então, de sujeito passa a ser objeto. Mudam os agentes, os parâmetros (*Maßstäbe*) e os procedimentos (*Verfahren*). O papel decisório é agora desempenhado pelos juízes, os quais estão profissionalmente capacitados para o conhecimento e a aplicação do Direito, enquanto os políticos revertem para as posições de requerentes, requeridos e de interessados (*Äußerungsberechtigten*). No controle jurídico da decisão política, os parâmetros (*Maßstäbe*) políticos já não têm valia, e sim aqueles jurídico-constitucionais. De forma correspondente, o procedimento (*Verfahren*) orienta-se à cognição, e não à decisão. Trata-se de determinar o significado da norma constitucional pertinente para o caso concreto e a consequência jurídica daí decorrente. Em qualquer caso, esse modo de proceder (*Vorgang*) não é político, no sentido assumido pelos debates e votações parlamentares, negociação de tratados internacionais e planos de gerenciamento de crise.

É certo que isso não responde à questão do caráter jurídico ou político do controle de constitucionalidade (*Verfassungsrechtsprechung*). Pois mesmo que se pressuponha realisticamente (conquanto de modo diverso à perspectiva da *rational choice*, cujos apoiadores a tem como realista) que os juízes tentem obter resposta a uma questão jurídica a partir do material jurídico que lhes é dado, isso ainda não é tudo. Com isso, entretanto, o interesse migra da disposição dos agentes de se vincularem, para a capacidade vinculante das normas. Mais exatamente, cuida-se de verificar se a interpretação concretizadora, limitada pela força de determinação das normas, deve ser considerada como jurídica ou política. Para esse fim, não é necessário esclarecer previamente a essência do político e do jurídico. É suficiente examinar se as comunicações ocorridas no processo de esclarecimento (*Klärungsprozess*) seguem a racionalidade específica do sistema jurídico ou político.[113]

Schmitt e Kelsen são de pouca ajuda aqui. Schmitt porque não ilumina a tarefa de interpretação. Kelsen, por sua vez, porque se assenta na premissa de que somente a margem de interpretação de uma norma pode ser determinada racionalmente, mas não o seu preenchimento concreto, realizado por uma decisão judicial, o que lhe impede de conseguir tecer uma mediação entre doutrina da interpretação, jurisdição constitucional e democracia.[114] No entanto, no que tange à margem de interpretação, vai-se mais longe do ponto de vista jurídico; ela é gradualmente estreitada pela dogmática, pelo método e pelos precedentes. Para a solução de problemas jurídicos, a dogmática coloca à disposição um testado e comprovado acervo de

---

[113] Cf. LUHMANN, Niklas. *Das Recht der Gesellschaft*. Frankfurt: Suhrkamp, 1993, pp. 66 e ss. e 338 e ss.
[114] Cf. GRIMM, Dieter "Zum Verhältnis von Interpretationslehre, Verfassungsgerichtsbarkeit und Demokratieprinzip bei Kelsen". *In*: _____. *Verfassungsgerichtsbarkeit*. Berlim: Suhrkamp, 2021, pp. 172 e ss.

soluções e de entendimentos sobre normas e complexos de normas.[115] O método jurídico mostra as maneiras pelas quais esses entendimentos e soluções podem ser obtidos, respeitando o direito positivo. Precedentes atuam como soluções-modelo para casos similares. Os três não vinculam os tribunais da mesma forma que as normas jurídicas, que são postas por uma decisão dotada de autoridade; eles consistem num trabalho constante a partir do direito (posto), para o qual contribuem academia e práxis.

Tampouco eles são incontroversos ou imutáveis. Sobretudo os métodos podem ser, por vezes, ferozmente contestados, como na Alemanha durante a República de Weimar, e nos Estados Unidos, atualmente.[116] A despeito de sua heterogeneidade, os métodos consistem na expressão de uma racionalidade especificamente jurídica (e a diferenciam da racionalidade política). Eles obrigam a uma solução refletida para os problemas jurídicos. Em regra, portanto, vão muito além das diferenças iniciais entre os juízes e facilitam soluções consensuais, porque as práticas judiciais acabam surgindo ao longo dos casos (*fallübergreifend*). Apesar disso, os métodos não conseguem assegurar que, no fim, o consenso prevaleça; o que não significa, por outro lado, que se acabe atuando de um modo não jurídico. Ao contrário, cada juiz deve chegar a uma convicção jurídica própria e, ainda assim, reconhecer que outro juiz, não menos sério, possa chegar a uma conclusão diferente sem que, necessariamente, tenha incorrido em erro para tanto.[117]

---

[115] Cf. KIRCHHOF, Gregor; MAGEN, Stefan; SCHNEIDER, Karsten (Orgs.). *Was weiß Dogmatik?* Tübingen: Mohr Siebeck, 2012.

[116] Cf. STOLLEIS, Michael. *Geschichte des öffentlichen Rechts in Deutschland.* München: C.H. Beck, Vol. 3, 1999, pp. 153-202; BALKIN, Jack M. *Living Originalism.* Cambridge: Harvard University Press, 2011.

[117] No mesmo sentido: HERBST, Tobias. "Die These der einzig richtigen Entscheidung: Überlegungen zu ihrer Überzeugungskraft insbesondere in den Theorien von Ronald Dworkin und Jürgen Habermas". *JuristenZeitung*, Vol. 67, 2012, pp. 898 e ss.

2– DIREITO OU POLÍTICA? A CONTROVÉRSIA...

Assim, a questão final é sobre o que orienta a escolha entre diferentes alternativas juridicamente possíveis. Afinal, será que as preferências subjetivas dos juízes ou os interesses próprios da instituição acabam prevalecendo aqui sem quaisquer restrições? Entrementes, está fora de questão que premissas contextuais e pré-compreensões (*Hintergrundannahmen und Vorverständnisse*), percepções da realidade e concepções de ordem (*Realitätswahrnehmungen und Ordnungsvorstellungen*), se imiscuem inevitavelmente no processo de interpretação.[118] Mas também eles só se tornam relevantes ao ser normativamente mediados e metodicamente orientados, ou seja, devem se deixar inserir na estrutura interpretativa jurídica e ser formulados na linguagem desta. Nesse sentido, pode-se afirmar, portanto, que o modo como se conduz o controle de constitucionalidade (*Vorgang der Verfassungsrechtsprechung*), independentemente do caráter político de seu objeto e de seu efeito, é algo diferente da política, e extrai sua legitimidade precisamente desta alteridade (*Anderssein*).

Decerto, isso só se aplica aos Tribunais Constitucionais que atuam de modo funcional. Não é possível afirmá-lo quanto a todos os Tribunais Constitucionais estabelecidos pós-1989, dentre os quais se encontram alguns que, de largada, não foram concebidos com o intuito de um controle político eficaz e nem sequer possuíam pessoal adequado para isso. Em outros [tribunais], a fraqueza funcional pode não ter sido intencional, mas ocorreu porque faltavam bases culturais, das quais se alimenta não apenas a Constituição, mas também a jurisdição constitucional, de modo que as tentativas

---

[118] Cf. ESSER, Josef. *Vorverständnis und Methodenwahl in der Rechtsfindung*. Rationalitätsgrundlagen der richterlichen Entscheidungspraxis. Frankfurt: Athenäum Fischer, 1970; VOLKMANN, Uwe. "Rechtsgewinnung aus Bildern – Beobachtungen über den Einfluss dirigierender Hintergrundvorstellungen auf die Auslegung des heutigen Verfassungsrechts". *In*: KRÜPER, Julian; MERTEN, Heike; MORLOK, Martin (Orgs.). *An den Grenzen der Rechtsdogmatik*. Tübingen: Mohr Siebeck, 2010, pp. 77-90; VOLKMANN, Uwe. "Rechts-Produktion oder: Wie die Theorie der Verfassung ihren Inhalt bestimmt". *Der Staat*, Vol. 54, 2015, pp. 35-62.

de minar sua independência externa ou interna não encontraram resistência. Da mesma forma, é preciso contar com o fato de que existem juízes que não são guiados por razões jurídicas, e sim por interesses e preferências subjetivos; bem como outros que receiam conflitos com os detentores do poder.

O que deve parecer patológico, à luz das considerações aqui feitas, é, no entanto, considerado normal por alguns estudiosos que sustentam uma abordagem realista.[119] Em vista da expansão da jurisdição constitucional no final do século XX, eles se perguntaram o que motiva os políticos a limitar voluntariamente suas próprias possibilidades de ação.[120] A questão é de fato óbvia, mas, há muito tempo, tem sido ignorada. Considera-se aí uma série de motivos. No final, porém, eles só aceitam um motivo que resistiria a um escrutínio realista, a saber, a preservação do poder. Os políticos usariam os Tribunais Constitucionais para se protegerem no caso de derrota eleitoral. Como a duração do mandato dos juízes excede à da legislatura, eles teriam, assim, uma chance de perpetuar sua influência e de dificultar que a oposição, que chegou ao poder, realize seus objetivos.

A jurisdição constitucional é vista, assim, como um projeto de hegemonia,[121] ao passo que todas as explicações baseadas no poderio das ideias ou de processos históricos de aprendizagem caem na suspeita da ideologia. É indubitável que existam exemplos

---

[119] Cf. HIRSCHL, Ran. "The Realistic Turn in Comparative Constitutional Politics". *Political Research Quarterly*, Vol. 62, 2009, pp. 825-833.

[120] Cf., p. ex., HIRSCHL, Ran. *Towards Juristocracy*: The Origins and Consequences of the New Constitutionalism. Cambridge: Harvard University Press, 2004; HIRSCHL, Ran. "The Judicialization of Mega-Politics and the Rise of Political Courts". *Annual Review of Political Science*, Vol. 11, 2008, pp. 93-118; GINSBURG, Tom; VERSTEEG, Mila. "Why Do Countries Adopt Constitutional Review?" *The Journal of Law, Economics, and Organization*, Vol. 30, 2013, pp. 587-622.

[121] No mesmo sentido: HIRSCHL, Ran. "The New Constitutionalism and the Judicialization of Pure Politics Worldwide". *Fordham Law Review*, Vol. 75, 2006, p. 745.

a confirmar essa explicação. Entretanto, afirmar que, assim, o fenômeno estaria validamente descrito em sua totalidade contradiz a história do surgimento de muitas Constituições cujos fundadores estavam preocupados, sim, em proteger o sistema político baseado na livre competição política, garantindo a abertura do processo político, mas sem servir aos interesses de um dos concorrentes (de se manter no poder). Também nesse sentido o enfoque da *rational choice* faz menos justiça à realidade do que ela pretende.

Pelo fato de os tribunais constitucionais prestarem-se a ser um instrumento eficaz para salvaguardar a liberdade e a democracia, eles se tornam, por outro lado, um alvo para as correntes políticas cujas concepções de ordem (*Ordnungsvorstellungen*) se desviam daquelas subjacentes ao constitucionalismo ocidental. Conceitos de democracia aparentemente superados após 1989, mais uma vez, fazem-se perceptíveis, mesmo na União Europeia, que se baseia nos valores do Artigo 2º do Tratado da União Europeia, e cuja desconsideração, por parte dos Estados-membros, rende-lhes sanções. Estes Estados-membros, assim como outros fora da União Europeia, não ambicionam uma mudança revolucionária, e sim uma transição gradual, a qual ocorra, do ponto de vista formal, tanto quanto possível no contexto da ordem constitucional posta, mas que tem por objetivo a transmutação desta em um regime autoritário.[122] Entretanto, é justamente por causa da aparência de legalidade, à qual se dá valor, que se lhes erguem obstáculos nos tribunais constitucionais.

Atualmente, a ameaça à jurisdição constitucional provém, sobretudo, de movimentos ou partidos populistas de direita. Apesar da semelhança nominal, entretanto, este populismo não tem nada a ver com o "*populist*" ou "*popular constitutionalism*", que os críticos americanos da *judicial review* têm em mente. Eles querem libertar o

---

[122] Cf. SCHEPPELE, Kim Lane. "Constitutional Coups and Judicial Review". *Transnational Law and Contemporary Problems*, Vol. 51, 2014, pp. 51-117; SCHEPPELE, Kim Lane. "Autocratic Legalism". *The University of Chicago Law Review*, Vol. 85, 2018, p. 545.

povo da suposta tutela da Suprema Corte e deixar o respectivo significado da Constituição emergir do discurso aberto de uma sociedade pluralisticamente concebida. Por outro lado, os populistas dos quais aqui se cuida são antipluralistas. Eles pressupõem a existência de um todo essencialmente unificado, no sentido schmittiano, e cujos verdadeiros interesses eles contrapõem em relação às elites corruptas que estariam distantes do povo. Eles se identificam com esse suposto verdadeiro interesse do povo e derivam, dele, a sua reivindicação de representação exclusiva do povo.[123]

Via de regra, os populistas têm uma agenda nacionalista e lutam contra o multiculturalismo, a imigração e a integração europeia; defendem estruturas sociais e conceitos morais do passado. Enquanto confinados à ação extraparlamentar ou pertencentes à minoria parlamentar, agem como uma oposição fundamentalista e tentam desafiar o sistema político ultrapassando limites ou violando tabus. Uma vez obtida a maioria nas eleições, tentam usá-la para uma transformação do sistema no sentido de sua pretensão de representação exclusiva. Os alvos de ataque passam a ser, então, a oposição, que é considerada ilegítima por princípio; a separação de poderes, que atrapalha a realização de uma alegada vontade do povo; os meios de comunicação independentes do governo; e todos os órgãos que exercem funções de controle sobre o Parlamento e o Governo, sobretudo os Tribunais Constitucionais.[124]

---

[123] Cf. MÜLLER, Jan-Werner. *Was ist Populismus?* Berlim: Suhrkamp, 2016; sobre o contexto antecedente, cf. MANOW, Philip. *Die politische Ökonomie des Populismus.* Berlim: Suhrkamp, 2018; RECKWITZ, Andreas. *Das Ende der Illusionen.* Politik, Ökonomie und Kultur in der Spätmoderne. Berlim: Suhrkamp, 2019; também vale ler, apesar das críticas: KOPPETSCH, Cornelia. *Die Gesellschaft des Zorns*: Rechtspopulismus im globalen Zeitalter. Bielefeld: Transcript, 2019.

[124] Cf. ISSACHAROFF, Samuel. *Fragile Democracies*: Contested Power in the Era of Constitutional Courts. Cambridge: Cambridge University Press, 2015; LEVITSKY, Steven; ZIBLATT, Daniel. *Wie Demokratien sterben*. München: Pantheon, 2018; GRABER, Mark A.; LEVINSON,

O padrão recorrente surgiu na primeira metade do século XX. O *"court packing"* e o *"court curbing"* foram os instrumentos considerados nos Estados Unidos dos anos 1930 para superar a barreira erguida pela Suprema Corte contra as leis do *New Deal* de Roosevelt.[125] Acabaram não sendo empregados por lá, porque, embora não se tratasse de mudar o sistema, o próprio partido do Presidente estava hesitante e porque a este logo se abriu a oportunidade de nomear magistrados de sua própria escolha, sem alterações legislativas. Na Áustria, entretanto, o governo Dollfuß utilizou tais instrumentos com sucesso, em 1933, na transição da democracia parlamentar para um Estado autoritário.[126]

Hoje, esses instrumentos são utilizados na Hungria e Polônia, entre outros. A mudança do sistema começou em ambos os Estados com o aparelhamento (*Gleichschaltung*) ou a paralisação dos tribunais constitucionais.[127] Na Hungria, a mudança do sistema para uma "democracia iliberal" ocorreu legalmente, porque o Partido *Fidesz* lograra, em eleições livres, a maioria parlamentar suficiente para emendar a Constituição (*verfassungsändernde Mehrheit im Parlament*), mesmo que apenas com uma base de cerca de 53% dos votos. Na Polônia, onde o Partido *Lei e Justiça* (*PiS*) teve de se contentar com uma maioria na base de aproximadamente 36% dos votos, isso não se deu sem violação à Constituição. O acórdão da

---

Sanford; TUSHNET, Mark (Orgs.). *Constitutional Democracy in Crisis?* Oxford: Oxford University Press, 2018.

[125] Cf. LEUCHTENBURG, William E. *The Supreme Court Reborn*: The Constitutional Revolution in the Age of Roosevelt. Oxford: Oxford University Press, 1995, pp. 132 e ss.

[126] Cf. WIEDERIN, Ewald. "Münchhausen in der Praxis des Staatsrechts". *In*: JABLONER, Clemens (Org.). *Gedenkschrift für Robert Walter*. Viena: Manz, 2013, pp. 865-888.

[127] Uma descrição mais precisa pode ser encontrada nos relatórios da Comissão de Veneza, do Conselho da Europa; para a Hungria, cf. Opinions 621/2011, 665/2012, 683/2012 e 720/2013; para a Polônia, cf. Opinions 833/2015 e 860/2016.

Corte Constitucional – proferido antes de seu completo aparelhamento (*Gleichschaltung*) –, que declarara nula uma série de alterações à Lei da Corte Constitucional, foi declarado como sem valor (*unbeachtlich*) pelo Governo e não foi publicado. Dos Tribunais Constitucionais reformados já não advém qualquer ameaça para a maioria governante. A disputa entre Schmitt e Kelsen, que parecia já ter sido resolvida, reingressa à ordem do dia.

3

CONSTITUIÇÃO, JURISDIÇÃO CONSTITUCIONAL, INTERPRETAÇÃO CONSTITUCIONAL: NA INTERFACE DE DIREITO E POLÍTICA[1]

I.

1. Cortes Constitucionais (ou Tribunais competentes para o exercício da jurisdição constitucional) eram uma raridade até o fim da Segunda Guerra Mundial.[2] Embora as Constituições remontem à longa data, foi tão somente após as experiências havidas com os numerosos sistemas totalitários do século XX que a garantia jurisdicional da Constituição foi alçada à condição de exigência global. A maioria dos Estados pós-totalitários considerou a jurisdição constitucional (*Verfassungsgerichtsbarkeit*) a consequência lógica do

---

[1] Tradução de Erica Ziegler. Revisão de Gilmar Ferreira Mendes e Paulo Sávio Nogueira Peixoto Maia.
[2] Este escrito remonta a uma palestra proferida perante juristas do sudeste europeu, em Bucareste (2008).

constitucionalismo. Assim se lê numa decisão notável da Suprema Corte de Israel, de 1995:

> A fiscalização jurisdicional da constitucionalidade (*verfassungsgerichtliche Überprüfung*) é a própria alma da Constituição. Retirando-se da Constituição a jurisdição constitucional, tira-se-lhe a vida (...). Por isso, não admira que a jurisdição constitucional esteja se desenvolvendo agora. A maioria dos Estados democráticos esclarecidos prevê um controle jurisdicional de constitucionalidade. (...) O século XX é o século da jurisdição constitucional.

Apoiado nessa tendência global, a Corte israelense assim se investia na *judicial review*, embora essa atribuição não lhe tivesse sido expressamente deferida pela Constituição.

Da mesma forma como a transição do governo (*Herrschaft*) absoluto para o constitucional importou na modificação da relação entre Direito e Política, a convivência entre esses dois domínios foi alterada com a criação dos Tribunais Constitucionais. Enquanto o Direito foi considerado uma emanação divina, a Política lhe foi submissa. O poder político (*politische Herrschaft*) derivava a sua autoridade da tarefa de preservar e fazer cumprir o Direito divino; nisso não se incluía uma atribuição para implementar um direito autônomo. Após o Cisma do século XVI ter retirado do Direito divino o chão sob os pés, desembocando nas guerras civis religiosas, a inversão da relação tradicional entre Direito e Política foi reputada como a condição para se restaurar a paz interna. O soberano (*Herrscher*) adquiriu o poder de estabelecer o direito vigente, a despeito do quão controvertida fosse a verdade religiosa. O Direito passou a ser um produto da Política e, nessa condição, a força de sua validade não mais derivava da vontade divina, e sim da vontade do soberano. Passou a ser, portanto, Direito positivo. Independentemente de qual denominação venha a assumir um direito atemporal ou natural, eles não eram mais considerados Direito, e sim filosofia.

3– CONSTITUIÇÃO, JURISDIÇÃO CONSTITUCIONAL...

Surgido nas últimas décadas do século XVIII, o constitucionalismo foi a tentativa de restaurar a hegemonia do Direito sobre a Política, sob a condição de não haver retorno ao Direito divino, ou natural. A solução do problema consistiu na reflexividade do Direito positivo, que deu ensejo à juridificação do estabelecimento e da imposição do Direito. Essa tarefa foi cumprida pela Constituição moderna e, para isso acontecer, esta passou a ser dotada de precedência em relação àquele Direito criado no processo político. No entanto, sem a possibilidade de recorrer a fontes transcendentes também o Direito Constitucional, conquanto hierarquicamente superior, acabaria por se reduzir a produto de uma decisão política. Para que o Direito Constitucional pudesse realizar a sua função de submeter a Política ao Direito, era necessário que ele se originasse de uma fonte diversa daquela do Direito comum (*gewöhnlichen Recht*). Em concordância com a teoria de que o poder político (*politische Herrschaft*), na falta de uma origem divina, somente poderia ser justificado pela concordância dos súditos aos soberanos, ao povo foi atribuído o papel de fonte da Constituição. O povo substitui o senhor (*Herrscher*), na condição de soberano (*Souverän*), da mesma forma como, antes disso, o senhor (*Herrscher*) substituíra Deus. Essa soberania do povo, no entanto, restringiu-se à elaboração da Constituição; o exercício do poder político incumbia aos representantes do povo, os quais, porém, só podiam atuar com fundamento, e nos lindes, da Constituição.

Portanto, é na juridificação da Política que se encontra o sentido do constitucionalismo. Essa função diferencia o Direito Constitucional do Direito comum (*gewöhnlichen Recht*) em vários aspectos. Em primeiro lugar, o Direito Constitucional tem um objeto próprio de regulamentação (*Regelungsgegenstand*), qual seja, a Política. A Constituição disciplina a organização e o exercício do poder político (*politischer Herrschaft*). Os detentores do poder são os destinatários desse Direito. Em segundo lugar, o Direito Constitucional e o Direito comum partem de fontes diversas. É do Direito Constitucional que se origina o governo legítimo; não poderia aquele surgir a partir desse. Ele é gerado pelo povo ou, pelo menos, atribuído a ele. A isso correspondem, em terceiro lugar, procedimentos diferenciados para a elaboração do Direito. Em regra, a Constituição é elaborada por um corpo especial (*besonderen Gremium*) e entra em vigor por meio de um procedimento específico, no qual quem decide é o próprio povo ou uma assembleia por ele eleita para tal fim.

Em quarto lugar, esses dois domínios normativos se diferenciam na hierarquia; ocupa o Direito Constitucional o patamar jurídico superior, e, por isso, precede o Direito legislado (*Gesetzesrecht*) em caso de conflito. O que fora disciplinado na Constituição já não está aberto à decisão política, e, nesse sentido, a regra da maioria não tem aplicação. Isso não equivale à total juridicização da política – que seria o fim da política, reduzindo-a a mera administração. A Constituição determina quem pode tomar decisões políticas e quais regras formais e materiais devem ser observadas, para que a decisão adquira caráter vinculante. No entanto, não determina o *input* no processo que regulamenta, nem seu resultado. Ela regulamenta a geração de decisões políticas, mas deixa para os agentes políticos as próprias decisões. Ela é uma moldura, mas não um substituto, para a política.

Por fim, o Direito Constitucional se diferencia do Direito comum numa deficiência específica. O Direito comum é posto pelo Estado e se destina aos indivíduos. Se eles não o seguirem, o Estado pode obrigar o seu cumprimento, se necessário coercitivamente, porque possui o monopólio do uso da força (*Gewaltmonopol*). O Direito Constitucional, ao invés, é feito pelo povo (ou a este atribuído na condição de fonte) e se dirige ao poder estatal (*Staatsgewalt*); se este não seguir a Constituição, não há qualquer poder superior que o possa fazer cumprir. Essa deficiência pode se manifestar em níveis diversos, conforme a respectiva função exercida pela Constituição. No que diz respeito à função constitucional de configurar e organizar o Estado, tem-se que o poder público usualmente corresponderá à Constituição. No entanto, no que se refere à função constitucional

3– CONSTITUIÇÃO, JURISDIÇÃO CONSTITUCIONAL...

de regular o exercício do poder, tal correspondência não pode ser pressuposta – tanto o passado quanto o presente o comprovam.

2. Foi essa deficiência que levou à jurisdição constitucional; nos Estados Unidos, imediatamente após o surgimento do constitucionalismo; na Europa, e em outras partes do mundo, somente após o colapso de ditaduras fascistas e racistas, socialistas e militares, começando na década de 1950 e culminando nos anos 1990. Embora para a maioria desses países as Constituições não fossem inéditas, seu significado prático era mínimo. Em alguns países, a alusão a direitos constitucionais podia até mesmo colocar os cidadãos em perigo. À luz dessas experiências, os Tribunais Constitucionais eram vistos como a necessária complementação da Constituição. Se a essência do constitucionalismo consiste em vincular a Política ao Direito, então a essência da jurisdição constitucional é fazer com que essas vinculações jurídicas sejam observadas. Até onde a Constituição alcança, a Política – inclusive a legislação – já não tem a última palavra. Note-se, porém, que as Cortes Constitucionais (ou os Tribunais que exercem jurisdição constitucional) não conseguem compensar totalmente essa deficiência do Direito Constitucional. Uma vez que o monopólio do uso da força continua nas mãos dos órgãos políticos, os Tribunais Constitucionais ficam numa situação mais complicada quando a Política se nega a acatar os julgamentos do Tribunal Constitucional.

A despeito de tal situação ser exceção em Estados Constitucionais funcionais, é fato que a diferença entre sistemas políticos com ou sem jurisdição constitucional pesa consideravelmente. Mesmo agentes políticos que, a princípio, se dispõem a seguir a Constituição, tendem a considerar as normas pelo viés de seus interesses políticos. Num sistema sem jurisdição constitucional, em regra dominará, em situações de conflito, a perspectiva da maioria – o que, no longo prazo, pode levar ao colapso dessa conquista do constitucionalismo. Em contrapartida, num sistema com jurisdição constitucional, existe uma instituição que, por si só, não tem objetivos políticos, não depende de vitórias eleitorais e é especializada em interpretação e aplicação de normas constitucionais. Ela é menos tendenciosa e, por isso, mais adequada para fazer valer as obrigações postas pela Constituição à maioria. Contudo, o efeito preventivo parece ser ainda mais significativo. A mera existência de um Tribunal Constitucional obriga a Política a colocar a pergunta pela constitucionalidade das suas medidas bastante cedo e com relativa neutralidade. A Política precisa, por assim dizer, avaliar os seus próprios planos com o olhar do Tribunal Constitucional, se não quiser arriscar uma derrota perante ele.

É possível que Kelsen – com quem a Suprema Corte israelense concorda no caso do julgamento acima mencionado – tenha exagerado ao supor que, sem um Tribunal Constitucional, mal faria diferença ter, ou não, uma Constituição. Por mais que haja várias democracias consolidadas nas quais a Constituição costuma ser obedecida a despeito de inexistir um Tribunal Constitucional, em casos tais o caráter constitucional do Estado (*Verfassungsstaatlichkeit*) é parte integrante da cultura jurídica e política, a ponto de nem sequer surgirem demandas por arranjos institucionais sob a forma jurisdicional. Para a maioria dos países, sobretudo naqueles em que só recentemente passaram à democracia constitucional, é de se recear que, na ausência de uma instância especificamente voltada para exigir o cumprimento da Constituição, esta acabe por assumir diminuta importância na política cotidiana. Assim o comprova a irrelevância que notabilizava os direitos fundamentais na maior parte do mundo, antes da transição para a jurisdição constitucional.

Contudo, a existência de um Tribunal Constitucional, apenas, não basta para assegurar o respeito à Constituição por parte da Política. Assim como o Estado Constitucional é uma conquista frágil (*gefährdete Errungenschaft*), a jurisdição constitucional também está exposta a ameaças (*Gefahren*). Com frequência, mesmo aqueles políticos que, durante o processo constituinte, defendiam um Tribunal Constitucional, agora se incomodam com sua atividade. Constituições impõem limites à política, e os Tribunais Constitucionais existem para fazer com que tais limites sejam efetivamente observados. Nem tudo o que a Política estima necessário ou útil (seja para ela mesma, seja no interesse do país) é possível de realizar em concordância com a Constituição. Por isso, os políticos nutrem um interesse geral por um Tribunal Constitucional que, de preferência, não se coloque no caminho de seus projetos; a par de um interesse específico pelo resultado de eventual feito concreto, do qual eventualmente dependa a realização de planos políticos.

Toda e qualquer intromissão política na jurisdição iria, porém, solapar o sistema da democracia constitucional. A independência dos juízes é imprescindível para o funcionamento da ordem constitucional e, por causa disso, necessita de proteção também constitucional. Por esse motivo, as barreiras que se erguem entre os diversos órgãos estatais pelo princípio da separação dos poderes são singularmente altas em relação ao Poder Judiciário. Se for verdade que os Tribunais Constitucionais estarão indefesos caso os atores políticos se neguem a obedecer a seus julgamentos, é tanto mais verdadeiro que os Tribunais Constitucionais serão inúteis se não estiverem em condições de prolatar decisões livres de interferência política. A proteção mais efetiva da independência judicial está na convicção, profundamente enraizada por parte dos políticos, de que intromissões na jurisdição são inaceitáveis – melhor ainda se essa convicção derivar de um respaldo da sociedade ao Tribunal. É claro que isso não pode ser pressuposto como dado em todo lugar e em todo o tempo. Pelo contrário, são necessárias salvaguardas específicas. A independência judicial tem de ser preservada não apenas perante a pressão direta, mas também diante de maneiras mais sutis de manipulação. Por isso as Constituições normalmente deferem à magistratura garantias como a inamovibilidade e preocupam-se com a adequação remuneratória, para citar apenas algumas possibilidades.

Nesse contexto, o recrutamento dos juízes constitucionais representa um problema à parte. Uma vez que os Tribunais Constitucionais integram o poder público, seus juízes necessitam de legitimação democrática. Como os juízes não são eleitos pelo povo – se o fossem, tal obviamente seria fonte de outros problemas para sua independência –, de alguma forma será inevitável que os Poderes eleitos participem do processo de recrutamento. Se a autorrenovação dos Tribunais não basta para satisfazer os requisitos democráticos, não se pode esquecer, por outro lado, que a participação de políticos, na escolha de juízes, vem acompanhada da tentação de selecionar aqueles que concordem com seus objetivos. Seleção de pessoal é o flanco aberto da independência judicial. Um Tribunal Constitucional no qual se espelhem as respectivas estruturas de poder mal terá condições de criar a distância necessária perante a Política para o cumprimento de sua função. Por isso, medidas para coibir a politização dos Tribunais Constitucionais desde a fase de nomeação dos juízes são de excepcional importância.

Em quase todos os países dotados de Tribunais Constitucionais, há disposições específicas para a eleição dos juízes constitucionais, as quais se diferenciam das regras para o Judiciário comum. Sendo, os juízes constitucionais, eleitos pelo Parlamento, frequentemente exige-se para tanto maioria qualificada (em regra, a mesma que vale para as emendas constitucionais).[3] Consequentemente, maioria e minoria precisam entrar em acordo quanto aos candidatos; e tornam-se mínimas as chances de que membros extremistas de um partido ingressem no Tribunal Constitucional. Outros países preferem sistemas mistos, nos quais a seleção de juízes é distribuída entre os vários órgãos estatais. Outros ainda optam por comissões compostas por políticos e não políticos, quase sempre representantes de profissões jurídicas. Não é possível dizer qual solução seria a melhor, se o que se pretende for uma validade universal. Há fatores demais em jogo. Nem sempre o que se comprova sob as condições de um país, comprova-se sob as condições de outro. No entanto, não pode haver

---

[3] Nota do Coordenador (Gilmar Ferreira Mendes): Uma emenda à Lei Fundamental da Alemanha precisa ser aprovada por dois terços dos membros do Parlamento Federal e do Conselho Federal (art. 79). Também de dois terços é o quórum exigido para a eleição dos juízes do Tribunal Constitucional Federal, com a diferença de que tal votação que é realizada apenas pelo Conselho Federal (§7 da Lei Orgânica do Tribunal – *Gesetz über das Bundesverfassungsgericht*, de 11.08.1993, BGBl. I, página 1473).

dúvida quanto à necessidade de barreiras contra o aparelhamento político (*politische Gleichschaltung*) dos Tribunais Constitucionais, quando estes tiverem de cumprir sua função controladora.

3. A independência judicial (*richterliche Unabhängikeit*) é a salvaguarda constitucional contra os perigos da Política que ameaçam o Judiciário. Ela protege os juízes em face do despropósito que seria ter de se orientar por expectativas políticas e não segundo o Direito vigente, quando da decisão de um caso concreto. Esse é um perigo vindo de fora; e só por ingenuidade se poderia supor que tal representaria a única ameaça à jurisdição. Há também um perigo interno, que emana dos próprios juízes. Esse perigo se manifesta de duas formas principais. Uma delas consiste na disposição de tomar decisões politicamente convenientes por oportunismo ou lealdade. A outra consiste na tentação de colocar as próprias preferências políticas ou concepções de justiça acima do Direito vigente. A garantia constitucional de independência judicial protege os juízes da Política, mas não protege o Estado Constitucional e a sociedade daqueles juízes que estão dispostos a descumprir o Direito, levados por outros motivos que não apenas a pressão externa.

Por isso, a independência externa tem de vir acompanhada da interna. A independência judicial não é o privilégio de decidir a partir de critérios próprios, e sim uma necessidade funcional. Ela serve ao cumprimento da função judicial, qual seja, aplicar o Direito independentemente de interesses e expectativas dos litigantes ou de poderosas forças políticas e sociais. Ela libera os juízes de vinculações extrajurídicas, e permite que eles sejam vinculados apenas ao Direito. Garante-se a independência de vinculações externas em nome do interesse pela vinculação interna ao Direito – contrapartida necessária da independência judicial. Assim como a independência externa, a independência interna também necessita de garantias.

Porém, a independência interna é, em grandes linhas, algo situado no âmbito da ética profissional e na esfera do caráter de um indivíduo, o que limita as possibilidades do Direito nessa área; embora a estipulação de sanção penal possa combater uma conduta claramente errônea, como, por exemplo, a corrupção, a experiência ensina que é difícil coibir a corrupção dentro do próprio Judiciário se, fora dele, ela constitui prática generalizada. Esse parece ser o problema de várias democracias jovens. Da mesma maneira, é permitido punir a "torsão do direito" (*Rechtsbeugung*).[4] Contudo, nem sempre é fácil distinguir entre "torsão do direito" e argumentos equivocados ou questionáveis. Esse é o motivo que explica o pequeno número de condenações por "torsão do direito" [na Alemanha]. No entanto, deveria estar claro que condenações e exonerações por corrupção e "torsão do direito" não representam nenhuma violação à independência judicial.

Uma maneira mais sutil de má conduta judicial é a disposição de interpretar o Direito de modo a favorecer eleitoralmente determinadas tendências, partidos políticos ou candidatos, seja em geral ou num caso específico. Em regra, isso vem disfarçado numa argumentação jurídica por trás da qual se ocultam os verdadeiros motivos. Tal atitude nem sequer precisa ser proposital, afinal tampouco os juízes são imunes a autoilusões acerca dos motivos das suas atitudes. Essa forma de conduta inadequada não se limita, de modo algum, a democracias recentes. Ela pode surgir também em

---

[4] Nota do Coordenador (Gilmar Ferreira Mendes): Cuida-se do *nomen juris* do tipo inscrito no §339 do Código Penal da Alemanha, que estipula pena privativa de liberdade (de um a cinco anos) para quem pratica uma *Beugung des Rechts* – literalmente: uma "torsão", "atalhamento", "perversão" do Direito. Como bem me ponderou o Professor Alaor Leite, o §339 do Código alemão possui um correspondente apenas imperfeito no crime de Prevaricação do nosso Código Penal (art. 319). Primeiro, pela especialidade do sujeito ativo (juiz e demais funcionários da Justiça que possuam poder relevante para a condução e decisão de uma controvérsia jurídica – o que praticamente delimita esse universo aos integrantes do Ministério Público). Em segundo lugar – e de modo mais fundamental –, porque a *Beugung des Rechts* centra-se menos no *animus* do agente de "satisfazer interesse ou sentimento pessoal" e mais no objetivo da conduta de vergar o Direito de modo consciente, para dele afastar-se, e assim propiciar instrumentalizações tais como a perseguição de inimigos políticos.

3– CONSTITUIÇÃO, JURISDIÇÃO CONSTITUCIONAL...

Estados Constitucionais consolidados, como ilustra a Suprema Corte norte-americana no caso *Bush vs. Gore*. Situações desse jaez, por um lado, não se deixam equacionar por sanções de ordem constitucional; por outro, elas são suficientes para atrair uma forte crítica pública ou mesmo solapar a confiança na integridade do Judiciário – e os Tribunais não são imunes a isso.

II.

1. O Direito deve sua vigência a uma decisão política. Motivações políticas são legítimas no processo de positivação normativa (*Rechtsetzung*); diferentemente, a Política – tratando-se de um Estado Constitucional – não desempenha qualquer papel na aplicação jurídica (*Rechtsanwendung*): esta é assunto do sistema do direito, para o qual motivações políticas são ilegítimas. Por isso, a distinção entre Direito e Política é de máxima importância. Mas o que aconteceria se a aplicação do Direito e, em especial, o controle jurisdicional de constitucionalidade, fossem, em si mesmos, operações políticas, de forma que todas as tentativas de distinguir o Direito e a Política no plano institucional fossem minadas no plano da aplicação jurídica? Esta é uma pergunta séria, que não deve ser confundida com aquela outra forma de abuso por parte do Judiciário: a não aplicação consciente do Direito ou sua aplicação equivocada.

Decerto que a jurisdição constitucional é política no sentido de que seu objeto (*Gegenstand*) e seus efeitos (*Wirkungen*) são políticos. Deriva ineluctavelmente da função do Direito Constitucional dispor sobre a organização e o exercício do poder político, bem como da função dos Tribunais Constitucionais, que têm de implementar essas disposições à Política. Se alguém quisesse excluir questões políticas do controle de constitucionalidade, a jurisdição constitucional chegaria ao fim. Consequentemente, a questão só pode ser uma: saber se o modo pelo qual se procede à individualização do direito e à sua aplicação (*Vorgang der Rechtsfindung und Rechtsanwendung*) a objetos políticos consistiria em algo político ou jurídico.

Esta pergunta se coloca porque todas as análises do *modo de proceder* da aplicação do Direito a casos concretos (*Vorgangs der Rechtsanwendung auf konkrete Fälle*)[5] demonstram que normas jurídicas não estão em condições de plenamente determinar a sua aplicação. Um dos motivos é que o Direito (de modo geral e, em especial, o Direito Constitucional) não é completo e livre de contradições, e muito menos algo claro ou evidente. Nem poderia ser diferente, pois o que usualmente denominamos "ordenamento jurídico" é um conjunto de normas de diversas épocas, voltadas a desafios variados, animadas por diferentes interesses ou concepções de justiça e que, para tanto, foram formuladas em linguagem comum (com toda sua ambiguidade). Toda a aplicação do Direito tem de preencher lacunas, ajustar contradições e esclarecer estipulações vagas; só assim pode ele ser empregado a casos concretos. Em última análise, essa atividade compete aos Tribunais, que, por sua vez, podem se reportar ao trabalho da ciência jurídica.

Mesmo quando as normas jurídicas são formuladas da maneira mais clara e coerente possível, elas podem suscitar questionamentos diante de casos concretos. Trata-se de algo inerente ao Direito: mesmo quando as normas parecem claras um estado de absoluta determinabilidade é de consecução impossível; afinal regras gerais têm de ser aplicáveis a um número indefinido de casos futuros, por definição. Por isso, elas precisam ser formuladas de maneira mais ou menos geral e abstrata. Em consequência, deve-se contar com o fato de que entre a norma geral e abstrata, de um lado, e o caso individual e concreto, de outro, abre-se um fosso (*Kluft*). Quem

---

[5] Nota do Coordenador (Gilmar Ferreira Mendes): O substantivo *Vorgang* não possui correspondente perfeito em português; na forma em que foi utilizado no texto, ele se refere às características que dão singularidade ao ofício judicante, aos traços basilares do funcionamento jurisdicional e ao modo pelo qual o Poder Judiciário cuida das questões de direito que lhes são submetidas. É sintomático que, para exprimir tais significados, seja usualmente necessário recorrer a termos estranhos à língua portuguesa: *métier*, *modus faciendi* e *modus procedendi*, respectivamente.

3– CONSTITUIÇÃO, JURISDIÇÃO CONSTITUCIONAL...

aplica o Direito tem de descobrir o que a norma abstrata significa com relação ao caso concreto. Isso se dá por meio da interpretação da norma, que sempre antecede sua aplicação. A norma geral precisa ser concretizada numa norma mais específica; só então, com base nesta, o caso se torna passível de decisão.

Assim como as tarefas de preenchimento de lacunas, de harmonização de normas contraditórias e de esclarecimento de prescrições vagas, a concretização também contém um elemento criativo. Por causa disso, em certo aspecto, a aplicação da norma sempre é, também, a construção de uma norma. Isso é incontestável. Apenas a extensão pode mudar, a depender de uma série de variáveis. A mais importante é o grau de precisão da norma. Quanto mais exata tiver sido formulada uma norma, tanto menos espaço haverá para os elementos construtivos; ao passo que uma norma formulada de maneira vaga e aberta depende, em grande medida, da concretização, para poder ser aplicada ao caso. Comparada a diplomas como o Código de Processo Civil, as Constituições contêm mais preceitos vagos – sobretudo no que se refere aos princípios e direitos fundamentais, porém em menor medida quanto às normas constitucionais de organização e procedimento. Outra variável é o tempo de vigência da norma: quanto mais antiga tanto maior o número de casos imprevisíveis na época em que fora legislada e que, por isso, suscitam dúvidas quanto ao seu significado.

No entanto, a circunstância de as normas jurídicas não determinarem sua própria aplicação na totalidade não basta para definir a aplicação do Direito como Política. Mantém-se jurídico um modo de proceder (*rechtlicher Vorgang*) se aquilo que o juiz acrescenta ao texto normativo (ao qual é vinculado) neste tiver fundamento e derivar de uma argumentação jurídica para tanto produzida. Apenas na falta disso, e quando o juízo (*Urteil*) se desliga da norma, é que esse modo de proceder (*Vorgang*) passa a ser político. Daí resulta a necessidade de diferenciar argumentos jurídicos e não jurídicos, sejam eles políticos, econômicos, religiosos ou de qualquer outro tipo. Esta distinção pode ser decidida apenas no âmbito do sistema do direito.

Nenhum outro sistema social pode determinar o que conta, ou não, como argumento jurídico. Dentro do sistema do Direito, a distinção entre argumentos jurídicos e não jurídicos cabe ao método jurídico. Com o seu auxílio, os elementos subjetivos deverão ser excluídos da aplicação normativa, até onde for possível. Por isso, a garantia da juridicidade da aplicação normativa está baseada, fundamentalmente, no método interpretativo.

Diferentemente do texto das normas jurídicas, que na condição de produto de uma decisão política não mais está à disposição daquele que aplica o Direito, o método jurídico é um produto de ponderações jurídicas. O método jurídico não é posto por autoridade alguma: desenvolve-se no curso da aplicação normativa ou do discurso científico. Métodos diversos ou as variações de um mesmo método podem subsistir lado a lado. O método "correto" é uma questão de seleção dentro do sistema do direito. Todas as tentativas por parte dos legisladores de proibir a interpretação de uma vez por todas ou de exigir determinados métodos e excluir outros fracassaram, pois é lógico que essas orientações, por sua vez, são passíveis de interpretação (e dela necessitam). A falta de um único método vinculante não significa, porém, que qualquer resultado possa ser justificado metodologicamente, fazendo com que o método interpretativo perdesse seu efeito disciplinador sobre a aplicação jurídica. Tal como diversos sistemas jurídicos têm o seu local e o seu tempo na história, também os métodos são historicamente condicionados. Comumente, existe um âmbito de argumentos e operações que é aceito e um âmbito de argumentos e operações inválido. Nenhum método estará em condições de eliminar, sem rastros, os elementos subjetivos da aplicação jurídica – embora haja métodos imbuídos dessa pretensão.

2. Um método influente do ponto de vista histórico, do qual se esperava a eliminação de todas as influências subjetivas sobre a interpretação e a aplicação de normas jurídicas, foi o positivismo jurídico – em seu aspecto metodológico, mas não enquanto doutrina da validade jurídica, que o contrapõe ao jusnaturalismo. No

marco do positivismo, uma norma consiste somente no seu texto, e os únicos meios lícitos para a determinação de seu sentido seriam a gramática e a lógica – mas não a história da legislação ou os motivos e intenções do legislador, tampouco os valores expressos por ela ou os interesses que pretendia equacionar, e muito menos a realidade social em face da qual a norma deve desdobrar seu efeito (e na qual se faz sentir a consequência de dada interpretação da norma). Além disso, o positivismo partia do fato de que uma norma teria apenas uma interpretação correta, e que essa interpretação subsistiria durante sua vigência, a despeito de quaisquer alterações contextuais.

De um lado, o problema do positivismo consiste no fato de que ele não conseguiu cumprir sua promessa de erradicar todos os elementos subjetivos da interpretação. Ao invés, estas influências se imiscuíam disfarçadamente na interpretação, quase sempre no entendimento ou na elaboração dos conceitos contidos ou pressupostos pela norma. De outro lado, o positivismo não permitia qualquer adequação interpretativa do sentido das normas a circunstâncias modificadas. Ao contrário, a realidade social na qual as normas se baseiam para regular era vista como irrelevante para a interpretação. Mesmo um positivista não seria capaz de ignorar que as normas já não cumpririam sua finalidade, ou levariam a resultados disfuncionais, quando mudanças sociais no âmbito normativo pertinente são acompanhadas de uma interpretação inalterada. Mas a resolução desse problema era vista como assunto do legislador, e não da aplicação jurídica. Esse déficit colaborou essencialmente para o declínio do positivismo após a ampla transformação social decorrente da Revolução Industrial e da Primeira Guerra Mundial.

Outra metodologia jurídica influente que reivindica o poder de eliminar todas as influências subjetivas é o originalismo. À diferença do positivismo, os originalistas elegem o método histórico como o único legítimo, exatamente também no interesse da democracia. Nesse cânone, somente se poderia atribuir a uma norma jurídica (sobretudo a uma norma constitucional) aquele sentido associado por seus criadores (*Autoren*) a ela (*original intent*), ou que correspondesse à linguagem da época (*original meaning*). Exagerando um pouco, para um originalista seria até mesmo proibitivo aplicar uma norma a fenômenos que nem sequer existiam à época de sua elaboração. Por essa via interpretativa, a *First Amendment* à Constituição dos Estados Unidos, que assegura a liberdade de imprensa, não poderia, nesse caso, ser estendida ao rádio e à televisão. É verdade que apenas uma minoria de originalistas chega a esse ponto; a maioria permite-se indagar se os signatários da Constituição teriam incluído, de forma inequívoca, o novo fenômeno na garantia constitucional, se já o conhecessem. A partir disso, o rádio e a televisão poderiam ser considerados aceitos pela *First Amendment*, sem que se veja, nisso, uma transgressão do método originalista. Contudo, da mesma forma como o positivista, o originalista está convicto de que há apenas uma interpretação correta de uma norma e que ela não é afetada pela transformação social.

O problema do originalismo é, em primeiro lugar, de ordem prática. Mesmo que não pareça improvável identificar a linguagem utilizada na época da elaboração da Constituição, é muito complicado, com frequência até mesmo impossível, descobrir a intenção original dos elaboradores dessa Constituição. Isso é tanto mais verdadeiro quando, como de costume, diversas pessoas participam do processo de elaboração e promulgação da Constituição, sendo que várias delas possivelmente jamais tenham expressado a sua própria compreensão ou intenção. Por isso, a identificação de intenções originais é sempre um processo extremamente seletivo, no qual se tomam as manifestações de alguns agentes como sendo a opinião de um colegiado inteiro. O segundo problema é comum ao positivismo. Também no originalismo, há pouco espaço para uma adequação do sentido da norma constitucional à mudança social. Quando a concretização da Constituição precisa lidar com condições socialmente diversas daquelas que embasaram a compreensão até então corrente, resta aos originalistas apenas a indicação de uma emenda constitucional, o que, nos Estados Unidos, é algo extraordinariamente complicado.

Diferentemente do que sucede com a teoria concorrente da *"living constitution"*, aqui a Constituição corre o risco de se petrificar.

Mesmo sendo difícil encontrar positivistas ou originalistas na Alemanha, essas metodologias jurídicas não se limitam, de forma alguma, a um interesse histórico. Ao invés, o positivismo, ou até mesmo um textualismo bruto, desempenha papel importante não só em vários países pós-socialistas, mas também em certas regiões da América Latina. O originalismo está fortemente representado como reação ao ativismo da Corte de Warren, dos anos 1950 e 1960, nos Estados Unidos. Na Alemanha, um método interpretativo que sirva para erradicar quaisquer elementos subjetivos das interpretações constitucionais já não é mais aceito. Certamente, a maioria dos juristas norte-americanos partilha dessa concepção. Contudo, os resultados divergem profundamente nos dois países. Uma influente escola norte-americana, a *Critical Legal Studies*, parte do princípio de que tanto a atividade legiferante quanto a aplicação jurídica seriam tarefas igualmente políticas; apenas ocorrem sob condições institucionais diversas. Em função disso, a impostação científica varia a depender do lugar: enquanto os juristas norte-americanos tendem a se interessar pela maneira como os Tribunais decidem, os juristas alemães perguntam qual seria a decisão correta.

Em última análise, por trás dessas diferenças, há compreensões divergentes acerca da autonomia do Direito. O movimento *Critical Legal Studies* deixa pouco espaço para o reconhecimento de uma autonomia do Direito, diferentemente do que ocorre na Alemanha, onde não se põe em disputa a existência, ao menos relativa, de uma autonomia. Nessa concepção, reconhece-se, por um lado, que o Direito positivo é um produto da Política. Ele se origina do processo legislativo, no qual predominam argumentos políticos. Por outro lado, o Direito se emancipa da Política quando de sua aprovação. Fica a critério do Legislativo decidir por quanto tempo uma norma deve permanecer em vigor; no entanto, enquanto ela estiver em vigor, a sua interpretação e aplicação não seguem critérios políticos, e sim jurídicos. Não é, portanto, apenas o arranjo institucional que distingue decisões políticas de jurídicas. Ao contrário, existe também uma racionalidade especificamente jurídica, que diverge daquela do sistema político.

Essa diferença não deixa de ter certa importância para o recrutamento e a conduta dos juízes. Se a interpretação e a aplicação do Direito forem consideradas operações políticas, as preferências e afinidades políticas dos juízes têm papel preponderante – diferentemente, esses aspectos possuem peso bem menor quando pressuposto o efeito neutralizador próprio à racionalidade jurídica. A importância dada a uma politização do Judiciário (*Justiz*) depende de uma postura acerca da jurisdição (*Rechtsprechung*). Daí se explica, ao mesmo tempo, a fixação dos juristas norte-americanos (e também da esfera pública daquele país) no chamado dilema contramajoritário (*counter-majoritarian difficulty*) ou no caráter não democrático da jurisdição constitucional – tópicos que, em maior ou menor medida, estão ausentes na Alemanha e em muitos outros países em que a jurisdição constitucional fora implementada em reação a regimes de governo não democráticos.

Um olhar atento sobre o controle de constitucionalidade, e que adote a perspectiva interna, consegue confirmar em que medida a dogmática e o método são capazes de se sobreporem a diferenças ideológicas. Conforme minha experiência como membro do Tribunal Constitucional Federal, um juiz que se orientasse apenas por resultados, sem atentar-se para o Direito, seria desacreditado no colegiado (*im Senat*).[6] Argumentos jurídicos contam muito, e não é

---

[6] Nota do Coordenador (Gilmar Ferreira Mendes): No original, "*im Senat*", expressão que comunica uma peculiaridade da organização do Tribunal Constitucional Federal da Alemanha, o "princípio senatorial" (*Senatsprinzip*). A Lei Orgânica do *Bundesverfassungsgericht* estrutura a Corte alemã em dois Senados (*Senat*), cada qual com oito magistrados. A presidência do Primeiro Senado é ocupada pelo Presidente do Tribunal Constitucional Federal, enquanto a do Segundo Senado incumbe ao Vice-Presidente da Corte. Dessa forma, todos os dezesseis juízes necessariamente tomam assento em um Senado. Desde

raro que os juízes alterem sua concepção com base em discussões. Esse tipo de observação não pode ser generalizado; mas demonstra, ao menos, como é importante que os Tribunais sejam exortados a justificar suas decisões. De fato, não se pode negar que possa haver bons motivos para concepções diversas, mas também é certo que nem todo o resultado pode ser sustentado por bons motivos.

3. Por qual método o Tribunal Constitucional Federal da Alemanha se deixa orientar quando decide sobre conflitos políticos? Declarações autênticas por parte dos Tribunais sobre seus métodos são raras e, quando aparecem, não apresentam uma forma sistemática e coerente. Em regra, não se discute sobre questões de método. Métodos são praticados, e não teoreticamente desenvolvidos. Portanto, eles têm de derivar de forma indireta daquele caminho por meio do qual o Tribunal chega a seus resultados. Mais fácil do que uma declaração positiva (de que modo o Tribunal procede) é uma indicação negativa (daquilo que ele evita). Não adianta procurar por positivistas e originalistas no Tribunal Constitucional Federal alemão – o que não quer significar, no entanto, que o texto da Constituição não desempenhe qualquer papel, ou que argumentos históricos estejam ausentes.

Generalizando, pode-se descrever o método interpretativo do Tribunal Constitucional Federal alemão como teleológico ou

---

o início do funcionamento do Tribunal, percebeu-se, em jurisprudência constante, que o estabelecimento de dois órgãos fracionários importa na conformação de um "tribunal gêmeo" (*Zwillingsgericht*): "cada Senado é O Tribunal Constitucional Federal" (*Jeder Senat ist Das Bundesverfassungsgericht*) (2BvG 1/51, julgado de 23.10.1951, Rn. 48, em: BverfGE, 1, 14). Essa diretriz explica, graficamente, dentre outras coisas, por que aquela força de lei (*Gesetzkraft*), que caracteriza as decisões do Tribunal Constitucional (§ 31, 2, da Lei Orgânica do *BverfG*), também deve ser atribuída aos julgamentos dos Senados. Sobre o "princípio senatorial" (*Senatsprinzip*), Cf. a análise de: SCHLAICH, Klaus; KORIOTH, Stefan. *Das Bundesverfassungsgericht*: Stellung, Verfahren, Entscheidungen. 12ª ed. München: C. H. Beck, 2021, p. 28 e ss.

funcional (*teleologisch oder funktional*). As normas constitucionais, em especial as de direitos fundamentais, são compreendidas como a expressão jurídica de valores ou princípios que a sociedade quer ver assegurados no mais elevado patamar normativo. Os valores, por sua vez, orientam a concretização das normas constitucionais que são pertinentes para a solução de um caso. O objetivo da interpretação é atribuir, aos valores e princípios subjacentes ao texto normativo, o maior efeito possível sobre a realidade social. Se o sentido de um preceito constitucional tiver de ser esclarecido em relação a determinado caso, o Tribunal reflete sobre a finalidade que a norma persegue ou sobre a função que ela precisa cumprir. Por que se assegura liberdade aos meios de comunicação? Por que a família goza da proteção especial do Estado? Por que se colocam limites aos Parlamentos, quando se trata de delegação legislativa (*Delegation von Rechtsetzungsbefugnis*)? Por que os partidos políticos têm de prestar contas sobre a origem e a utilização de seus recursos?

Dessa resposta depende a subsequente determinação do sentido. Assim, é de fundamental importância, por exemplo, para a concretização da liberdade de imprensa (*Medienfreiheit*), saber se ela deve permitir que os proprietários dos meios de comunicação e jornalistas tornem acessíveis suas convicções a uma ampla esfera pública; ou se o que ela garante é a possibilidade de lucro para os proprietários; ou se o desenvolvimento do seu sentido tem por norte os seus destinatários, cuja formação de opinião (individual e coletiva) depende de que as mídias lhes forneçam informações confiável e abrangentemente. Nas duas primeiras alternativas, a regulação da mídia é um problema constitucional; na terceira alternativa, regular passa a ser, talvez, uma obrigação constitucional. Quando surgem conflitos entre os diversos valores assegurados pela Constituição, o Tribunal não tenta ordená-los segundo uma hierarquia; busca, isso sim, um equilíbrio que preserve o que for possível dos direitos colidentes. Sob essas condições, reflexões sobre a proporcionalidade adquirem significado considerável.

3- CONSTITUIÇÃO, JURISDIÇÃO CONSTITUCIONAL...

O preceito metodológico segundo o qual se deve assegurar à finalidade de uma norma constitucional a maior eficácia possível sobre a realidade social gera mais uma peculiaridade do método interpretativo do Tribunal Constitucional. Não se consegue constatar qual seria "a maior eficácia possível" sem respeitar as condições da realidade social na qual a norma desdobra seu efeito. Normas jurídicas são formuladas sempre com vistas a determinadas condições da realidade. Por isso, além do texto e da finalidade da norma, também o contexto é constitutivo para o sentido. À diferença do texto e da finalidade – que permanecem inalterados enquanto a norma está em vigor –, o contexto se encontra em permanente mudança. Nessas circunstâncias, aquela interpretação que melhor concretizava a finalidade da norma, nas condições dadas, pode errar o alvo após uma mudança dessas condições.

Quando for esse o caso, insistir na interpretação originária levaria a resultados insatisfatórios ou mesmo disfuncionais. Por causa disso, a consideração da realidade social (sempre em processo de mudança) é parte integrante da jurisprudência do Tribunal Constitucional Federal alemão; e isso lhe possibilita reagir a desafios transformados e preservar o poder normativo da Constituição diante de problemas renovados. O Tribunal Constitucional Federal alemão ainda vai além e investiga quais consequências provavelmente se farão sentir na realidade caso se adote uma ou outra opção interpretativa (defensável), para, então, escolher aquela interpretação cujas consequências mais se aproximam da finalidade da norma. É dessa forma que o Tribunal consegue reagir a ameaças inéditas (oriundas do progresso técnico-científico e de sua utilização comercial) que desafiam as liberdades garantidas no texto constitucional.

Em seu conjunto, esse procedimento metódico concede relevância prática imensa à Constituição. Um bom número de inovações dogmáticas deve-lhe a sua existência, como, por exemplo, o princípio da proporcionalidade, a eficácia horizontal dos direitos fundamentais (*Drittwirkung*), o dever de proteção (*Schutzpflicht*) voltado contra ameaças à liberdade que provêm não do Estado, mas de agentes privados ou forças sociais. Elas foram incluídas em muitas Constituições mais recentes e adotadas por muitos Tribunais Constitucionais do exterior. Contudo, é exatamente essa dinâmica que suscita a pergunta pelo limite entre Direito e Política. A partir de que momento uma interpretação constitucional se transforma *de facto* numa emenda constitucional (*Verfassungsänderung*)? Do ponto de vista formal, emenda constitucional exige mudança de texto – para o que nenhum Tribunal está autorizado. Do ponto de vista material, contudo, mudanças no sentido de um texto inalterado podem ter efeitos mais duradouros que modificações textuais da Constituição.

A Lei Fundamental da Alemanha foi emendada com relativa frequência. Todavia, as alterações oriundas da mudança de interpretação, mormente no âmbito dos direitos fundamentais, tiveram consequências maiores que as alterações textuais. É possível indicar o momento em que a interpretação passa de ato jurídico a político? A resposta não pode divergir do que anteriormente asseverado. Enquanto a interpretação for derivada do texto numa forma reconhecidamente jurídica, ela permanece no âmbito do Direito. Mesmo assim, as consequências políticas podem ser profundas. Cada novo conteúdo que um Tribunal Constitucional deriva de uma norma constitucional altera o equilíbrio entre os órgãos políticos e o Judiciário, quase sempre a favor do último. É o que tem sido chamado, por vezes, de imperialismo jurídico. É preciso, porém, distinguir entre propósito e efeito. O propósito do Tribunal é concretizar, da melhor forma possível, prescrições jurídicas concernentes à ação estatal. O efeito é, com frequência, uma intensificação do poder dos juízes, ao que corresponde uma redução no lado do legislador. Entretanto, não é fácil convencer um Tribunal de que ele não deva implementar aquilo que, segundo sua percepção, a própria Constituição exige.

Por isso, muitos autores acabam exortando os juízes à moderação. No entanto, por mais recomendável que possa ser, o *self-restraint* é um mero apelo à ética profissional e não a uma norma jurídica. Num plano descritivo, pode-se distinguir entre Tribunais ativistas e moderados. No âmbito prescritivo, faltam critérios claros

3– CONSTITUIÇÃO, JURISDIÇÃO CONSTITUCIONAL...

para o *self-restraint*. Há fatores demais em jogo; não é raro que uma interpretação que se reputa excessiva tenha sido considerada bem-fundamentada na situação que assistiu ao seu aparecimento. Tampouco está tão claro assim que exista uma relação entre o *self-restraint judicial* e a politização de um Tribunal. Assim, o Tribunal Constitucional Federal alemão é mais ativo, do ponto de vista dogmático, do que a Suprema Corte norte-americana, conquanto, em relação a esta, menos politizado.

Por causa disso, as emendas constitucionais credenciam-se como meio mais promissor para a delimitação do poder judicial. Os Tribunais submetem-se ao Direito. Alterações textuais são reservadas à Política. Esta pode reprogramar os Tribunais para o futuro, caso reprove sua jurisprudência. Existe uma diferença essencial entre Tribunais Constitucionais e Tribunais ordinários. Se o legislador acreditar que a interpretação dos Tribunais esteja se afastando da intenção legislativa, ele pode alterar a lei com maioria simples. Por outro lado, os Tribunais Constitucionais aplicam a Constituição, cuja alteração, por bons motivos, é bem mais difícil. Apenas por meio da emenda à Constituição é que a jurisprudência dos Tribunais Constitucionais pode ser corrigida, porém para o futuro. Por isso, as emendas constitucionais não deveriam ser algo excessivamente dificultoso, como ocorre nos Estados Unidos; lá, isso resulta no fato de que o peso de atualizar a Constituição recai sobre os ombros dos juízes – tarefa que os aproxima, necessariamente, da Política. Todavia, se eles se esquivarem dessa tarefa, por exemplo, por motivos metodológicos ou por causa do originalismo, isso somente pode se dar às custas da força normativa da Constituição (*der normativen Kraft der Verfassung*).

As emendas constitucionais são um corretivo externo para restringir o poder dos Tribunais. Mas existe também um corretivo interno. Embora seja verdadeiro que a decisão acerca do seja lícito (*rechtens*) apenas possa ser tomada dentro do sistema do direito, ela nunca será definitiva; configura, isso sim, objeto de uma discussão constante, não apenas entre os juízes. Para a aceitação da jurisdição constitucional, é importante que ela esteja inserida numa ativa discussão, tanto profissional quanto social, na qual a divisão de tarefas entre os órgãos políticos e jurídicos do Estado, a aceitabilidade do método jurídico, a adequação da interpretação constitucional e da jurisprudência sejam reconsideradas o tempo inteiro. A independência dos juízes não é ameaçada por simplesmente levar a sério uma discussão crítica cujo objeto é sua atividade.

4

NEM CONTRADIÇÃO, NEM CONDIÇÃO: CONTROLE DE CONSTITUCIONALIDADE E DEMOCRACIA[1]

I. Reconhecimento internacional, *status* precário

O controle de constitucionalidade (*Verfassungsrechtsprechung*) é tão antigo quanto as Constituições democráticas. Mas, por um longo período, os Estados Unidos da América se viram sozinhos no esforço de submeter aos tribunais o exame da constitucionalidade de decisões democráticas. Embora as Constituições já fossem amplamente conhecidas no século XIX, levou quase duzentos anos até que também a jurisdição constitucional (*Verfassungsgerichtsbarkeit*) conseguisse se impor mundialmente.[2] No século XIX, somente a

---

[1] Tradução de Erica Ziegler. Revisão de Gilmar Ferreira Mendes e Paulo Sávio Nogueira Peixoto Maia.
[2] Cf. TATE, C. Neal; VALLINDER, Torbjörn (Orgs.). *The Global Expansion of Judicial Review*. Nova York: New York University Press, 1995.

Suíça atribuíra competências constitucionais ao seu tribunal superior, embora isso tenha se dado mediante exclusão das leis federais do controle normativo. Outras tentativas de instituir Tribunais Constitucionais malograram, inclusive na Alemanha, onde a Constituição de *Paulskirche*, de 1849, previa um Tribunal Constitucional que, no entanto, acabou não se estabelecendo – a revolução fracassara, e os monarcas, com o poder restaurado, recusaram-se a reconhecer a Constituição.

A rejeição à jurisdição constitucional no século XIX veio sob o fundamento de sua incompatibilidade com o princípio da soberania monárquica, o qual, naquela época, predominava na maioria dos países europeus. À medida que a soberania monárquica teve de ceder perante a soberania popular, como na França, em 1871, e em outros países europeus, após a Primeira Guerra Mundial, a jurisdição constitucional passou a frequentemente ser vista como uma contradição à democracia. O Parlamento, enquanto representação popular, não poderia ser submetido a qualquer controle externo. Uma exceção foi a Áustria, que, na Constituição de 1920, estabeleceu um Tribunal especializado em questões constitucionais, dotado de competência para o exercício do controle normativo. Após a Segunda Guerra Mundial, esse novo tipo de jurisdição constitucional serviu de modelo para numerosos países, sobretudo aqueles do *Civil Law*. Na Áustria, esse Tribunal subsiste ao lado de outros Tribunais Superiores especializados; paralelamente, na maioria dos outros países que passaram à jurisdição constitucional durante a segunda metade do século XXa Corte Constitucional foi içada ao topo da hierarquia judiciária.

Na Alemanha, o exemplo austríaco e a incessante crise da República de Weimar deram azo a intenso debate sobre a jurisdição constitucional, no qual Hans Kelsen – que trabalhara no anteprojeto da Constituição austríaca – e Carl Schmitt foram os principais antípodas.[3] Kelsen, que partia da sua teoria da construção escalonada do

---

[3] KELSEN, Hans. "Wesen und Entwicklung der Staatsgerichtsbarkeit". *Veröffentlichungen der Vereinigung der Deutschen Staatsrechtslehrer*

ordenamento jurídico, considerava a jurisdição constitucional uma consequência lógica do constitucionalismo. Se a lei se encontra abaixo da Constituição e se somente pode pretender-se válida enquanto se mantém dentro da moldura constitucional, é necessário que exista uma instituição com competência para examinar se essa moldura fora transposta; para tanto, somente um Tribunal entraria em cogitação. Schmitt, por sua vez, temia que a jurisdição constitucional fosse prejudicial tanto para o Legislativo quanto para o Judiciário. A jurisdição constitucional conduziria, inevitavelmente, à judicialização da Política e à politização do Judiciário. Como resultado disso tudo, o que se teve foi um *Staatsgerichtshof* que permaneceu basicamente limitado a controvérsias federativas (*Föderalismusstreitigkeiten*), não obstante o *Reichsgericht* reivindicasse para si a competência para o controle de normas.

Teve que se passar pelas ditaduras do século XX – notabilizadas pela recusa à proteção das liberdades individuais (direitos fundamentais) –, para que se superasse a reserva contra a jurisdição constitucional e para que se abrisse caminho para o controle de constitucionalidade. Alemanha e Itália criaram Tribunais Constitucionais nas suas Constituições do Pós-Guerra. Espanha e Portugal as seguiram, no contexto das revoluções dos anos 1970. Após a queda dos regimes comunistas – os quais, com a exceção precoce da Iugoslávia e tardia da Polônia, estavam em radical oposição a qualquer controle da atividade estatal por meio de tribunais independentes

---

(VVDStRL). Vol. 5. Berlim: de Gruyter, 1929, p. 5. KELSEN, Hans. "Wer soll der Hüter der Verfassung sein?" *Die Justiz*, Vol. VI, 1930/1931, p. 576. SCHMITT, Carl. "Das Reichsgericht als Hüter der Verfassung". *In*: SCHREIBER, Otto (Org.). *Die Reichsgerichts-Praxis im deutschen Rechtsleben*. Festgabe zum 50jährigen Bestehen des Reichsgerichts (1. Oktober 1929). Vol. 1. Berlim: de Gruyter, 1929, p. 154; SCHMITT, Carl. "Der Hüter der Verfassung". *Archiv für öffentlichen Rechts*, Vol. 55, 1929, p. 161; SCHMITT, Carl. *Der Hüter der Verfassung*. Tübingen: Mohr, 1931. Para uma discussão, cf. WENDENBURG, Helge. *Die Debatte um die Verfassungsgerichtsbarkeit und der Methodenstreit der Staatsrechtslehre in der Weimarer Republik*. Göttingen: O. Schwartz, 1984.

–, todos os antigos países-membros da União Soviética e do Bloco Oriental previam Tribunais Constitucionais. Além disso, surgiram Tribunais Constitucionais na Ásia e na América Latina e, finalmente, na África pós-colonial, eficazes sobretudo na África do Sul após o fim do regime do *apartheid*. Em Israel e em países da tradição jurídica inglesa, tais como Canadá, Índia e Austrália, os Tribunais Superiores começaram a se ocupar da Constituição.[4]

Há países, inclusive com longa tradição democrática, como o Reino Unido e a Holanda, que continuam rejeitando Tribunais Constitucionais exatamente por razões democráticas.[5] Em vários

---

[4] A bibliografia mais antiga sobre a expansão e a organização da jurisdição constitucional ficou desatualizada ante tudo o que vem sendo desenvolvido desde 1990. Para uma visão geral mais recente, cf. ZIERLEIN, Karl-Georg. "Die Bedeutung der Verfassungsrechtsprechung für die Bewahrung und Durchsetzung der Staatsverfassung. Ein Überblick über die Rechtslage in und außerhalb Europas". *Europäische Grundrechte-Zeitschrift*, 30 set. 1991, p. 301; limitado a determinadas regiões: STARCK, Christian; WEBER, Albrecht (Org.). *Verfassungsgerichtsbarkeit in Westeuropa*. Vol. 2. Baden-Baden: Nomos, 1986; HORN, Hans-Rudolf; WEBER, Albrecht (Orgs.). *Richterliche Verfassungskontrolle in Lateinamerika, Spanien und Portugal*. Baden-Baden: Nomos, 1989; BRÜNNECK, Alexander von. *Verfassungsgerichtsbarkeit in westlichen Demokratien*. Baden-Baden: Nomos, 1992; GREENBERG, Douglas *et al*. (Orgs.). *Constitutionalism and Democracy*: Transitions in the Contemporary World. Oxford: Oxford University Press, 1993; FROWEIN, Jochen A.; MARAUHN, Thilo (Orgs.). *Grundfragen der Verfassungsgerichtsbarkeit in Mittel- und Osteuropa*. Berlim: Springer, 1998. Sobre o caso norueguês, cf. ANDENAS, Mads; WILBERG, Ingeborg. *The Constitution of Norway*: A Commentary. Oslo: Universitetsforlaget, 1987, p. 99.

[5] Nota do Coordenador (Gilmar Ferreira Mendes): O presente artigo foi confeccionado para um *Liber Amicorum* dedicado a Lord Slynn of Hadley, publicado em 2000. Antes, portanto, de o Parlamento britânico aprovar o *Constitutional Reform Act* de 2005, que previu um tribunal para assumir as funções judiciais do *Appellate Committee* da Câmara dos Lordes, e da efetiva criação da *United Kingdom Supreme Court*, em 2009. Quanto à Holanda, o art. 120 de sua Constituição interdita o Poder Judiciário de controlar a constitucionalidade das leis. Não faltam, entretanto, propostas de emenda com o objetivo de modificar

países anteriormente socialistas, os recém-instalados Tribunais Constitucionais já se encontram sob pressão, em parte vinda da Política – que se colocou a favor da jurisdição constitucional enquanto ela se afigurava útil para promover um distanciamento das circunstâncias anteriores, mas que, em seguida, passou a apreciá-la menos quando a jurisdição constitucional passou a obstaculizar seus desígnios. Além disso, há certa resistência por parte dos tradicionais Tribunais Superiores, que não conseguem se conformar por terem sido relegados ao segundo plano. Quanto aos países em que a existência e as competências dos Tribunais Constitucionais são, em princípio, reconhecidas, a pergunta pela legitimação e compatibilidade com a democracia também se faz com certa frequência. Isso vale, sobretudo, para os Estados Unidos, com a sua infindável discussão sobre o "dilema contramajoritário" (*counter-majoritarian difficulty*),[6] mas também, em certa medida, para países como Alemanha e França (pelo menos quando seus Tribunais tomam decisões impopulares).

Em função disso, a relação entre jurisdição constitucional e democracia continua precária e é objeto de constantes discussões.[7]

---

esse desenho institucional (VAN DER SCHYFF, Gerhard. "The prohibition on constitutional review by the Judiciary in the Netherlands in critical perspective: The case and roadmap for Reform". *German Law Journal*, Vol. 21, nº 5. Cambridge: Cambridge University Press, 2020, pp. 884-903). O impulso reformador ganhou nova tração após alguns episódios de mau uso de recursos públicos (como o escândalo do auxílio-creche, revelado em setembro de 2018). Em atenção a esse cenário, o Gabinete submeteu ao Parlamento holandês seus planos de reforma, em novembro de 2022 (*Hoofdlijnenbrief constitutionele toetsing*); dentre os objetivos almejados, o documento sugere a implementação do controle de constitucionalidade.

[6] Começando com BICKEL, Alexander. *The Least Dangerous Branch*. New Haven: Yale University Press, 1962.

[7] Cf., p. ex., ELSTER, Jon; SLAGSTAD, Rune (Orgs.). *Constitutionalism and Democracy*. Cambridge: Cambridge University Press, 1988; KENNEDY, Duncan. *A Critique of Adjudication*: fin de siècle. Cambridge: Harvard University Press, 1997; HALTERN, Ulrich R. *Verfassungsgerichtsbarkeit, Demokratie und Mißtrauen*: Das

Alguns teóricos temem que um controle de constitucionalidade desenfreado possa colocar obstáculos cada vez maiores à democracia. Outros, ao contrário, temem que uma democracia fora de controle passe por cima das barreiras constitucionais. Diante disso, o presente artigo demonstrará que, entre jurisdição constitucional e democracia, não existe nem contradição fundamental, nem vinculação necessária. A jurisdição constitucional apresenta uma série de vantagens democráticas, embora também traga consigo riscos democráticos. Por causa disso, perguntar se um país vai adotar a jurisdição constitucional ou rejeitá-la não é uma questão de princípios, e sim uma questão pragmática. A resposta exige uma ponderação entre vantagens e riscos. Ela pode variar segundo a época e o local, e cada país terá de encontrar sua própria solução. No entanto, por causa da situação precária do constitucionalismo democrático em muitas partes do mundo e do rumo que a política partidária está tomando em algumas democracias estabelecidas, parece haver mais argumentos a favor do que contra a jurisdição constitucional.

II. Nem incompatível, nem imprescindível

1. Não há contradição

Tal como as Constituições, a jurisdição constitucional não é incompatível com a democracia. As democracias estão baseadas no princípio da soberania popular. Dessa forma, elas se diferenciam de regimes políticos nos quais a soberania advém de um monarca hereditário ou de uma elite, ou em que o poder político (*politische Herrschaft*) é atribuído a uma investidura divina. No entanto, democracia não é o autogoverno do povo, no sentido de que o povo

---

Bundesverfassungsgericht in einer Verfassungstheorie zwischen Populismus und Progressivismus. Berlim: Duncker & Humblot, 1998; TUSHNET, Mark. *Taking the Constitution Away from the Courts.* Princeton: Princeton University Press, 1999.

mesmo governe. Quanto mais amplo for o território governado e quanto mais a sociedade for funcionalmente diferenciada tanto mais necessário é um sistema funcional especializado em política. Confiam-se, então, as funções governamentais a agentes públicos ou a órgãos especiais, cujas competências emanam do povo, em nome do povo são exercidas e perante o povo se dá a justificação de seu exercício.

A Constituição é o meio que assegura a dependência dos governantes perante o povo;[8] ela consiste na expressão direta da vontade popular ou, ao menos, é atribuída ao povo enquanto fonte do poder público; nela, o povo determina as condições para o exercício do poder público por meio de seus representantes. Para que isso funcione, atribui-se à Constituição a capacidade de vincular juridicamente (*Rechtsverbindlichkeit*) e a condição de preceder, hierarquicamente, aos atos de governo emanados dos representantes do povo, nisso incluídos os atos legislativos. Dessa forma, a Constituição atua tanto como fundamento quanto como moldura da política. A submissão da política às condições determinadas pelo povo é o sentido da Constituição, que possibilita a diferenciação entre governo legítimo e ilegítimo, assim como entre os atos de governo coletivamente vinculantes e aqueles que não logram fazê-lo, porquanto inválidos.

Como toda norma jurídica, o Direito Constitucional vincula seus destinatários. Contudo, a norma jurídica não é capaz de garantir que os destinatários realmente a cumpram e que corretamente a compreendam (embora dispostos a tal). É certo que nenhuma norma jurídica escapa ao risco do descumprimento, porém é no âmbito do Direito Constitucional que esse risco se intensifica. Diferentemente do que se passa com o Direito Legislado (*Gesetzesrecht*)[9] – que emana

---

[8] Sobre a função da Constituição, cf. GRIMM, Dieter. *Die Zukunft der Verfassung*. 2ª ed. Frankfurt: Suhrkamp, 1994.
[9] Nota do Coordenador (Gilmar Ferreira Mendes): Verte-se *Gesetzesrecht* por "direito legislado", que é expressão mais apta a comunicar a diferença (estrutural e funcional) entre, de um lado, as normas postas por

dos governantes e vincula o povo, podendo ser imposto por meio do poder coercitivo (*Zwangsgewalt*) em caso de descumprimento –, os destinatários do Direito Constitucional são os próprios detentores do poder coercitivo (*Zwangsgewalt*), em face dos quais não há qualquer autoridade superior que possa se impor. Quando o povo, sabendo dessa fragilidade específica do Direito Constitucional, prevê uma instituição que estabelece, com caráter vinculante, o sentido da Constituição em litígios e que fiscaliza a compatibilidade dos atos do poder público com a Constituição, a existência de um órgão desse tipo e o exercício das competências a ele atribuídas não são antidemocráticos: estão justamente apoiados na vontade do povo.

Isso vale até mesmo quando subjaz à Constituição uma compreensão puramente majoritária de democracia. Nessa forma de democracia, a vontade da maioria eleita pelo povo domina sem restrições. Tudo aquilo que for decidido por maioria é vinculante. As Constituições que seguem esse modelo não afivelam a maioria em correntes de conteúdo, embora contenham, quanto à formação da vontade dessa maioria, uma série de prescrições normativas de organização e procedimento, cuja inobservância invalida a decisão majoritária. Ao menos no que tange a essas exigências formais, a jurisdição constitucional continua sendo possível. Mesmo que a Constituição assinta, como na República de Weimar, que suas disposições sejam

---

uma decisão do poder constituinte (direito constitucional), e de outro, o material normativo produzido pelos Parlamentos, no exercício de sua função legiferante. Conquanto seja certo que as Constituições modernas notabilizem-se pelo caráter textual, e nessa medida também consistam em "direito legislado", a solução aqui adotada consegue por evidência de modo mais adequado a relação – que é o fio condutor das observações de Dieter Grimm – entre jurisdição constitucional (a cargo dos Tribunais) e democracia (cujo lugar de representação é o Parlamento). Embora "direito ordinário" ou "direito infraconstitucional" sejam mais correntes no contexto brasileiro, e aludam à parcela do ordenamento jurídico que se coloca no patamar normativo inferior à Constituição, elas não conseguem referir a um dos protagonistas dessa relação, os Parlamentos.

derrogadas em casos específicos, ainda assim é possível verificar se estão presentes os pressupostos daquilo que em Weimar se denominava transgressão constitucional (*Verfassungsdurchbrechung*).[10]

Por mais questionável que seja sustentar uma compreensão puramente formal de democracia, o fato é que uma concepção exclusivamente apoiada no princípio da maioria não está em condições de assegurar nem mesmo esse princípio. Do ponto de vista jurídico,

---

10 Nota do Coordenador (Gilmar Ferreira Mendes): Em 1924, Erwin Jacobi cunhou a expressão *Verfassungsdurchbrechung* para descrever uma práxis institucional de seu tempo: a modificação material da Constituição sem alteração alguma em seu aspecto redacional. Em termos gerais, compreendia-se que o artigo 76 da Constituição de Weimar dispensava que as emendas constitucionais fossem incluídas no corpo permanente da Constituição de Weimar. Assim, qualquer proposição legislativa aprovada pelo duplo quórum qualificado (dois terços dos votos, presentes à sessão pelo menos dois terços do total de membros da Casa) possuía valor de emenda à Constituição. Desenho esse que gerou as "emendas constitucionais tácitas" (*stillschweigender Verfassungsänderungen*), atualmente proibidas pelo art. 79 (1) da Lei Fundamental de 1949, que exige modificação expressa do texto. De modo mais específico, Jacobi refere-se à ruptura (*Durchbrechung*) da Constituição promovida com apoio em dispositivo da própria Constituição de Weimar, o artigo 48, que habilitava o Presidente do *Reich* a adotar, em determinadas situações (ameaça ou perturbação da ordem e segurança públicas), medidas de emergência, as quais poderiam suspender, no todo ou em parte, direitos fundamentais previstos na Constituição (aqueles expressos nos artigos 114, 115, 117, 118, 123, 124 e 153). Na lição de Massimo Luciani, *Durchbrechung* comunica o ato de romper (verbo *brechen*), mas também acentua, com *durch* ("através de"), o modo pelo qual a ruptura se dá. *Verfassungsdurchbrechung*, portanto, expressa a força normativa de uma disposição constitucional sendo obstada por uma medida que a derroga (LUCIANI, Massimo. "Il diritto e l'eccezione". *Rivista AIC*, nº 2-2022. Roma: Associazione Italiane dei Costituzionalisti, 2022, p 49-50). No contexto da República de Weimar, essas rupturas ocorriam por ações que, gradual e dinamicamente, violavam a ordem estabelecida, realidade que, em nosso âmbito linguístico, se deixa apreender melhor por "transgressão constitucional" do que por alternativas como "quebra constitucional" (que, no contexto constitucional brasileiro, associa-se à superação de uma ordem por um golpe de força).

uma concepção majoritária de democracia não pode impedir que uma maioria decida (de forma majoritária) abolir o próprio princípio da maioria. Foi justamente isso o que aconteceu, em 1933, na Alemanha, e a experiência daquela época teve papel preponderante na formulação da Lei Fundamental [de 1949]. Por outro lado, é até difícil imaginar uma democracia compreendida apenas sob o ponto de vista majoritário sem algumas garantias adicionais, as quais assegurariam que a vontade da maioria possaestar efetivamente ancorada no povo. Eleições livres são fundamentais; a liberdade de escolha pressupõe, por sua vez, a livre formação de alternativas e a livre comunicação acerca delas, além de proteção à minoria – o que lhe preserva a chance de acabar se tornando maioria a médio prazo. Se esses são pré-requisitos até mesmo de uma compreensão puramente majoritária de democracia, então a sua observância pode ser exigida em sede de jurisdição constitucional sem que, com isso, o princípio democrático seja violado.[11]

De fato, esses pressupostos da democracia e (quase sempre) outras garantias referentes à vida, à liberdade e à propriedade dos indivíduos ou instituições sociais (tais como matrimônio e família) são assegurados, na maioria das Constituições modernas, na forma de direitos fundamentais. A questão, hoje, já não é mais se Constituições democráticas deveriam conter direitos fundamentais, mas quais aspectos merecem proteção constitucional, inclusive perante a maioria eleita. Em acréscimo às liberdades clássicas, recentemente ascenderam às Constituições gerações de direitos que não mais se restringem a delimitar a ação do Governo; buscam, isso sim, instruí-la e exigi-la. Sob a égide de tais direitos fundamentais, a maioria não está livre para fazer ou deixar de fazer o que bem entender. Ao

---

[11] A Suprema Corte israelense, por exemplo, foi por esse caminho, começando com a decisão no caso *Kol Ha'am*; cf. *Selected Judgements of the Supreme Court of Israel*. Vol. 1, p. 90; cf. KRETZMER, David. "Democracy in the Jurisprudence of the Supreme Court of Israel". *Israel Yearbook on Human Rights*. Vol. 26. Londres: Martinus Nijhoff Publishers, 1987, p. 267.

contrário, a Constituição contém assertivas sobre aquilo que o bem comum obrigatoriamente requer. A existência de tais princípios e direitos fundamentais numa Constituição baseada na soberania popular não é suficiente para privar-lhe o caráter democrático. Se o povo decide pôr limites materiais à maioria eleita, a garantia jurídica desses limites não pode ser considerada antidemocrática.

A vinculação da maioria do presente por parte de uma "maioria do passado" é problema que não pode ser varrido da face da Terra. Isso tem fundamento na função da Constituição: ela projeta para o futuro os consensos históricos de um povo acerca da forma e dos fundamentos da ordem político-social, conferindo-lhes validade jurídica. As Constituições estabelecem regras gerais para decisões políticas futuras e, dessa forma, poupam o processo político da necessidade de ter de rediscutir e redefinir, antes de cada decisão, seus pressupostos formais e materiais. Além disso, a circunstância de que esses pressupostos foram determinados antecipadamente, sem relação com controvérsias atuais, facilita decisões aceitáveis. Afinal, é apenas por meio de tais regras que se consegue cumprir a finalidade da Constituição, qual seja a de assegurar um *government of laws and not of men*. Portanto, a solução adequada para conflitos entre o consenso histórico e o atual não é a violação da Constituição, mas o seu emendamento.

2. Não há imprescindibilidade

Embora a jurisdição constitucional não seja incompatível com a democracia, também não chega ao ponto de ser indispensável. Aqueles que, diferentemente, têm a jurisdição constitucional na conta de condição necessária à democracia, argumentam que é inútil uma Constituição democrática que não se faça acompanhar de instituições que obriguem os governantes a respeitá-la. Há, nesse sentido, numerosas comprovações históricas. Muitas Constituições permaneceram em grande parte sem efeito porque, em caso de conflito, faltava-lhes a possibilidade de se impor a governantes recalcitrantes.

Certamente, esse é o caso da maioria das Constituições pré-, pseudo- ou semidemocráticas. Mesmo poderes públicos democráticos, que em geral estão dispostos a seguir a Constituição, podem, em casos excepcionais, cair na tentação de se colocar acima dela, quando esta representar um obstáculo à realização de seus objetivos políticos.

No entanto, é possível apresentar exemplos de Estados democráticos nos quais a Constituição é de modo geral respeitada pela Política, mesmo sem Tribunais Constitucionais. As Constituições não estão condenadas a virar letra morta na inexistência de um Tribunal Constitucional. É possível que exemplos disso sejam mais raros do que no caso oposto. Mas eles existem. Ninguém iria negar o caráter democrático de nações como o Reino Unido ou a Holanda,[12] que se mantêm à parte da jurisdição constitucional. Os motivos são os mais diversos. Por um lado, dificilmente os poderes públicos democráticos ignoram as suas relações constitucionais em seu todo. Ao menos o processo político funciona, quase sempre, conforme as normas constitucionais de organização e processo. Por outro lado, os Tribunais não são os únicos garantidores possíveis da Constituição: o controle interórgãos, que se faz acompanhar pela separação dos poderes, é outro, bem assim o controle efetivo das mídias e o apoio da população à Constituição.

Em última análise, o respeito ao Direito, em geral, e à Constituição, em particular, depende de pressupostos cujos fundamentos são mais profundos do que provisões jurídicas. A disposição de seguir a Constituição, ainda que isso impeça a realização de desígnios políticos (e quando eventual violação nem sequer implique em grande risco), é uma conquista cultural. Esse respeito ao Direito, no entanto, lançou raízes mais profundas em algumas sociedades do que noutras; naquelas em que isso ocorre, é menos provável que os políticos tentem se despir das suas vinculações jurídicas e, se isso acontecer, pode-se contar com a resistência por parte do público. O

---

[12] Cf. Nota do Coordenador, *supra*.

risco de uma perda de legitimidade atua, nesse caso, como reforço adicional da Constituição. Após os acontecimentos de 1989 e 1990, quando muitas comissões parlamentares (*Parlamentsausschüsse*) que estavam trabalhando em novas Constituições para os seus Estados, e muitos juízes de novos Tribunais Constitucionais perguntavam, durante reuniões em Karlsruhe, como se poderia assegurar que a Política se orientasse em conformidade com a Constituição e com as decisões do Tribunal Constitucional, foi necessário lembrar, acima de tudo, do suporte cultural das Constituições, o qual nenhum Tribunal Constitucional pode substituir.

Portanto, é difícil imaginar que a suposição de Kelsen, de que a jurisdição constitucional seria consequência lógica e necessária do constitucionalismo, mantenha-se em pé. Kelsen via a função da Constituição, antes de tudo, no fato de que ela regulamenta a produção do Direito Legislado (*die Erzeugung des Gesetzesrechts regelt*), e concluiu, disso, que ela poderia cumprir essa função apenas se as prescrições constitucionais fossem aplicáveis perante o legislador. Segundo a percepção de Kelsen, faltaria plena vigência jurídica a uma Constituição que regulamenta o processo legislativo sem se ocupar com a obediência às regras. Ela significaria "nada muito além de um desejo não vinculante".[13] A rigor, ela nem sequer consideraria as suas normas como vinculativas para o próprio legislador, colocando-as, ao contrário, à disposição dele. É possível que vários exemplos históricos reforcem a concepção de Kelsen. De fato, muitas Constituições não foram levadas a sério por falta de uma instância voltada a exigir a sua observância. Correm esse risco, sobretudo, países sem tradições democrático-constitucionais enraizadas, nos quais faltam as garantias jurídicas da Constituição

---

13 KELSEN, Hans. "Wesen und Entwicklung der Staatsgerichtsbarkeit". *Veröffentlichungen der Vereinigung der Deutschen Staatsrechtslehrer (VVDStRL)*. Vol. 5. Berlim: de Gruyter, 1929, p. 78. Cf. GRIMM, Dieter. "Zum Verhältnis von Interpretationslehre, Verfassungsgerichtsbarkeit und Demokratieprinzip bei Kelsen". *In*: _____. *Verfassungsgerichtsbarkeit*. Berlim: Suhrkamp, 2021, pp. 172 e ss.

(*vorrechtlichen Sicherungen der Verfassung*). Mas essa proposição não pode reivindicar uma validade universal.

Ela vigora ainda menos em razão do fato de que tampouco os Tribunais Constitucionais podem garantir o cumprimento da Constituição por parte dos governantes. Tribunais apenas ampliam a chance de a Constituição ser respeitada. Do mesmo modo como há Constituições ineficazes, há Tribunais Constitucionais ineficazes. Estes podem estar tão intimamente vinculados à Política que a sua disposição para detectar e verificar violações constitucionais seja, desde o início, mínima. Além disso, a já citada circunstância de que, no que se refere ao Direito Constitucional, os destinatários e os garantidores acabam sendo um só leva os Tribunais Constitucionais a uma difícil situação. Se os órgãos estatais de cúpula ignoram decisões judiciais, os juízes não dispõem de meios para fazê-las valer contra a vontade da Política: não há meirinho que execute questões constitucionais. Por aí se demonstra que não apenas o constitucionalismo, mas também a jurisdição constitucional está baseada em pressupostos culturais. Ela pressupõe uma cultura política a partir da qual se espera que decisões constitucionais sejam aceitas pelos governantes, e segundo a qual a valorização pública da Constituição seja tão forte que a sua violação pela Política não valha a pena.[14]

Por isso, sistemas políticos com ou sem jurisdição constitucional são configurações diferenciadas de democracia. Mas a classificação de um sistema político como democrático ou antidemocrático não depende da posição acerca da jurisdição constitucional. Desse modo, nem a existência nem a falta de um Tribunal Constitucional são uma condição para a democracia. A decisão a favor ou contra a jurisdição constitucional não é, portanto, uma questão de princípios, mas de pragmática. É preciso optar não entre jurisdição constitucional e democracia, mas entre dois tipos diferentes de democracia. Essa decisão

---

[14] Cf. JACOB, Herbert *et al.* (Orgs.). *Courts, Law and Politics in Comparative Perspective.* New Haven: Yale University Press, 1996.

exige uma ponderação das vantagens e desvantagens da jurisdição constitucional para a democracia, cujo melhor resultado se alcança comparando sistemas políticos com e sem jurisdição constitucional e examinando se as desvantagens podem ser minimizadas sem o sacrifício das vantagens.

III. Vantagens democráticas e riscos democráticos

1. Vantagens

A circunstância de que os órgãos públicos e os partidos políticos (que perante aqueles atuam) quase sempre moldam a sua vontade política sem levar em conta a Constituição pode servir de ponto de partida para a comparação. A percepção, o tratamento e a solução de problemas políticos não se orientam, a princípio, pela Constituição. Via de regra, só se pergunta se um projeto político é compatível com a Constituição num estágio posterior do processo decisório. A Constituição age, então, como um corretivo. É verdade que, quando constatam o que a Constituição permite ou proíbe, os órgãos políticos não dispõem de outros meios para além dos juristas. Os métodos interpretativos são os mesmos para ambos. A Política e a Justiça se diferenciam, porém, nas condições sob as quais se responde à questão constitucional. No âmbito político, essas são menos favoráveis a respostas imparciais.

Os políticos atuam num ambiente competitivo. O que conta é o sucesso político, em última análise, a vitória nas urnas. Isso favorece a tendência de subordinar as exigências constitucionais às intenções políticas, não necessariamente no sentido de que a Constituição nem sequer seja considerada, mas de qualquer modo que ela seja interpretada à luz dos planos políticos. Por seu lado, os Tribunais Constitucionais seguem outra lógica. Eles não possuem objetivos políticos e não têm qualquer eleição a vencer. São especializados em interpretação constitucional. Seu interesse primordial é o Direito. Eles não precisam se afirmar contra concorrentes. Sua independência da Política, assegurada pela Constituição, permite-lhes identificar o sentido de normas jurídicas por meio de critérios profissionais, sem que tenham de temer prejuízos por causa disso. Por isso, a probabilidade de que as intenções da Constituição, e não as da Política, se tornem decisivas para dirimir conflitos em torno da Constituição é mais alta no âmbito da Justiça do que da Política.

Num sistema democrático sem jurisdição constitucional, essas vantagens do tratamento judicial da Constituição não conseguem se impor. Um sistema político que renuncia à jurisdição constitucional tem, por isso, mais dificuldade em contrariar a inclinação de atores políticos de interpretar a Constituição à luz da sua política. Sem uma instância decisória independente, conflitos que versem a constitucionalidade de medidas e planos políticos acabarão se resolvendo corriqueiramente a favor da maioria, por não existir instância alguma que possa impedi-la de seguir sua própria compreensão da Constituição. A longo prazo, isso pode levar à erosão, entre os rivais políticos, daquele consenso basal que fora depositado na Constituição: conflitos travados no quadro da Constituição podem escalar para conflitos sobre a própria Constituição e, por fim, ameaçar até mesmo a estabilidade do sistema democrático.

De outra banda, num sistema político com Tribunais Constitucionais, a mera existência de um órgão jurisdicional desse tipo, que detém a competência para examinar a constitucionalidade de decisões políticas, faz com que a questão constitucional seja inserida no processo político de forma precoce e bastante neutra: o simples fato de haver um Tribunal Constitucional já obriga a política a levar em conta a opinião da Corte, caso queira evitar derrotas perante o Tribunal. O ponto de vista político recebe um contraponto jurídico. Desse modo, diminui-se o potencial de conflito. Se, apesar da existência de mecanismos antecipatórios, surgirem conflitos constitucionais, estes podem ser resolvidos de uma forma que não se prejudique a função integradora da Constituição. O significado da Constituição será estabelecido de modo vinculante: ou a medida que é objeto de controvérsia adquire uma legitimidade adicional; ou acaba sendo retirada definitivamente do estoque de alternativas políticas.

A jurisdição constitucional atua, além disso, como contrapeso à tendência da maioria de amealhar vantagens na concorrência política por meio da legislação ou do orçamento público. A concorrência é o mais importante motor do processo democrático e o meio mais eficaz de controle governamental. Contudo, o efeito do controle depende de que a oposição disponha de meios equivalentes. Isso pressupõe, por sua vez, que a maioria seja impedida de abusar das vantagens de sua posição de poder, em detrimento da minoria. Porém, onde a maioria e a minoria têm os mesmos interesses, falta vontade de controle (*Kontrollwillen*) por parte da minoria, do que é exemplo o financiamento partidário. Outro interesse comum, ao menos por parte dos partidos estabelecidos, consiste em ativar seus recursos legislativos ou administrativos para obstaculizar o surgimento de novos concorrentes. Em todos esses casos, os Tribunais Constitucionais são as únicas instâncias que conseguem assegurar a abertura do processo democrático.

O mesmo cenário vale para os pressupostos sociais da democracia. Somente eleições periódicas e debates parlamentares não conseguem manter o processo democrático em atividade. Ao contrário, também após a eleição, tem de haver um intercâmbio constante entre os poderes públicos e a sua base social. O pressuposto para tal é que se garanta a livre troca de opiniões, e que os interesses possam ser organizados e articulados com liberdade. Considerando que as maiorias sempre se veem diante da tentação de abafar a crítica e favorecer seus seguidores, essa liberdade precisa ser garantida; e, do ponto de vista constitucional, isso se dá por meio de direitos fundamentais, os quais integram o constitucionalismo desde o seu início. É precisamente a história das Constituições que mostra, porém, que os direitos fundamentais possuíram pouca importância prática enquanto não dispuseram de uma forma judicial destinada a garantir o seu cumprimento.

Por fim, a jurisdição constitucional pode contribuir para a legitimação do sistema democrático em seu todo. É nítido que as sociedades pluralistas experimentam dificuldades crescentes para mobilizar consenso e engajamento suficientes. Essa escassez tem a ver, também, com o fato de que o bem comum esteja sendo definido por maiorias que estão sempre mudando. Tudo parece ser contingente. Até certo ponto, os Tribunais Constitucionais têm condições de compensar essa lacuna ao tornar visível, por trás da desconcertante contingência da política partidária, princípios e normas universalmente válidos. Nessa trilha, os políticos não podem apenas ceder a seus próprios interesses e de sua clientela, nem seguir suas ideias e necessidades momentâneas. A Constituição intervém. Nos sistemas com jurisdição constitucional, as limitações e deveres que a Constituição impõe à política não são meras promessas. Os políticos usualmente percebem a natureza perene dos vínculos constitucionais como algo incômodo ou injustificado; mas aquilo que, no momento, parece ser um empecilho, contribui no longo prazo para a aceitação de uma política democrática.

2. Riscos

Benefícios democráticos não excluem, todavia, riscos democráticos. Isso não se refere à possibilidade de decisões equivocadas serem adotadas. Nenhum sistema político sobrevive sem instituições que detenham a última palavra em seu âmbito de competência (*Zuständigkeitsbereich*). Todo sistema político convive, por isso, com o risco de decisões definitivas equivocadas. É certo que, por meio de arranjos institucionais, este pode ser limitado, mas não evitado na totalidade. A propósito, o Tribunal Constitucional Federal alemão deve a sua existência e as suas vastas atribuições ao fracasso do legislador de, no passado, ter funcionado como última instância (*letzte Instanz*). O risco democrático da jurisdição constitucional reside, pelo contrário, na ausência de controles democráticos. Os Tribunais Constitucionais podem se impor diante da vontade dos representantes eleitos pelo povo, sem apresentar uma legitimação igualmente forte e sem ter de se responsabilizar por suas decisões perante o povo. Este último aspecto vale até para países em que os juízes são eleitos por voto popular.[15]

Além disso, a jurisdição constitucional cultiva certa tendência à judicialização do discurso político. Políticos que combatem um plano político (*politisches Vorhaben*) ou um projeto de lei se dispõem com presteza a apregoar essas ações como inconstitucionais. Ao assim proceder, eles fazem mais do que apenas amputar a parte política da discussão (que trata de questões ligadas à conveniência, às consequências ou aos custos da medida); na verdade, eles podem também colocar em perigo a Constituição, que de base consensual para políticos rivais transforma-se em arma no conflito político. Ela corre o risco de se transformar em apenas mais um argumento dentre outros no turbulento mercado das opiniões. Mas, sem algum tipo de documento integrador, a "textualização do Estado" (*Vertextung des Staates*)[16] chegaria a seu fim. A Alemanha, com a sua longa tradição de travestir juridicamente controvérsias políticas, pode servir de exemplo para tal.

Obviamente, a falta de responsabilidade democrática não seria tão impactante se a jurisprudência constitucional se resumisse a aplicar normas constitucionais gerais a casos individuais. Desde Montesquieu, essa é a justificativa costumeira da autonomia judicial: os juízes estão atrelados às normas que lhes foram prescritas e, ao serem demandados, só devem constatar o sentido dessas normas e aplicá-las aos casos em litígio; nessa linha, os Tribunais não propriamente decidem, e sim dão cumprimento a uma pré-decisão do legislador. Se esse realmente fosse o caso, a jurisdição constitucional

---

[15] Sobre os problemas resultantes da eleição direta para juiz, cf. CROWLEY, Steven P. "The Majoritarian Difficulty: Elective Judiciaries and the Rule of Law". *University of Chicago Law Review*, Vol. 62, 1995, p. 689.

[16] Expressão de LUHMANN, Niklas. *Gesellschaftsstruktur und Semantik*. Vol. 4. Frankfurt: Suhrkamp, 1995, p. 114.

sempre implicaria numa perda de poder dos órgãos democraticamente legitimados – mas apenas aquela perda do poder de se colocar impunemente acima da Constituição (que goza de uma legitimação democrática superior à das leis). Aqui está o motivo pelo qual a jurisdição constitucional não foi considerada como um problema para a democracia quando de sua introdução, após a Segunda Guerra Mundial.

Hoje, já não há dúvidas de que as normas jurídicas não podem determinar a sua aplicação pelos Tribunais em sua totalidade. Só em casos excepcionais é possível derivar diretamente do texto da norma uma resposta para uma questão jurídica. Contudo, é difícil que casos desse tipo sejam encaminhados ao Tribunal. Em regra, a norma geral tem de ser concretizada por meio da interpretação, antes de se poder aplicá-la a algum caso. Desse modo, tem-se, por consequência, que a margem deixada ao intérprete pelo texto normativo quase sempre oferece mais de uma resposta juridicamente possível. Isso vale, a princípio, para todas as normas jurídicas, e, sobretudo, para normas jurídicas constitucionais. As Constituições formam uma base comum para adversários políticos e, por isso, necessitam de um consenso político mais amplo do que aquele subjacente ao Direito Legislado (*Gesetzesrecht*). Elas contêm as estruturas básicas da ordem política, dentro da qual acontece, então, o processo democrático. Ambos os aspectos fazem com que elas acabem sendo mais vagas e abertas do que as leis e dependam, assim, em maior medida da interpretação ou da concretização.[17]

Normas constitucionais não podem ser, portanto, aplicadas de qualquer forma a controvérsias. Antes, seu sentido tem de ser identificado com vistas ao caso em questão por meio de uma linha

---

[17] Cf. HESSE, Konrad. *Grundzüge des Verfassungsrechts der Bundesrepublik Deutschland*. 20ª ed. Heidelberg: Müller, 1995, pp. 24 e ss.; crítica de BÖCKENFÖRDE, Ernst-Wolfgang. "Die Methoden der Verfassungsinterpretation". *Neuen Juristischen Wochenschrift*. München: Beck, 1976, p. 2089.

de raciocínio jurídica relativamente complexa, na qual, às vezes, os limites entre interpretação constitucional e alteração da Constituição são difíceis de divisar. Isso se aplica, sobretudo, ao número crescente de casos nos quais normas da época da elaboração da Constituição se defrontam com novos desenvolvimentos cujo sentido ainda tem de ser determinado, em particular no âmbito dos direitos fundamentais (usualmente formulados de maneira sucinta). A suposição de que a jurisdição constitucional não provoque qualquer problema democrático, já que os juízes apenas implementariam, sem envolvimento próprio, decisões previamente tomadas pelo povo, dificilmente consegue se sustentar diante dessa realidade. Uma separação peremptória entre as atividades de aplicação e criação do Direito revela-se impossível. Na aplicação jurídica, mesclam-se elementos cognitivos e volitivos. As vinculações jurídicas, impostas pela Constituição aos poderes públicos, são estabelecidas, em parte, apenas durante o processo de interpretação.

Na comparação com a Suprema Corte norte-americana, por exemplo, o Tribunal Constitucional Federal alemão vai bastante longe nesse aspecto. Os direitos fundamentais são interpretados de forma ampla, de modo que praticamente nenhuma ação estatal escape ao controle judicial, e que o Tribunal aja como um *"censor of reasonableness of all governmental action"*.[18] Mas não apenas isso. Ele também amplia a proteção dos direitos fundamentais em face daqueles perigos que ameaçam as liberdades garantidas pela Constituição, advindos não do Estado e sim de atores privados e

---

[18] CURRIE, David P. *The Constitution of the Federal Republic of Germany*. Chicago: University of Chicago Press, 1994, p. 319. Sobre a jurisprudência dos direitos fundamentais cf. GRIMM, Dieter. "Human Rights and Judicial Review in Germany". *In*: BEATTY, David M. (Org.). *Human Rights and Judicial Review*: a Comparative Perspective. Boston: Brill, 1994, p. 267; GRIMM, Dieter. "Rückkehr zum liberalen Grundrechtsverständnis?" *In*: _____. *Die Zukunft der Verfassung*. 2ª ed. Frankfurt: Suhrkamp, 1994, p. 221; GRIMM, Dieter. "Schutzrecht und Schutzpflicht". *In*: DÄUBLER-GMELIN, Herta (Org.). *Festschrift für Ernst Gottfried Mahrenholz*. Berlim: de Gruyter, 1994, p. 529.

forças sociais – disso deriva o dever de atuação do legislador, ao lado do clássico dever de abstenção. Portanto, ele usa sua competência não apenas para declarar nulos determinados atos do Estado, mas também o obriga a atuar em situações nas quais este não demonstra interesse de agir por vontade própria. Nessa senda, o Tribunal Constitucional Federal alemão já anulou leis por serem contrárias à Constituição não apenas porque tinham ido longe demais na limitação de direitos fundamentais, mas também porque tinham feito muito pouco pela proteção dos direitos fundamentais quando ameaçados por terceiros.

É fato que a parcela criativa da aplicação jurídica não se limita à adjudicação constitucional (*Verfassungsrechtsprechung*); encontra-se também, embora em diferentes graus, na aplicação do direito legislado (*Gesetzesrecht*). Mas entre adjudicação constitucional (*Verfassungsrechtsprechung*) e aplicação da lei (*Gesetzesanwendung*),[19] existe uma diferença específica, resultante da diferença de posições entre essas duas dimensões jurídicas. Se o legislador considerar que a interpretação das leis não corresponde à sua vontade ou tem efeitos negativos, ele pode modificá-las e, dessa forma, reprogramar a prática decisória judicial. Em relação ao Direito Legislado, portanto, o legislador tem a última palavra. Em contrapartida, a Constituição vincula o legislador, e ela o vincula da maneira como o Tribunal Constitucional a interpreta. No caso de divergência entre os posicionamentos da legislação e do Tribunal Constitucional, é o Tribunal – e não o Parlamento – quem tem a última palavra. É certo que também Tribunais Constitucionais podem ser reprogramados,

---

[19] Nota do Coordenador (Gilmar Ferreira Mendes): Apesar de "adjudicação constitucional" não ser corrente no âmbito jurídico brasileiro, no contexto acima ela se mostra mais apta para sublinhar a diferença entre essas duas atividades: a de aplicar o direito ordinário a um caso concreto, *Gesetzesanwendung*, e aquela de aplicar regras constitucionais a um litígio, *Verfassungsrechtsprechung*. Esse jogo é perdido quando se traduz a última por "controle de constitucionalidade" ou "jurisdição constitucional".

porém apenas modificando-se a Constituição, o que, à diferença da modificação legislativa, exige maioria qualificada. É exatamente este poder do controle de constitucionalidade (*Normenkontrolle*), não inteiramente abarcado pela vinculação normativa (*Normbindung*), que precisa ser harmonizado com a democracia.

IV. Evitando os riscos democráticos

1. Abordagens relacionadas ao conteúdo

Tal harmonização exige uma delimitação entre o âmbito próprio do Legislativo, enquanto representante direto do povo, e aquele do Tribunal Constitucional, enquanto guardião dos valores fundamentais (aqueles sobre os quais o povo chegou a um acordo na Assembleia Constituinte). Não faltam tentativas para determinar esses limites. Na maioria das vezes, procura-se derivá-los da diferença entre Direito e Política. Os Tribunais devem tomar apenas decisões jurídicas, deixando o regramento da política a cargo do legislador. Embora Direito e Política não sejam idênticos, a diferença entre eles é tênue demais para que se possa resolver esse problema de ordem fronteiriça. Isso tem a ver com o caráter do Direito Constitucional. Por um lado, ele forma um conjunto de normas jurídicas que vinculam o legislador, quando ele toma decisões políticas – e Tribunais Constitucionais existem para examinar as decisões legislativas quanto à sua compatibilidade com a Constituição. Por outro lado, a maior parte das normas constitucionais não é tão precisa a ponto de justificar que o controle de constitucionalidade (*Verfassungsrechtsprechung*) seja concebido como simples execução da vontade popular.

O controle de constitucionalidade (*Verfassungsrechtsprechung*) é, por isso, necessariamente político e num duplo sentido. Pelo fato de os Tribunais Constitucionais intervirem em conflitos políticos, eles provocam, em primeiro lugar, efeitos políticos significativos. Eles decidem qual agente político pode impor sua vontade, por exemplo, na luta entre Parlamento e Governo, entre maioria e oposição, entre

União e Estados-membros (*Bund und Ländern*). Então, no fim das contas, depende do Tribunal se o legislador pode concretizar intenções que considera politicamente necessárias, ou se deve agir mesmo que prefira abster-se. Em segundo lugar, em decisões desse tipo, os Tribunais Constitucionais não estão tão vinculados pelo Direito Constitucional – que lhe serve de parâmetro – ao ponto de poder excluir de todo a influência de elementos políticos. Os juízes preservam espaços sobre os quais podem incidir motivações políticas. É possível reduzir esses espaços, mas não os vedar completamente.

Um critério mais exato parece ser dado pelo princípio da separação dos poderes. Embora todas as Constituições democráticas assumam esse princípio, por ele oferecer proteção contra a concentração e o abuso de poder, não existe qualquer versão que ofereça um critério universal para a distinção entre jurisdição e legislação. Embora cada Constituição siga concepções próprias, nenhuma se mostrou capaz de separar de modo absoluto os diversos órgãos políticos. Quando uma Constituição se decide pela jurisdição constitucional e o seu cerne, o controle de normas, ela abre, inevitavelmente, uma parcela da legislação ao Tribunal Constitucional – *negativa*, se o Tribunal se limitar a anular leis; *positiva*, se, além disso, se permitir que ele impila o Legislativo à ação. Mesmo assim, a Constituição não pode determinar com exatidão onde termina o poder do Legislativo e onde começa o do Tribunal. Isso se esclarece somente por meio da interpretação das normas constitucionais correspondentes.

Por esse motivo, alguns autores depositam sua esperança no método interpretativo. Nesse caso, só podem valer como jurídicas aquelas decisões que satisfaçam *standards* de fundamentação (*Begründungsstandards*) reconhecidos. No entanto, tampouco a metodologia jurídica tem condições de dar uma resposta satisfatória ao problema da delimitação entre Direito e Política. Isso não quer dizer que o método jurídico não tenha importância. Sem dúvida, ele colabora com a racionalização do processo de aplicação jurídica e com a previsibilidade das decisões. Mas, em regra, não existe apenas um método jurídico reconhecido. Ao contrário, há uma concorrência entre vários métodos, de forma que é necessário escolher, dentre eles, aquele que possa ter influência sobre a decisão do mérito.[20] Métodos jurídicos estão submetidos à transformação e, com frequência, aqueles Tribunais dos quais emanam inovações metodológicas acabam sendo incluídos no cânone dos métodos aceitos. Em todo o caso, faltam aos métodos interpretativos o grau de exatidão e o caráter vinculante suficientes para que fosse demarcada uma diferença entre as decisões do Tribunal que se mantêm no âmbito do Direito, e aquelas que interferem no âmbito do Legislativo.

Em contrapartida, há quem cogite que o método do *original intent*, muito discutido nos Estados Unidos, possa conduzir a uma clara distinção entre argumentos jurídicos e políticos.[21] De acordo com esse método, normas constitucionais só podem ser interpretadas da maneira como tinham sido intencionadas e compreendidas pelos signatários da Constituição, de forma que a personalidade do juiz se dilua totalmente perante os pais fundadores (esses sim legitimados pela democracia). Numa análise mais detalhada, porém, a interpretação segundo o *original intent* se evidencia como autoilusão e, por consequência, até mesmo como uma depreciação da Constituição. A autoilusão reside na suposição de que, através de determinada norma ou formulação, se poderia indubitavelmente constatar quais intenções os criadores da Constituição tinham em mente. A dificuldade aumenta quando, diante de problemas inéditos, faz-se necessário descobrir como eles teriam agido se esses problemas tivessem sido do seu conhecimento. A depreciação da Constituição se fundamenta

---

[20] Cf. GRIMM, Dieter. "Methode als Machtfaktor". *In*: HORN, Norbert *et al.* (Orgs.). *Europäisches Rechtsdenken in Geschichte und Gegenwart*: Festschrift für Helmut Coing. Vol. 1. München: C. H. Beck, 1982, p. 469.

[21] Cf., p. ex., SCALIA, Antonin. *A Matter of Interpretation*: Federal Courts and the Law, an Essay. Princeton: Princeton University Press, 1997; HEUN, Werner. "Original Intent und Wille des historischen Verfassungsgebers". *Archiv des öffentlichen Rechts*, Vol. 116, 1991, p. 185.

no fato de que os juízes, se aplicassem com rigor esse método a todas aquelas questões que durante a elaboração da Constituição ainda eram imprevisíveis, teriam de negar-lhes a resposta. A adequação das normas constitucionais a novos desafios – televisão, energia atômica, processamento eletrônico de dados – poderia acontecer somente pela via da emenda à Constituição, mesmo naqueles casos em que valores protegidos por ela são diretamente afetados pela transformação social. Portanto, esse método leva a uma perda de relevância da Constituição. Em função disso, ele também não teve seguidores na Alemanha.

Em face desses resultados, diversos autores se refugiam no *judicial self-restraint*. Comedimento não é, porém, um critério por meio do qual se possa delimitar os âmbitos do Legislativo e do Tribunal Constitucional. Ele diz com a ética profissional ou democrática dos juízes do Tribunal Constitucional, possivelmente também ao seu interesse próprio na preservação da instituição, a qual pode correr perigo se os Tribunais forem longe demais na limitação ou predeterminação do processo político. A necessidade de tais apelos é a melhor comprovação da dificuldade para encontrar critérios factíveis. Se houvesse tais critérios, o apelo ao *self-restraint* seria desnecessário. De resto, é difícil demover os juízes de fazer cumprir aquelas demandas que, segundo a sua mais profunda convicção jurídica, derivam da Constituição.

2. Abordagem funcional

Por tudo isso, uma abordagem funcional parece mais promissora na delimitação dessas esferas. As palavras-chave aqui são ação e controle. A Constituição rege a conduta política, organizando-a e limitando-a. Mas não a regulamenta a ponto de a política se reduzir ao mero cumprimento da Constituição. Dentro da moldura na qual a Constituição enquadra a política, esta é livre para agir segundo suas concepções de bem comum. Nas eleições se decide qual das concepções concorrentes conquista a preferência e qual partido pode,

4 – NEM CONTRADIÇÃO, NEM CONDIÇÃO: CONTROLE...

por isso, ocupar as posições de liderança no Estado e concretizar seu programa. Por sua vez, os Tribunais Constitucionais existem para controlar se, ao determinarem e implementarem seus objetivos políticos, os poderes públicos eleitos observaram os princípios constitucionais e não ultrapassaram os limites postos pela Constituição.

Essa segregação de funções, seguida por todas as Constituições democráticas que preveem Tribunais Constitucionais, não afeta a sua prerrogativa de determinar o sentido e o alcance da norma jurídica. Essa é a competência central da jurisprudência constitucional. Mas a segregação de funções tem outras duas consequências. Primeira: não compete aos Tribunais Constitucionais determinar os objetivos da ação política. Eles se limitam a medir os objetivos políticos pelo parâmetro da Constituição; para além dela, as preferências políticas dos juízes são irrelevantes. Segunda: a relação sequencial que existe entre ação e controle não pode ser invertida. Os Tribunais Constitucionais não existem para predeterminar regulamentações legislativas, e sim apenas para examiná-las quando tiverem entrado em vigor. Um órgão político precisa ter agido antes que sua ação seja examinada sob o prisma constitucional. É lógico que não se deve compreender essa ação de forma muito estreita. Tampouco a omissão da política se evade do controle quando a Constituição contiver um dever de agir.

A função dos diversos órgãos determina também a sua equipagem. O Parlamento e o Governo, que se encontram sob a pressão de numerosos e complexos problemas, necessitam de um aparato altamente diferenciado e cooperativo, tanto para a cognição quanto para a solução desses problemas. Em tempos de deveres públicos crescentes e da decrescente capacidade de direção por parte do Direito (*Steuerungsfähigkeit des Rechts*), a legislação acontece antes por meio de um processo multilateral de negociação do que por meio de uma outorga unilateral. Por causa disso, o peso maior da elaboração de leis recai, hoje, sobre o Governo, com o seu grande conhecimento e as suas fontes de cooperação. Por outra parte, os Parlamentos abriram mão, em grande medida, da iniciativa legislativa. O processo legislativo tem a sua justificação no fato de prover transparência e controle. A minoria parlamentar pode obrigar a maioria a abrir (e justificar) os seus planos, confrontando-os com alternativas próprias. Interesses sociais têm a oportunidade de intervir, e as mídias podem introduzir pontos de vista na discussão que, de outro modo, seriam negligenciados.

Os Tribunais não podem assumir essas funções. Faltam-lhes a abundância de informações e a expertise detidas pelos outros poderes públicos. É certo que também se necessita do saber empírico nos procedimentos judiciais constitucionais. Os chamados *legislative facts* têm importante papel no controle de normas. Mas a necessidade de conhecimento é filtrada de antemão pela normatividade. Aspectos da eficácia e da conveniência bem como das consequências sociais de uma lei entram na mira da Justiça somente desde o ponto de vista normativo. Prognoses acerca de evoluções posteriores, as quais têm importância crescente para o direcionamento jurídico dos programas sociais dos Estados de Bem-Estar, sobrecarregam os Tribunais. Mesmo que os Tribunais Constitucionais, num ou noutro caso, tenham decidido sobre uma base factual mais ampla do que o legislador,[22] isso nada muda nas restrições gerais segundo as quais operam os Tribunais Constitucionais, especializados que são em questões jurídicas.

O procedimento judicial tampouco consegue produzir o mesmo grau de transparência ou oferecer as mesmas chances de participação quanto o processo legislativo. A função dos Tribunais e as condições conjunturais moldadas para tal não permitem que as controvérsias políticas e sociais subjacentes a uma lide se tornem assunto de negociação. Esse procedimento formalizado dá pouca oportunidade àqueles que não sejam partes da controvérsia jurídica para veicular suas concepções e interesses no processo judicial. Não se prevê um

---

[22] Exemplos extraídos da jurisprudência do Tribunal Constitucional Federal em PHILIPPI, Klaus Jürgen. *Tatsachenfeststellungen des Bundesverfassungsgerichts*. Köln: Heymann, 1971.

feedback entre decisões judiciais e reações sociais. Via de regra, o público só é envolvido após o veredito, e a sua opinião sobre o assunto mal toca os Tribunais, uma vez que estes não precisam se expor a eleições e que, comparados aos agentes políticos, não costumam ser alvo de protestos. Por isso, o procedimento judicial serve à verificação da constitucionalidade de atos estatais ou à exortação ao cumprimento de obrigações constitucionais, mas não à função de endereçamento político ou de modelo para leis futuras.

Por fim, também é preciso considerar que toda questão a ser decidida por meio de um procedimento judicial constitucional fica, assim, excluída do processo democrático. Se os Tribunais se deixarem envolver muito cedo no processo político, eles eliminam a fase política da discussão sobre conflitos sociais e de suas possíveis soluções. Ao mesmo tempo, as vantagens da discussão política – abertura, transparência, participação, prestação de contas – não têm espaço suficiente num processo judicial. O discurso jurídico não consegue substituí-las. Mesmo com a possibilidade de que, no final, a decisão judicial fosse melhor para a sociedade do que a decisão política, não se consegue ignorar os limites funcionais traçados pela Constituição. Isso vale também para o argumento de que, diante da hesitação parlamentar, um acórdão do Tribunal ainda é melhor do que decisão nenhuma. Onde faltam critérios constitucionais para dizer o que seria "melhor", a política é livre para agir ou ficar omissa, e precisa, também, assumir a responsabilidade por sua decisão.

No entanto, a acusação de judicialização da política não atinge apenas os Tribunais Constitucionais. Frequentemente, a própria política tem interesse em saltar a fase do debate e negociação. Com isso, os políticos podem empurrar para o Tribunal a responsabilidade por medidas impopulares, que poderiam custar votos. Contudo, a política quase sempre só tira vantagens dessa situação em curto prazo. Em longo prazo, ela fica fragilizada, porque as matérias que chegaram a ser entregues nas mãos do Tribunal dificilmente poderão ser resgatados para a arena política. A espiral é a seguinte: quanto mais decisões forem jogadas para o controle de constitucionalidade

(*Verfassungsrechtsprechung*) tanto menos espaço se preserva para decisões políticas, tanto menor a importância da eleição, tanto mais complicada se torna a aplicação de inovações ou alterações políticas. A tendência da jurisdição de reforçar o *status quo* desvaloriza a concorrência democrática e promove a fossilização das circunstâncias. Por fim, bloqueios políticos e uma perda de legitimação podem afetar o sistema inteiro.

V. Compensação do risco democrático

Por força conceitual, a noção de democracia constitucional está vinculada de igual modo à democracia e ao constitucionalismo. A Constituição, contudo, se manifesta como a parte mais frágil dessa conjugação. A jurisdição constitucional é a tentativa de compensar essa fragilidade, mas ao fazê-lo pode produzir, por sua vez, riscos democráticos. Pesando vantagens e desvantagens à luz das reflexões anteriores, não parece impossível, no entanto, preservar as vantagens da jurisdição constitucional e ao menos reduzir as desvantagens. Não há, porém, qualquer garantia de sucesso. Trata-se de um equilíbrio frágil, e em grande parte o funcionamento dessa compensação dependerá dos juízes, dada a inexistência de órgãos superiores que poderiam colocar limites à jurisprudência de um Tribunal Constitucional. Isso faz com que seja compreensível que, apesar da expansão universal da jurisdição constitucional, algumas sociedades confiem mais no processo político do que no judicial.

Países onde a democracia constitucional é uma nova conquista ou nos quais os pressupostos sociais da democracia ainda estão subdesenvolvidos, bem como países nos quais a Constituição não tinha um papel importante até pouco tempo – porque os governantes podiam descumpri-la sem que, em face disso, o povo se levantasse – sentirão eventual renúncia a Tribunais Constitucionais de modo muito mais intenso do que países que dispõem de uma longa tradição democrática e de respeito generalizado ao Estado de Direito. Os primeiros são, em regra, mais necessitados de instituições que de modo independente exijam o cumprimento da Constituição e que, ao fazê-lo, demonstrem ao público que ela importa. Este é um dos vários motivos pelos quais tantos países que adotaram recentemente a democracia decidiram-se pela jurisdição constitucional.

Quando comparada com a questão fundamental acerca da necessidade de se instituir um órgão judiciário para a garantia constitucional, assume importância secundária perguntar se essa atribuição deve ser cometida a um Tribunal Constitucional específico ou à jurisdição ordinária (*allgemeinen Gerichtsbarkeit*). Ambas as alternativas têm as suas vantagens e desvantagens.[23] A supremacia da Constituição e o grau de especialização do Direito Constitucional falam a favor de uma instituição específica. Por outro lado, é possível que a jurisdição comum (*gewöhnliche Gerichtsbarkeit*) mostre-se mais adequada para integrar as prescrições constitucionais no Direito Legislado (*Gesetzesrecht*), evitando, dessa forma, inconsistências e a permanente controvérsia acerca do limite entre Direito Constitucional e Direito Infraconstitucional (*Gesetzesrecht*). Em última análise, essa decisão depende do quão capaz se reputa a jurisdição comum para dar cumprimento aos mandamentos constitucionais – compreender o Direito Legislado à luz da Constituição e, se for o caso, adaptar a jurisprudência ao influxo daquela.

Tanto em Estados constitucionais novos quanto nos consolidados, porém, a jurisdição constitucional está igualmente em condições de encarar alguns déficits das democracias modernas. A questão central é a profissionalização da política partidária. Os déficits surgem exatamente a partir dos valores democráticos da responsividade e

---

[23] Para uma comparação, cf. CAPPELLETTI, Mauro. *Judicial Review in the Contemporary World*. Indianapolis: Bobbs-Merrill, 1971; sob um ponto de vista prático, cf. GRIMM, Dieter. "Probleme einer eigenständigen Verfassungsgerichtsbarkeit in Deutschland". *In*: _____. *Verfassungsgerichtsbarkeit*. Berlim: Suhrkamp, 2021, pp. 279 e ss.

da responsabilidade da política.[24] Nos Estados democráticos, os partidos políticos, na sua condição de protagonismo, encontram-se o tempo inteiro sob o imperativo da vitória nas urnas. O sucesso eleitoral é o pressuposto para que um partido possa colocar seus afiliados em posições de liderança pública e para demonstrar seu programa por meio de ações governamentais. Por causa disso, é racional, do ponto de vista dos partidos políticos, fazer tudo aquilo que colabore para vencer uma eleição e evitar tudo o que ameace a consecução desse objetivo.

É claro que esse imperativo tem um custo. Para os partidos, ele passa a ser a tentação de conquistar influência em todo âmbito funcional que tenha importância para suas chances eleitorais, tais como a administração pública, a Justiça e, sobretudo, a mídia – âmbitos que se orientam por lógica diversa daquela da concorrência partidária. Diante dos partidos, as salvaguardas constitucionais para a separação de poderes são parcialmente falhas; quando elas intervierem, os partidos já terão se assegurado de sua influência nesses ambientes por meio de uma política de pessoal.[25] Adicionalmente, a periodicidade eleitoral força os partidos a privilegiarem problemas menores e resultados de curto prazo – o que pode comprometer princípios da Constituição. Por isso, as eleições são antecedidas de tantos eventos que, para os partidos, são promissores, embora tais vantagens, com frequência, sejam apenas simbólicas. Não é raro que isso se dê às custas de objetivos fundamentais constitucionalmente

---

[24] Uma análise mais aprofundada dos lados sombrios da responsabilidade democrática pode ser encontrada em MARCH, James G.; OLSEN, Johan P. *Democratic Governance*. Nova York: Free Press, 1995, pp. 144 e ss.; HALTERN, Ulrich R. *Verfassungsgerichtsbarkeit, Demokratie und Mißtrauen*: Das Bundesverfassungsgericht in einer Verfassungstheorie zwischen Populismus und Progressivismus. Berlim: Duncker & Humblot, 1998, pp. 398 e ss.

[25] Cf. GRIMM, Dieter. "Die politischen Parteien". *In*: BENDA, Ernst; MAIHOFER, Werner; VOGEL, Hans-Jochen (Orgs.). *Handbuch des Verfassungsrechts*. 2ª ed. Berlim: De Gruyter, 1994, pp. 599 e 644 e ss.

ancorados, mas que são negligenciados em favor de sucessos em curto prazo.

Por sua vez, o Poder Judiciário opera com base em outras condições. Ele não tem de justificar suas ações no âmbito político – é exatamente nisso que, à luz da problemática dos partidos, reside sua vantagem. Sucesso político não é parâmetro para atuação judicial. Em geral, os juízes não devem a sua posição à eleição popular e, em regra, tampouco por meio dela se dá eventual recondução. Sua independência os preserva de sanções quando suas decisões revelam-se impopulares. Na maioria dos casos, eles também não têm de se preocupar em construir uma nova carreira ao final de seu mandato. Tudo isso os torna independentes da aprovação das massas (*Massenzustimmung*), da qual depende, essa sim, a política democrática. Tal imunização – acompanhada dos *standards* profissionais da atividade judicante – é a base da independência do juiz. Ela faz com que os Tribunais Constitucionais tenham condições de insistir no cumprimento dos princípios de longo prazo que apoiam a coesão social e de lembrar a política dos seus compromissos futuros – pelo menos na medida em que estes encontrem expressão na Constituição.

5

NOVA CRÍTICA RADICAL À JURISDIÇÃO CONSTITUCIONAL[1]

I.

Há trinta anos, parecia que a Constituição conseguira universalmente se impor como o meio para a legitimação e regulação do poder político (*politischer Herrschaft*). Em muitas regiões do mundo, a superação de regimes autoritários, ditatoriais, militares ou racistas resultou em Constituições (novas ou modificadas) de base democrática. Junto com elas também disseminou-se a jurisdição constitucional, havida como o meio propício para assegurar o tão reivindicado respeito à Constituição.[2] Realmente, nas Constituições surgidas na segunda

---

[1] Tradução de Erica Ziegler. Revisão de Gilmar Ferreira Mendes, Paulo Sávio Nogueira Peixoto Maia e Beatriz Bastide Horbach.

[2] Cf. TATE, Neal C.; VALLINDER, Torbjörn (Org.). *The Global Expansion of Judicial Power*. Nova York: New York University Press, 1995; VISSER, Maartje de. *Constitutional Review in Europe*. Oxford: Hart Publishing, 2014; SADURSKI, Wojciech. *Rights Before Courts*: a Study of Constitutional Courts in Postcommunist States of Central and Eastern Europe. Dordrecht: Springer Netherlands, 2005; GARDBAUM,

metade do século XX, sobretudo após 1989, as Cortes Constitucionais (ou Tribunais com competências constitucionais) passaram a fazer parte de um *standard* mínimo – caso se estivesse a falar seriamente de Constituição ou se, pelo menos, quisesse causar essa impressão.

Hoje, o contexto constitucional é outro. O projeto do constitucionalismo é alvo da pressão populista em muitos países que há pouco tempo ainda o almejavam.³ Entre as primeiras vítimas dessa reviravolta, estão os Tribunais Constitucionais: ou foram limitados em suas competências, ou suas composições sofreram um processo de alinhamento com o governo. No mais recente livro de Bruce Ackerman (já redigido sob a influência do populismo), afirma-se que, em países com jurisdição constitucional, levará anos até que uma transformação do sistema tenha sucesso, em razão dos empecilhos opostos pelos Tribunais Constitucionais a esses esforços.⁴ Mas o que dizer quando a transformação começa pela inviabilização dos

---

Stephen. *The New Commonwealth Model of Constitutionalism*: Theory and Practice. Cambridge: Cambridge University Press, 2013; SIEDER, Rachel; SCHJOLDEN, Line; ANGELL, Alan (Orgs.). *The Judicialization of Politics in Latin America*. Nova York: Palgrave Macmillan US, 2005; GINSBURG, Tom. *Judicial Review in New Democracies*: Constitutional Courts in Asian Cases. Cambridge: Cambridge University Press, 2003; CHEN, Albert H. Y. *Constitutional Courts in Asia*: a comparative perspective. Cambridge: Cambridge University Press, 2018; TEW, Yvonne. *Constitutional Statecraft in Asian Courts*. Oxford: Oxford University Press, 2020; FOMBAD, Charles M. (Org.). *Constitutional Adjudication in Africa*. Oxford: Oxford University Press, 2017.

3 Cf. ISSACHAROFF, Samuel. *Fragile Democracies*: Contested Power in the Era of Constitutional Courts. Nova York: Cambridge University Press, 2015; LEVITSKY, Steven; ZIBLATT, Daniel. *Wie Demokratien sterben*. München: Pantheon, 2018; GRABER, Mark A.; LEVINSON, Sanford; TUSHNET, Mark (Org.). *Constitutional Democracy in Crisis?* Oxford: Oxford University Press, 2018.

4 BRUCE, Ackerman. *Revolutionary Constitutionalism*: Charismatic leadership and the rule of law. Cambridge: The Belknap Press of Harvard University Press, 2019, p. 226.

5 – NOVA CRÍTICA RADICAL À JURISDIÇÃO CONSTITUCIONAL

Tribunais Constitucionais? Para países como a Hungria e a Polônia foram necessários poucos meses para tal.[5]

É fato que a jurisdição constitucional não sofre apenas pressão política. Outra oposição, por parte da academia, vem se intensificando, já há algum tempo. Ela provém em sua maior parte dos Estados Unidos, onde há uma longa tradição de reservas à *judicial review*.[6] Há bem pouco tempo, no entanto, a tradicional desconfiança com relação à jurisdição constitucional viveu um novo ápice. A crítica atual não se dirige contra uma determinada prática judiciária. Ela tampouco se interessa por uma reorientação metodológica, por exemplo no sentido de um *original intent* ou de um *original meaning*,[7] tal como recomendou a reação à jurisprudência liberal da Corte de Warren. Da mesma forma, ela não se satisfaz com alertas quanto ao *judicial activism* e apelos à autocontenção judicial.

Ao invés, reivindica-se uma abolição da *judicial review*. A Suprema Corte dos Estados Unidos, assunto preponderante aqui, passaria a mero tribunal superior de apelação, perdendo suas funções jurisdicionais de índole constitucional. Essa reivindicação não se assume como populista ou anticonstitucional, mas se apresenta como se fosse feita em nome e em defesa da própria democracia, enquanto conceito político. Tampouco os autores dos quais se originou

---

[5] Cf. os relatórios da Comissão de Veneza do Conselho da Europa. Para a Hungria: Opinions 621/2011, 665/2012, 683/2012 e 720/2013. Para a Polônia: Opinions 833/2015 e 860/2016.

[6] Cf. FRIEDMAN, Barry. "The Birth of an Academic Obsession: The History of the Countermajoritarian Difficulty". *Yale Law Journal*, Vol. 112, 2002, p. 153.

[7] Nota do Coordenador (Gilmar Ferreira Mendes): As palavras e citações em inglês obedecem à escolha do autor, que também optou por registrá-las em inglês. A tradução desses termos, muito peculiares ao léxico constitucional norte-americano, importaria em prejuízo semântico. Quando se julgar estritamente necessário para a manutenção da fluência do texto, a expressão estrangeira será acompanhada do termo equivalente no vernáculo.

essa reivindicação são personagens secundários da ciência jurídica norte-americana, e sim célebres acadêmicos de *Law Schools* de primeira linha, os quais – politicamente situados no lado do liberalismo – procuram fazer com que sua crítica seja entendida como uma questão de princípios, e não de política. Enquanto crítica, ela teria validade independentemente da tendência ou do método de quem estaria julgando no âmbito das questões constitucionais.

II.

No advento da crítica radical, há um livro com o significativo título *"Taking the Constitution Away from the Courts"*.[8] A reivindicação do autor, Mark Tushnet, de tirar a Constituição das mãos dos Tribunais, está baseada em uma determinada compreensão da Constituição, a qual ele chama de *"populist constitutional law"*.[9] Tushnet não é suspeito, todavia, de ser populista, tal como essa tendência se manifesta de forma predominante hoje em dia, qual seja, uma ideia de soberania popular, segundo a qual um partido (ou movimento) se iguala ao povo, derivando disso a reivindicação para impor o que define ser a vontade popular, livre de limites jurídico-constitucionais. Nessa linha, não devem ser os juristas e os Tribunais os que decidem sobre a importância da Constituição (sobre as prescrições por ela dirigidas à política), e sim *"the people themselves"*.[10]

Essa expressão é icônica nos Estados Unidos. Os *Founding Fathers* usavam-na o tempo inteiro. Thomas Jefferson afirma: *"I know of no safe depository of the ultimate powers of the society*

---

[8] TUSHNET, Mark. *Taking the Constitution Away from the Courts*. Princeton: Princeton University Press, 1999.

[9] TUSHNET, Mark. *Taking the Constitution Away from the Courts*. Princeton: Princeton University Press, 1999, pp. 177 e ss.

[10] TUSHNET, Mark. *Taking the Constitution Away from the Courts*. Princeton: Princeton University Press, 1999, p. 182.

5 – NOVA CRÍTICA RADICAL À JURISDIÇÃO CONSTITUCIONAL

but the people themselves".[11] James Madison questiona: "*Who Are the Best Keepers of the People's Liberties?*" e responde: "*The People themselves*".[12] A concepção de que "o próprio povo" ("*the people themselves*")[13] deveria decidir não está relacionada apenas à elaboração da Constituição, atribuída ao povo por todas as Constituições democráticas, e sim também a toda a atividade política sob a égide da Constituição. A reivindicação de Tushnet é esta: "*Return all constitutional decision-making to the people, acting politically*", em outros termos: "*We all ought to participate in creating constitutional law through our actions in politics*".[14]

Essas explanações poderiam levar à suposição de que se trataria da implantação de elementos plebiscitários, nomeadamente de referendos constitucionais (*Verfassungsreferenden*), que se mostram presentes nas Constituições dos Estados-membros da federação norte-americana, mas que faltam por completo na Constituição Federal dos Estados Unidos. No que diz respeito a decisões, o povo norte-americano está limitado à eleição do Presidente e do Congresso. A argumentação não desemboca, entretanto, na exigência de que o povo decida. Na realidade, trata-se de tirar o poder dos Tribunais, por estes serem um empecilho para um "*populist constitutional*

---

[11] JEFFERSON, Thomas. "Proposed Constitution for Virginia". *In*: FORD, Paul Leicester (Org.). *The Writings of Thomas Jefferson*. Vol. X. Nova York: G. P. Putnam's Sons, 1894, p. 162.

[12] MADISON, James. "For the *National Gazette*, 20 December 1792" (publicado em 22.12.1792).

[13] Nota do Coordenador (Gilmar Ferreira Mendes): Nesta passagem, e em várias outras à frente, foi necessário traduzir o original, em inglês, "*the people themselves*" para "o próprio povo". A expressão original, em inglês, exige flexão verbal na terceira pessoa do plural, ao passo que, na língua portuguesa, "povo" requer a terceira pessoa do singular. Embora "o próprio povo" seja incapaz de comunicar o caráter reflexivo que notabiliza essa fórmula do constitucionalismo norte-americano, os ganhos em termos de fluidez textual compensam a perda semântica.

[14] TUSHNET, Mark. *Taking the Constitution Away from the Courts*. Princeton: Princeton University Press, 1999, pp. 154 e 157.

law". Dessa forma, deverá ser criado um *"space for politics"*,[15] restaurando o fundamento do *self-government* em face de evoluções equivocadas. O *self-government* do povo é *government* por meio dos seus representantes eleitos.

Como justificativa, Tushnet distingue entre *"the thick Constitution and the thin Constitution"*.[16] *"Thick"* e *"thin"* não significam aqui o correspondente a "substancial, ambicioso" (*gehaltvoll, anspruchsvoll*), por um lado, e "medíocre, sem ambições" (*dürftig, unambitioniert*), por outro. Na realidade, trata-se de uma definição puramente circular (*Umfangsbezeichnung*). A Constituição "fina" consiste nos poucos princípios fundamentais, e a "grossa" em todo o resto. De fato, a "Constituição fina" se encontra até mesmo fora da Constituição. Para Tushnet, ela é idêntica às afirmações fundamentais da *Declaration of Independence* e de vez em quando ainda recebe o acréscimo do preâmbulo da Constituição, ou seja: *"equality, freedom of expression, liberty"*, mas claramente não da *First Amendment* ou das *"equal protection clauses"* da *Fourteenth Amendment*.[17]

A Constituição "fina" é a verdadeira *"populist Constitution"*, aquela conhecida pelo povo, aquela cujos *"vital interests"* são por ele incorporados, aquela que toca o coração.[18] Isso não quer dizer que o seu sentido seja indubitável, mas que o conflito acerca da respectiva

---

[15] TUSHNET, Mark. *Taking the Constitution Away from the Courts*. Princeton: Princeton University Press, 1999, p. 187.
[16] TUSHNET, Mark. *Taking the Constitution Away from the Courts*. Princeton: Princeton University Press, 1999, pp. 9 e ss.
[17] TUSHNET, Mark. *Taking the Constitution Away from the Courts*. Princeton: Princeton University Press, 1999, p. 11. A concepção da real Constituição fora do documento constitucional faz lembrar a distinção entre Constituição e direito constitucional de: SCHMITT, Carl. *Verfassungslehre*. Berlim: Duncker & Humblot, 1928, p. 20. Mas isso não quer dizer que Schmitt tenha sido o elemento inspirador aqui.
[18] TUSHNET, Mark. *Taking the Constitution Away from the Courts*. Princeton: Princeton University Press, 1999, p. 13.

5 – NOVA CRÍTICA RADICAL À JURISDIÇÃO CONSTITUCIONAL

importância não deverá ser resolvido pela Suprema Corte; terá de ser esclarecido no processo político. A Constituição "grossa" não é, de forma alguma, sem importância. Sem ela não haveria o sistema de governo. Contudo, reportando-se à Constituição "fina", pode-se deixar de lado a "grossa". Surge a pergunta sobre o quanto se pode subtrair da "grossa" aos Tribunais. No final, entretanto, a resposta é: cada Poder (*Staatsgewalt*) decide por si acerca do sentido da Constituição. Invertendo a conhecida citação do *Chief Justice* Hughes, a Constituição é "o que a maioria do Congresso diz que ela é".[19]

Tushnet ilustra suas reflexões com apoio numa decisão da Suprema Corte, segundo a qual é incompatível com a Constituição dos Estados Unidos a previsão legal que dispõe que filhos de imigrantes clandestinos não possuem direito à escola pública.[20] Alguns anos depois, um regramento com o mesmo conteúdo foi implementado, na Califórnia, por meio de um plebiscito. Assim, o Legislativo californiano teve de colocá-lo em prática, e os diretores de escola tiveram de aplicá-lo. Um Tribunal Federal declara a regulamentação californiana inconstitucional, remetendo à decisão *Plyler v. Doe*, da Suprema Corte. Os parlamentares californianos juram estar respeitando tanto a Constituição e as leis da Califórnia quanto a Constituição dos Estados Unidos. Tushnet, então, pergunta: os parlamentares e os diretores escolares agirão em contrariedade ao Direito, se ignorarem a decisão do Tribunal?

Sua resposta é digna de menção. Ele diz: *"Of course not"*. E como ele explica isso? "Legislators took an oath to support the Constitution – the Constitution – not the Supreme Court. What the Constitution means is not necessarily what the Supreme Court says it means. If legislators think the Court misinterpreted the Constitution, their oath allows them – indeed, it may require them – to disregard

---

[19] TUSHNET, Mark. *Taking the Constitution Away from the Courts*. Princeton: Princeton University Press, 1999, p. 52.
[20] *Plyler v. Doe*, 417 U.S. 202 (1982).

Plyler".²¹ Tushnet parece partir da ideia de que a Constituição possui um determinado significado que a Suprema Corte pode não estar percebendo ou, de qualquer forma, segundo a opinião dos parlamentares, já ignorou. Disso não se segue que a decisão do Tribunal seja, de qualquer forma, irrelevante. Da mesma maneira como a Suprema Corte pode se enganar, também os parlamentares californianos podem se equivocar. Como Tushnet chega à sua conclusão?

Tushnet não ignora que o *self-government* por meio de representantes eleitos é um proceder (*Vorgang*) repleto de pressupostos. Ele cita três condições que precisam ser cumpridas para que se possa falar de um *self-government* por representantes eleitos: necessário haver eleições livres e diretas, deve-se permitir críticas ao governo e deve haver espaço para a livre formação de opinião no âmbito pré-político (*vorpolitischen*), o que pressupõe uma esfera privada protegida.²² Daí se poderia concluir que a jurisdição constitucional deveria ser limitada à preservação dessas condições. Semelhante definição funcional, acessória à democracia, está baseada, de fato, numa obra mais antiga, muito influente para a jurisdição constitucional, qual seja, o livro de John Hart Ely, *Democracy and Distrust*.²³ Mas não é essa a concepção de Tushnet.

Tushnet teme, na verdade, que uma permissão tão pontual para a *judicial review* não se limite a tais situações. Essa ameaça só seria eliminada renunciando-se voluntariamente ao *judicial review*. Mas isso não levaria a um sistema anárquico, *"in which the law is whatever anyone thinks it ought to be"*.²⁴ A Constituição iria manter,

---

21 TUSHNET, Mark. *Taking the Constitution Away from the Courts*. Princeton: Princeton University Press, 1999, p. 6.
22 TUSHNET, Mark. *Taking the Constitution Away from the Courts*. Princeton: Princeton University Press, 1999, p. 17.
23 ELY, John Hart. *Democracy and Distrust*. Cambridge: Harvard University Press, 1980.
24 TUSHNET, Mark. *Taking the Constitution Away from the Courts*. Princeton: Princeton University Press, 1999, p. 14.

5 – NOVA CRÍTICA RADICAL À JURISDIÇÃO CONSTITUCIONAL

na realidade, seu significado orientador, mas não como norma justiciável (*justiziable*). *"Instead, it sets the terms of discourse"*.[25] No discurso, seria preciso negociar e decidir, caso a caso, o que ela significaria. *"Populist constitutional law"* se refere a uma Constituição que não define quem tem razão em controvérsias políticas. Ela não se imiscui, seja ordenando ou proibindo, no processo democrático, e sim *"orients us as we think about and discuss where our country ought to go"*.[26]

Nem o *Bill of Rights* da Constituição norte-americana escapa dessa redefinição. Isso não quer dizer, todavia, que Tushnet menospreze os direitos à liberdade do indivíduo perante o Estado. Na realidade, ele descreve o *"populist constitutional law"* como *"a law committed to the principle of universal human rights justifiable by reason in the service of self-governments"*.[27] Mas o *self-government* não deverá mais ser limitado pela jurisprudência dos direitos fundamentais da Suprema Corte. O que Tushnet está a dizer é que pode haver direitos limitando o poder público (*Staatsgewalt*) sem que um Tribunal Constitucional os implemente em face dos órgãos de cúpula do Estado. Direitos também podem desempenhar seus serviços se não estiverem assegurados no nível constitucional, e sim localizados no escalão das leis.[28]

À objeção de que a Constituição estaria mais bem guardada pela Suprema Corte do que pelo Congresso, e que a estabilidade e a segurança jurídica exigiriam que a resposta a questões constitucionais pudesse ser dada de um único lugar, Tushnet reage com o argumento

---

[25] TUSHNET, Mark. *Taking the Constitution Away from the Courts.* Princeton: Princeton University Press, 1999, p. 185.
[26] TUSHNET, Mark. *Taking the Constitution Away from the Courts.* Princeton: Princeton University Press, 1999, p. 194.
[27] TUSHNET, Mark. *Taking the Constitution Away from the Courts.* Princeton: Princeton University Press, 1999, p. 181.
[28] TUSHNET, Mark. *Taking the Constitution Away from the Courts.* Princeton: Princeton University Press, 1999, pp. 163 e ss.

de que o Legislativo e o Tribunal seriam instituições (*Institutionen*) que perseguem, em igual medida, seus próprios interesses institucionais (*institutionelle Eigeninteressen*).[29] Além disso, os magistrados seriam nomeados pelos órgãos políticos. Tushnet não acredita que um sistema no qual uma única instância tenha a última palavra em questões constitucionais seja mais estável e promova maior segurança jurídica do que um sistema no qual cada Poder decida por si mesmo o que significaria a Constituição. Ele nutre a esperança de que o Congresso levará a Constituição mais a sério quando não for mais possível empurrar questões constitucionais para a Suprema Corte.[30]

Tushnet finaliza seu discurso contra a *judicial review* com a observação tranquilizadora de que essa renúncia não significaria qualquer perda essencial. "*Judicial review is a marginal institution*".[31] Sua importância "*amounts to noise around zero*".[32] Por um lado, ele corrobora isso com a alegação de que, de qualquer forma, a Suprema Corte quase sempre decidiria no sentido da maioria em voga. Por outro lado, ele esclarece que Liberais e Conservadores ganhariam e perderiam posições numa proporção bastante similar. Tampouco se poderia dizer que o sistema de governo sem *judicial review* sofre danos qualitativos. Algumas vezes, as decisões judiciais seriam melhores do que as deliberações parlamentares, outras vezes piores. Face a isso, a renúncia apresentaria um claro efeito positivo: "*It would make populist constitutional law the only constitutional law there is*".[33]

---

[29] TUSHNET, Mark. *Taking the Constitution Away from the Courts.* Princeton: Princeton University Press, 1999, p. 26.

[30] TUSHNET, Mark. *Taking the Constitution Away from the Courts.* Princeton: Princeton University Press, 1999, p. 163.

[31] TUSHNET, Mark. *Taking the Constitution Away from the Courts.* Princeton: Princeton University Press, 1999, p. 174.

[32] TUSHNET, Mark. *Taking the Constitution Away from the Courts.* Princeton: Princeton University Press, 1999, p. 153.

[33] TUSHNET, Mark. *Taking the Constitution Away from the Courts.* Princeton: Princeton University Press, 1999, p. 154.

5 – NOVA CRÍTICA RADICAL À JURISDIÇÃO CONSTITUCIONAL

Larry Kramer chega a usar as icônicas palavras *"The people themselves"* no título do seu livro. O subtítulo revela que, à semelhança de Tushnet, o seu interesse está no *"popular constitutionalism"*.[34] Diferentemente de Tushnet, porém, ele busca apoio em uma pesquisa histórica sobre o papel da Suprema Corte. A história norte-americana é descrita como um constante confronto entre *judicial supremacy* e *departmentalism*. *Supremacy* significa a força vinculante das decisões da Suprema Corte para todos os poderes públicos (*Staatsgewalten*). Por *departmentalism*, entende-se que os três Poderes (*Staatsgewalten*) decidem, cada qual por si, como as normas constitucionais devem ser compreendidas. Tradicionalmente, trabalhavam a favor dessa concepção as forças políticas progressivas, enquanto as conservadoras tendiam à *judicial supremacy*. Somente em tempos bem recentes isso teria se invertido. No início da história da Constituição norte-americana (e ainda por muitos anos) teria sido impensável o povo passar ao Judiciário a responsabilidade pelo significado da Constituição. Na realidade, teria sido previsto um apelo ao povo em casos de conflitos constitucionais entre os Poderes (*Staatsgewalten*). Kramer remete, para tanto, a Madison: esses conflitos não poderiam ser solucionados *"without an appeal to the people themselves, who, as the grantors of the constitution, can alone declare its true meaning"*.[35] Isso faz pensar, por outro lado, em plebiscitos ou referendos, os quais realmente foram cogitados por Jefferson, ao passo que Madison, embora não os excluísse, alertava

---

[34] KRAMER, Larry. *The People Themselves*: Popular Constitutionalism and Judicial Review. Oxford: Oxford University Press, 2004.

[35] KRAMER, Larry. *The People Themselves*: Popular Constitutionalism and Judicial Review. Oxford: Oxford University Press, 2004, pp. 45 e ss. A citação de Madison acabou sendo o título de um dos capítulos do livro, p. 39. Mas Kramer não dá a perceber que Madison se refira a outro autor aqui, com o qual ele se ocupa criticamente (cf. *The Federalist* nº 47); cf. também RAKOVE, Jack N. *Original Meanings*: Politics and Ideas in the Making of the Constitution. Nova York: Alfred A. Knopf, 1996, pp. 140 e ss. e 280 e ss.

que seu uso poderia prejudicar a autoridade da Constituição.[36] De todo modo, eles não encontraram lugar na Constituição.

Tampouco Kramer estava discutindo plebiscitos, e sim o desempoderamento da Suprema Corte. Esta não existiria para proteger a Constituição do Legislativo. A responsabilidade para tal seria do povo, que a assumiria por meio de eleições, *"but also, if necessary, by other, extralegal means"*.[37] Nenhum órgão público estaria autorizado a interpretar a Constituição de modo autêntico, *"because the interpretative authority remained with the people"*.[38] Segundo a retrospectiva de Kramer, a consciência de que a Constituição seria algo que caberia ao povo resolver só se teria perdido na segunda metade do século XX. Desde então, ela seria considerada assunto de especialistas jurídicos. O resultado seria a monopolização da interpretação constitucional por parte da Suprema Corte, em tudo contrário a um *"popular constitutionalism"*.

A pesquisa de Kramer tem por objetivo restaurar o *popular constitutionalism*. Contudo, ele não chega a ponto de exigir a abolição da *judicial review*. O objeto de seus ataques é apenas a *judicial supremacy*. A Suprema Corte pode continuar interpretando e aplicando a Constituição, mas, em caso de conflito com os outros Poderes, ela já não tem a última palavra. No entanto, fora justamente isso o que a Suprema Corte, remetendo a *Marbury v. Madison*, demandara com muita clareza quando o governador do Arkansas, Faubus, negou-se a cumprir a ordem de *Brown v. Board of Education* e instruiu a Guarda Nacional para que impedisse os

---

[36] JEFFERSON, Thomas. "Proposed Constitution for Virginia". *In*: FORD, Paul Leicester (Org.). *The Writings of Thomas* Jefferson. Vol. III. Norderstedt: Hansebooks GmbH, 1894, p. 332; para James Madison, veja o Panfleto n° 47 de *The Federalist*.

[37] KRAMER, Larry D. *The People Themselves*: Popular Constitutionalism and Judicial Review. Oxford: Oxford University Press, 2004, p. 58.

[38] KRAMER, Larry D. *The People Themselves*: Popular Constitutionalism and Judicial Review. Oxford: Oxford University Press, 2004, p. 58.

5 – NOVA CRÍTICA RADICAL À JURISDIÇÃO CONSTITUCIONAL

alunos negros de adentrarem o prédio escolar. Numa deliberação extraordinária, assinada por todos os nove juízes da Suprema Corte, esta declarou que o Tribunal seria *"supreme in the exposition of the law of the Constitution"*.[39]

Tal conclusão expressa o oposto das assertivas de Tushnet (parlamentares e funcionários públicos teriam jurado sobre a Constituição e não sobre a Suprema Corte) e de Kramer (a autoridade para a interpretação autêntica não estaria nas mãos da Corte, mas com o povo). *"The interpretation of the Fourteenth Amendment enunciated by this Court in the Brown case is the supreme law of the land"*. A Constituição e a sua interpretação pela Suprema Corte não poderiam ser separadas e jogadas uma contra a outra. *"Every state legislator and executive and judicial officer is solemnly committed by oath taken pursuant to Art. VI 'to support this Constitution'"*. O Tribunal e o país invariavelmente assim dispuseram, sendo isso um *"indispensable feature of our constitutional system"*.

Para Kramer, essa proposição é *"just bluster and puff"* [presunção e afetação]; nela, a Suprema Corte nem sequer consegue licitamente invocar o *Marbury v. Madison*.[40] A *judicial supremacy* é denominada de ideologia profissional dos juízes. "Supremacy is an ideological tenet whose whole purpose is to persuade ordinary citizens that, whatever they may think about the Justices' constitutional rulings, it is not their place to gainsay the Court. It is a device to deflect and dampen the energy of popular constitutionalism".[41] Agindo dessa forma, o Tribunal nem sempre teria tido êxito. No

---

[39] *Cooper v. Aaron*, 358 U.S. 1 (1958), cf. também as citações a seguir.
[40] KRAMER, Larry D. *The People Themselves*: Popular Constitutionalism and Judicial Review. Oxford: Oxford University Press, 2004, p. 221. Sobre a defesa de *Cooper v. Aaron*, cf. ALEXANDER, Larry; SCHAUER, Frederick. "On Extrajudicial Constitutional Interpretation". *Harvard Law Review*, Vol. 110, nº 7, mai. 1997, p. 1359.
[41] KRAMER, Larry D. *The People Themselves*: Popular Constitutionalism and Judicial Review. Oxford: Oxford University Press, 2004, p. 233.

entanto, aludir a uma *judicial supremacy* teria, por finalidade, adiar o quanto possível o *"breaking point"* e maximizar a autoridade do Tribunal, fazendo com que se propague entre a população uma postura de *"deference and submission to its judgments"*.[42]

Kramer vislumbra a suposição de que Tribunais sejam mais confiáveis do que parlamentos como a premissa de fundo desse desenvolvimento. Ele considera essa ideia questionável do ponto de vista empírico. No que se refere ao trato com a Constituição, não haveria certeza. Em todo caso, seria uma atitude muito açodada questionar a capacidade do Congresso de fazer interpretação constitucional responsavelmente: este órgão sempre seria superior à Suprema Corte no aspecto de que, no processo parlamentar, mais vozes seriam ouvidas e mais informações seriam trabalhadas. No cálculo inverso apresentado por ele, a fragilidade deliberativa da Suprema Corte está no centro. Ademais, a maior parte do trabalho seria desenvolvida pelos *law clerks* [assessores]. Também por isso a Constituição deveria voltar a ser uma causa do povo. *"The Supreme Court is not the highest authority in the land on constitutional law. We are"*.[43]

Claro que então se impõe a pergunta a respeito de como se pode subtrair a autoridade (*Autorität*) da Suprema Corte. Numa alusão à eleição presidencial de 2000 e à decisão *Bush v. Gore*,[44] Kramer pondera sobre o que, talvez, tivesse acontecido na situação semelhante do ano de 1876, se a Suprema Corte tivesse resolvido o conflito em torno da vitória eleitoral entre os candidatos Hayes e Tilden. Citando precedentes históricos, ele lista algumas possibilidades: acusar os juízes; tornar sua vida *"miserable"* por meio de novas exigências; ignorar a decisão ou declará-la sem valor (*unbeachtlich*);

---

[42] KRAMER, Larry D. *The People Themselves*: Popular Constitutionalism and Judicial Review. Oxford: Oxford University Press, 2004, p. 233.
[43] KRAMER, Larry D. *The People Themselves*: Popular Constitutionalism and Judicial Review. Oxford: Oxford University Press, 2004, p. 248.
[44] *Bush v. Gore*, 531 U.S. 98 (2000).

5 – NOVA CRÍTICA RADICAL À JURISDIÇÃO CONSTITUCIONAL

limitar as competências do Tribunal; nomear juízes adicionais. Diante da pergunta sobre o que se poderia fazer hoje para colocar a Suprema Corte dentro das suas limitações, ele retoma esse catálogo: *"The means are available"*.[45]

Jeremy Waldron se distancia das argumentações predominantemente históricas de Kramer e políticas de Tushnet, ao pretender atuar de forma filosófica, formulando um *"core argument against judicial reviews"*.[46] Este deverá ser independente da própria posição em relação às sentenças dos Tribunais e valer mesmo quando se tiverem à disposição os melhores juízes que se possa imaginar. Tampouco ele deverá ter validade apenas para os Estados Unidos e a sua Suprema Corte; é, ao contrário, global e, portanto, *"uncontaminated by culture, history, political preoccupation of each society"*.[47] Suas reflexões, no entanto, circunscrevem-se ao aspecto material da Constituição, os direitos fundamentais. Sobre a parte da Constituição reservada às regras de organização ele não apresenta posição clara, embora haja passagens que sugiram que ele não se coloca, de antemão, contra um controle sob o prisma procedimental.[48]

O exame jurisdicional das leis segundo o critério dos direitos fundamentais é declarado irrazoável do ponto de vista filosófico. Mas por trás disso não há uma crítica aos direitos fundamentais em si, tal como aquela praticada pelos teóricos radicais da democracia, para quem só existe um direito fundamental, qual seja, o direito à

---

[45] KRAMER, Larry D. *The People Themselves*: Popular Constitutionalism and Judicial Review. Oxford: Oxford University Press, 2004, pp. 231 e 249.

[46] WALDRON, Jeremy. "The Core of the Case Against Judicial Review". *Yale Law Journal*, Vol. 115, 2006, p. 1346 (1351). Cf. ainda, antes, WALDRON, Jeremy. *Law and Disagreement*. Oxford: Oxford University Press, 1999.

[47] WALDRON, Jeremy. "The Core of the Case Against Judicial Review". *Yale Law Journal*, Vol. 115, 2006, p. 1352.

[48] WALDRON, Jeremy. "The Core of the Case Against Judicial Review". *Yale Law Journal*, Vol. 115, 2006, p. 1352, em especial p. 1371.

participação da formação da vontade popular. Waldron defende direitos fundamentais que colocam limites ao legislador democrático e essa aprovação não se limita àqueles direitos fundamentais que possam valer como pressuposto irrefutável da formação democrática da vontade. Para ele, não há contradição entre direitos fundamentais e democracia, e sim entre *judicial review* e democracia. Apenas se não houvesse mais *judicial review* é que "o próprio povo" ("*the people themselves*") decidiria, e assim o faria "*by ordinary legislative procedures*" [pelos procedimentos legislativos ordinários].[49]

O ponto de partida para a justificativa de Waldron é o desacordo da sociedade acerca do que seja uma ordem justa. Esse desacordo se estende também aos direitos dos indivíduos.[50] Talvez seja possível que uma sociedade chegue à concordância de que os seres humanos têm, ou deveriam ter, direitos fundamentais. A concordância, todavia, já se desfaz quando se pergunta sobre aquilo que merece ser reconhecido como Direito e a quem cabe esses direitos. Faltaria concordância, além disso, tanto no aspecto dos limites dos direitos quanto do tratamento das colisões entre eles e, sobretudo, quanto à sua importância na aplicação casuística concreta. O dissenso não seria superável cientificamente. Sobre essa constatação empírica se estrutura a sua atitude normativa acerca do controle jurisdicional de constitucionalidade.

O desacordo é a condição básica do agir político. A tarefa da Política é possibilitar a ação conjunta a partir do pressuposto de divergências intransponíveis. O meio é o Direito. O estabelecimento do Direito tem de ocorrer num processo político. O sujeito desse processo é o povo. Em sua decisão fundamental acerca da organização

---

[49] WALDRON, Jeremy. "The Core of the Case Against Judicial Review". *Yale Law Journal*, Vol. 115, 2006, p. 1349.

[50] WALDRON, Jeremy. *Law and Disagreement*. Oxford: Oxford University Press, 1999, pp. 1 e ss. e 211 e ss.; WALDRON, Jeremy. "The Core of the Case Against Judicial Review". *Yale Law Journal*, Vol. 115, 2006, pp. 1366 e ss.

5 – NOVA CRÍTICA RADICAL À JURISDIÇÃO CONSTITUCIONAL

da Política ele é livre. Waldron distingue entre soberania popular e democracia. Enquanto soberano, o povo pode se manifestar contra a democracia. Da mesma forma, ele pode optar pela *judicial review*. Mas a *judicial review* ainda não seria, só por causa disso, democrática. Tal como a tirania não se transforma em democracia por ter sido decidida democraticamente, a *judicial review* não se torna democrática pelo fato de o povo assim o desejar.

Contra tudo isso, a superação do desacordo social por meio de decisões judiciais seria o oposto do *self-government* – e algo injustificável em termos democráticos. Waldron se esforça muito para demonstrar que o estabelecimento da *judicial review* não se trata, como se supõe com frequência, de uma autovinculação do povo (*precommitment* – a providência tomada no estado de sobriedade para evitar fazer algo insensato em estado "alterado"), e sim de uma submissão (*submission*). Em face do persistente desacordo, a *judicial review* não é a imposição da vontade própria do povo por meio de um terceiro – o juiz –, e sim a rendição a uma vontade alheia.[51] O povo, assim, acaba por abrir mão de sua autodeterminação – embora o faça por livre deliberação.

Ao ser perguntado se as condições para uma preservação dos direitos fundamentais não seriam melhores no processo judicial do que no parlamentar, ele responde lançando mão da distinção entre razões relacionadas a resultados (*outcome-related*) e razões relacionadas a processos (*process-related*).[52] Os primeiros dizem respeito ao significado do conteúdo dos direitos fundamentais, acerca dos quais não há consenso *per se*. Por isso, tudo só pode depender das razões relacionadas a processos. Para estas, porém, ele encontra condições melhores no parlamento, mesmo que se tenha de admitir déficits, por exemplo no que tange à liberdade eleitoral. O processo

---

[51] WALDRON, Jeremy. *Law and Disagreement*. Oxford: Oxford University Press, 1999, pp. 255 e ss.
[52] WALDRON, Jeremy. "The Core of the Case Against Judicial Review". *Yale Law Journal*, Vol. 115, 2006, pp. 1372 e ss.

parlamentar é "*evidently superior as a matter of democracy and democratic values to the indirect and limited basis of democratic legitimacy for the judiciary*".[53]

É claro que, diante de intransponível desacordo, as decisões acabam sendo tomadas sempre conforme o princípio da maioria. Nisso os parlamentos não diferem dos Tribunais. A proporção numérica de nove juízes e quinhentos parlamentares encolhe, comparada ao número dos que têm direito a voto. Mas, para Waldron, isso não pode ter qualquer importância, pois os parlamentares representam o povo, ao passo que os juízes não representam ninguém. "*Their claim to participation is functional, not a matter of entitlement*".[54] Quando apenas as razões relacionadas a processos podem reivindicar validade, todas as vantagens estão do lado do Legislativo. Por se tratar de decisões sob a circunstância do dissenso, não há necessidade de uma instância decisória judicial adicional. "*Legislation just* is *the adjudication of those controverses*".[55]

Embora Waldron tivesse reivindicado uma validade geral para as suas explanações sobre a incompatibilidade entre democracia e *judicial review*, sua argumentação não termina com essa constatação; na verdade, em seu trabalho essa constatação é atada a uma condição: a situação concreta de um país (condição que ainda não tinha aparecido em "*Law and Disagreement*"). A exclusão categórica do controle de normas (*Normenkontrolle*) deverá valer apenas quando as instituições democráticas de um país funcionam muito bem, os Tribunais cumprem a sua função e a população, a princípio, é a favor dos direitos fundamentais, sem, no entanto, conseguir se

---

[53] WALDRON, Jeremy. "The Core of the Case Against Judicial Review". *Yale Law Journal*, Vol. 115, 2006, p. 1391.

[54] WALDRON, Jeremy. "The Core of the Case Against Judicial Review". *Yale Law Journal*, Vol. 115, 2006, p. 1392.

[55] WALDRON, Jeremy. *Law and Disagreement*. Oxford: Oxford University Press, 1999, p. 309.

entender acerca do seu conteúdo. Onde faltarem esses pressupostos, pode até ser que a *judicial review* faça algum sentido.⁵⁶

III.

Todos os três autores rejeitam a jurisdição constitucional ou, ao menos, a sua *supremacy*, na medida em que convocam o "próprio povo" (*"the people themselves"*) para a elucidação de questões constitucionais. Somente Waldron admite que, por meio da Constituição, o povo possa ter confiado essa atribuição para um Tribunal.⁵⁷ Embora ele aceite a ideia como uma expressão da vontade popular, considera-a uma renúncia à democracia. Sendo assim, é certo que o número de países que possam ser denominados de democráticos reduz muito, uma vez que, usualmente, a Constituição expressamente atribui aos Tribunais a competência para o controle de normas. Tushnet e Kramer se referem apenas aos Estados Unidos em seus livros e, por isso, não precisam se expor a essa questão, uma vez que na Constituição norte-americana falta autorização expressa para a *judicial review*.

Ao se perguntar aos autores de que forma questões constitucionais seriam elucidadas pelo "próprio povo" (*"the people themselves"*), a devolução da Constituição ao povo revela-se uma promessa vazia. Trata-se apenas de retirá-la dos Tribunais. Após a abolição da *judicial review*, o povo tampouco estará autorizado a fazer mais do que já vinha fazendo de qualquer maneira. Ele pode discutir sobre o significado de normas constitucionais e o faz em polifonia, consoante supõe Waldron: a favor ou contra a proibição do aborto, a favor ou contra a *affirmative action*, a favor ou contra o *same sex marriage*, a favor ou contra o porte de armas etc. Sobre tudo isso

---

56 WALDRON, Jeremy. "The Core of the Case Against Judicial Review". *Yale Law Journal*, Vol. 115, 2006, pp. 1359 e ss.
57 WALDRON, Jeremy. "The Core of the Case Against Judicial Review". *Yale Law Journal*, Vol. 115, 2006, p. 1392.

os cidadãos podem formar uma opinião, além de exercer pressão sobre partidos e parlamentares, mas não deflagram qualquer decisão majoritária sobre como se deva compreender a Constituição – em emendas constitucionais, nem sequer são considerados.[58]

O povo é decisivo apenas na eleição: diretamente, em relação às pessoas para as quais o exercício do poder público é confiado; e, de modo indireto, no que se refere às posições ou às intenções políticas por tais pessoas defendidas. Nisso se pode incluir também – a propósito de algumas polêmicas – a compreensão que os candidatos e partidos têm acerca de determinados artigos da Constituição. No entanto, eleições são adiantamentos de confiança muito generalizados para certos candidatos e tendências políticas; são inaptas, exatamente por isso, para implementar uma compreensão mais específica da Constituição. Menos ainda se pode confiavelmente interpretar uma eleição como sendo um posicionamento do povo acerca de uma determinada questão constitucional. Ainda que fosse isso possível, ficaria em aberto como fazer com que os eleitos, na sequência, obedecessem exatamente a esse posicionamento.

Quem pode mais sem a *judicial review* – do que com a *judicial review* – são as pessoas eleitas para aqueles órgãos do Estado baseados no sufrágio popular, porque a *judicial review* trata, essencialmente, de controle de normas, sobretudo as do Parlamento. Este poderá agir conforme seu próprio entendimento da Constituição, sem que qualquer outra instância possa acusar seu entendimento constitucional (*Verfassungsverständnis*) de ser um mal-entendido (*Missverständnis*), nem declarar "*null and void*" o ato legislativo que viola a Constituição por apoiar-se em tal entendimento. Quanto ao povo, ele de modo algum está autorizado a agir assim, seja por iniciativa própria, por meio de referendos, seja por plebiscito convocado pelo Congresso ou pelo Presidente. A Constituição não prevê esse tipo

---

[58] A possibilidade de se ativar uma "*Convention*" em revisões constitucionais, nos termos do Art. V – a despeito do fato de que também essa seria apenas uma reunião representativa – nunca foi utilizada.

5 – NOVA CRÍTICA RADICAL À JURISDIÇÃO CONSTITUCIONAL

de participação popular; por isso, não dispõe de procedimentos correspondentes.

Nos períodos situados entre as eleições, a prerrogativa decisória do "próprio povo" (*"the people themselves"*) manifesta-se tão somente na forma de seus representantes eleitos. Ao povo caberia identificar – a propósito de controvérsias e dúvidas concretas – as prescrições postas pela Constituição ao processo político. Quando os autores, porém, seguem insistindo que, após a abolição da *judicial review*, a tarefa de interpretação constitucional seria assumida pelo "próprio povo" (*"the people themselves"*), eles não querem com isso expressar que tanto as interpretações quanto as ações dos representantes (que se baseiam nessas interpretações) seriam imputadas ao povo – como preconiza a teoria da representação. O dito "o próprio povo decidiu" só faz sentido se os representantes forem identificados com o povo. Para tais autores, a vontade dos representantes é a vontade popular.

No entanto, os "pais fundadores da Constituição" (*Verfassungsvätern*) guardaram distância de semelhante identificação. Eles não apenas tinham sentido as consequências da soberania parlamentar inglesa, como também tinham vivido os excessos das Assembleias estaduais na breve fase situada entre a independência e a unificação dos Estados Unidos. A resposta a isso foi o abandono do modelo inglês e a distinção entre povo e parlamento.[59] O povo deveria ser soberano, e não, como na Inglaterra, o Parlamento, que age apenas a mando do povo: *"master and servants"*, na dicção da época. A soberania e a condição de órgão do Estado (*Organstellung*) são mutuamente excludentes. Essa perspectiva permeou todo o debate

---

[59] Cf. WOOD, Gordon S. *The Creation of the American Republic 1776-1787*. Chapel Hill: The University of North Carolina Press, 1998, p. 344; MORGAN, Edmund S. *Inventing the People*: The Rise of Popular Sovereignty in England and America. Nova York: W. W. Norton, 1988; BRUNHÖBER, Beatrice. *Die Erfindung "demokratischer Repräsentation" in den Federalist Papers*. Tübingen: Mohr Siebeck, 2010.

constitucional, e foi a grande novidade da Revolução Americana, que posteriormente conduziu à Constituição moderna.

Chegou-se até a Constituição porque, como uma consequência da distinção entre povo e representantes, não é o próprio povo que governa. Este apenas delega periodicamente a tarefa de governar. Com isso, porém, colocou-se aos revolucionários o problema de toda a representação política, qual seja, que os representantes se tornam autônomos perante os representados e, assim, no lugar de dar voz às concepções e às necessidades destes, buscam obter vantagem própria. Para solucionar esse problema colateral da democracia representativa, destinou-se o subsequente engenho da Revolução Americana, a Constituição:[60] é nela que são estipuladas as condições que regem a atuação dos representantes e o que se pode deles exigir. Liberdade de ação existe apenas no âmbito da Constituição.

Por isso, a Constituição necessariamente precede a ação governamental, em duplo sentido: a Constituição não pode derivar dos órgãos que por ela foram criados para exercer o poder público; as decisões destes submetem-se à hierarquia daquela. A autoria é reclamada pelo povo. É dele o poder constituinte. Ele é livre acerca de como exercê-lo. Com isso não está dito que é o próprio povo quem faz a Constituição. No sentido técnico da formulação de um texto isso nunca acabaria bem. Tampouco referendos acerca do esboço de *"constituent assemblies"* traduzem condição imprescindível para a legitimidade da Constituição. Para o cumprimento da função

---

[60] Cf. GRIMM, Dieter. "Entstehungs- und Wirkungsbedingungen des modernen Konstitutionalismus". *In*: _____. *Die Zukunft der Verfassung*. Berlim: Suhrkamp, 1991, p. 31; GRIMM, Dieter. "Ursprung und Wandel der Verfassung". *In*: ISENSEE, Josef; KIRCHHOFF, Paul (Orgs.). *Handbuch des Staatsrechts der Bundesrepublik Deutschland*. Vol. I. 3ª ed. Heidelberg: C. F. Müller, 2003; GRIMM, Dieter. "Die Errungenschaft des Konstitutionalismus und ihre Aussichten in einer veränderten Welt". *In*: _____. *Die Zukunft der Verfassung II*. Berlim: Suhrkamp, 2012, p. 315.

5 – NOVA CRÍTICA RADICAL À JURISDIÇÃO CONSTITUCIONAL

constitucional é suficiente que se atribua a autoria ao povo, com o auxílio da imagem do poder constituinte.

Com a Revolução Americana, "Constituição" deixa de ser um conceito descritivo e passa a ser um conceito prescritivo.[61] Ela não descreve a realidade: direciona demandas. Ela encara seus destinatários com pretensão de validade. Porém, validade não é o mesmo que efetividade. A Constituição não se concretiza por força própria. Ela depende da observância e, se necessário, da implementação por parte dos próprios destinatários.[62] Isso vale não apenas para a Constituição, mas para o Direito como um todo. Contudo, essa observância é mais difícil de ser alcançada no contexto do Direito Constitucional do que no âmbito do Direito Legislado (*Gesetzesrecht*).[63] Subjacente a este, encontra-se o aparato de poder do

---

[61] Cf. MOHNHAUPT, Heinz; GRIMM, Dieter. *Verfassung. Zur Geschichte des Begriffs von der Antike bis zur Gegenwart*. 2ª ed. Berlim: Duncker & Humblot, 2002.

[62] Essa é a percepção básica na qual se fundamentam a teoria e a metodologia interpretativa da Constituição de Konrad Hesse; cf. HESSE, Konrad. *Die normative Kraft der Verfassung*. Tübingen: J.C.B. Mohr, 1959. Cf. KRÜPER, Julian; PAYANDEH, Mehrdad; SAUER, Heiko (Orgs.). *Konrad Hesses normative Kraft der Verfassung*. Tübingen: Mohr Siebeck, 2019; WAHL, Rainer. "Die normative Kraft der Verfassung: Die Antrittsvorlesung Konrad Hesses in ihrem historischen Kontext". *Der Staat*, Vol. 58, 2019, p. 195.

[63] Nota do Coordenador (Gilmar Ferreira Mendes): Verte-se *Gesetzesrecht* por "direito legislado", que é expressão mais apta a comunicar a diferença (estrutural e funcional) entre, de um lado, as normas postas por uma decisão do poder constituinte (direito constitucional), e de outro, o material normativo produzido pelos Parlamentos, no exercício de sua função legiferante. Conquanto seja certo que as Constituições modernas notabilizem-se pelo caráter textual, e nessa medida também consistam em "direito legislado", a solução aqui adotada consegue por evidência de modo mais adequado a relação – que é o fio condutor das observações de Dieter Grimm – entre jurisdição constitucional (a cargo dos Tribunais) e democracia (cujo lugar de representação é o Parlamento). Embora "direito ordinário" ou "direito infraconstitucional" sejam mais correntes no contexto brasileiro, e aludam à parcela do ordenamento jurídico que se coloca no patamar normativo inferior à Constituição,

Estado, ao qual os indivíduos estão submetidos, diferentemente do que ocorre no caso da Constituição, em que os destinatários são os próprios detentores do poder. Falta, portanto, um poder superior que proveja a observância da Constituição.

É evidente que dessa constelação pode decorrer a tentação, por parte dos governantes, de se evadir das vinculações jurídico-constitucionais. Motivos para tanto não faltam. Pode ser o caso de: uma pontual desatenção à Constituição em favor de uma finalidade mais elevada, plausivelmente justificada (considerando estar presente, na hipótese, alguma lealdade constitucional); não permitir que a imposição de um programa considerado fundamental do ponto de vista político fracasse em vista de receios jurídico-constitucionais; infrações propositais e calculadas da Constituição para assegurar a manutenção do poder; furtivas erosões das prescrições constitucionais, que ocorrem sem violações evidentes da Constituição; passos rumo a uma mudança de regime distante do cânone do Estado Constitucional (*Verfassungsstaatlichkeit*).

Mesmo uma política informada pela lealdade à Constituição corre o perigo de interpretar as vinculações constitucionais pela ótica de seus planos políticos. É fato que a política não se restringe à execução da Constituição. A política é um processo autônomo que muito embora seja (até certo ponto) canalizada pela Constituição, permanece com os resultados em aberto. Via de regra, esse processo não é configurado pela Constituição, e sim por meio de objetivos políticos, promessas de campanha eleitoral, problemas que vão surgindo, pressão de partes interessadas, o propósito de um aumento de chances na próxima eleição etc. Quase sempre, a Constituição aparece como corretivo somente após a formação da vontade política, ao se perguntar se o que se deseja, no plano político, também é permitido juridicamente. É óbvio que, nisso tudo, a vontade política pode interferir na interpretação dos limites jurídicos.

---

elas não conseguem referir a um dos protagonistas dessa relação, os Parlamentos.

5 – NOVA CRÍTICA RADICAL À JURISDIÇÃO CONSTITUCIONAL

Em face dessas ameaças visíveis é necessário, no momento da elaboração da Constituição, fazer algumas considerações sobre sua garantia. A Constituição americana prevê, para tal, o juramento constitucional e o *impeachment*, o qual, não sendo restrito a violações à Constituição, pode também ser utilizado por outros fundamentos. Em contraposição, a maioria das Constituições europeias do século XIX apostava na possibilidade de responsabilizar membros do governo por transgressões deliberadas à Constituição. Esses meios revelaram-se, porém, relativamente ineficazes. Eram inadequados para cassar atos concretos inconstitucionais, sobretudo por serem procedimentos de inspiração penal (ou similares aos previstos no Código Penal). Ademais, o Parlamento nem sequer era considerado como possível fonte de violações à Constituição.

A resposta mais eficiente a uma ameaça à Constituição foi, por isso, a jurisdição constitucional. Ela elevou a Constituição para um novo nível evolutivo.[64] Dentro das próprias estruturas do Estado instala-se um mecanismo de controle independente da política, o qual pode ser acionado tanto internamente pelos órgãos do Estado (ou de seus membros) quanto externamente por particulares. Também aqui os EUA deram o primeiro passo e estabeleceram, dessa forma, a terceira grande inovação no campo da ordem política. Na verdade, ela não encontrou expressão na própria Constituição; fora instituída, como decorrência da supremacia da Constituição, por pronunciamento judicial – conquanto sua legitimidade nunca tenha sido unânime[65] – e desde então é parte integrante da compreensão constitucional norte-americana.

---

[64] Cf. WAHL, Rainer. "Die praktische Wirksamkeit der Verfassung: Der Fall des Grundgesetzes". *In*: SACHS, Michael; SIEKMANN, Helmut (Orgs.). *Der grundrechtsgeprägte Verfassungsstaat. Festschrift für Klaus Stern zum 80. Geburtstag*. Berlim: Duncker & Humblot, 2012, p. 233.

[65] *Marbury v. Madison*, 5 U.S. (1 Cranch), 137 (1803). KRAMER, Larry D. *The People Themselves*: Popular Constitutionalism and Judicial Review. Oxford: Oxford University Press, 2004, pp. 114 e ss. Na doutrina norte-americana, é possível observar uma revisão do *Marbury v. Madison*. Cf. KLARMAN, Michael J. "How Great Were the "Great"

Se os três autores pretenderem agora desistir desse meio eficaz, atualmente difundido em nível global, é de se perguntar que outras formas haveria, então, de garantir a Constituição. A resposta "por meio do próprio povo" (*the people themselves*) demonstrou ser uma desinformação (*Fehlinformation*). Não o povo, e sim seus representantes no Parlamento tomam conta da constitucionalidade de suas decisões, determinando, assim, o sentido da própria Constituição. O agente que se submete às vinculações jurídico-constitucionais atribuídas ao povo passa a ser, ao mesmo tempo, o seu garante. Cuida-se de um caso de autocontrole (*Selbstkontrolle*). O mesmo vale para o Presidente, se forem seguidos alguns dos autores da teoria do *departmentalism*. Se o povo tiver outras percepções acerca da Constituição, pode manifestar seu desagrado apenas na eleição.

Acerca de mecanismos de autorregulação (*Selbstkontrollen*), sobretudo no âmbito empresarial, sabe-se que, em geral, eles não têm alcance para além do que estaria no próprio interesse das empresas. A autonomização do controle em face das atividades negociais pode até assumir uma dinâmica própria, mas ainda assim está longe daquele controle realizado por meio de um Tribunal independente. Porque essa autonomização não se desliga da finalidade empresarial, e, via de regra, carece também da autoridade decisória perante a gestão empresarial. É claro que o Parlamento não é uma empresa. Seu produto são leis, e a legislação está sujeita às expectativas de bem comum (*Gemeinwohlerwartungen*), as quais, de qualquer forma, estão parcialmente formuladas na Constituição. Portanto, não é recomendável transferir para a política, diretamente, as práticas de autorregulação (*Selbstkontrolle*) do domínio econômico.

Marshall Court's Decisions?" *Virginia Law Review*, Vol. 87, 2001, p. 1111; O'FALLON, James. "Marbury". *Stanford Law Review*, Vol. 44, 1992, p. 219; GRABER, Mark A. "The Problematic Establishment of Judicial Review". *In*: GILLMAN, Howard; CORNELL, Clayton (Orgs.). *The Supreme Court in American Politics*. Lawrence: University Press of Kansas, 1999, p. 28.

5 – NOVA CRÍTICA RADICAL À JURISDIÇÃO CONSTITUCIONAL

No entanto, a Política, como todo subsistema social, é voluntariosa. Claro que ela tem de se orientar pelas prescrições da Constituição, mas ela não segue, primariamente, a lógica funcional do sistema jurídico, e sim a do sistema político. Na operação cotidiana da política, as prescrições da Constituição são percebidas como restrições. Portanto, quando o próprio Parlamento verifica a constitucionalidade de seu agir, ele precisa envolver-se com uma lógica que lhe é estranha: a lógica do sistema jurídico. Esse é o real motivo da fragilidade da autorregulação, mesmo quando se trata de uma política que não põe em causa a sua basilar vinculação à Constituição. Tal como no meio empresarial, vale também aqui que um autocontrole (*Selbstkontrolle*) por meio de um critério alheio ao sistema só vinga se, em segundo plano, houver o risco de um controle externo.

É certo que, mesmo sem uma jurisdição constitucional a política em Estados Constitucionais razoavelmente funcionais se move, o mais das vezes, pelos percursos organizacionais e procedimentais predeterminados pela Constituição. Todavia, conflitos de competência são inevitáveis em sistemas federais e com separação de poderes. Sem uma jurisdição constitucional, prevalece a concepção dos governantes da vez. Isso é tanto mais importante quando se consideram as vinculações postas ao poder público, em termos de conteúdo, na forma dos direitos fundamentais cuja relevância para o comportamento político se deve, na grande maioria dos países, à jurisdição constitucional. Ela não se esgota no controle *ex post*; também faz com que a questão constitucional seja colocada de forma relativamente precoce e neutra no processo de formação da vontade política.[66]

---

[66] Cf. acerca da diferença de sistemas políticos com e sem jurisdição constitucional: GRIMM, Dieter. "Verfassungsgerichtsbarkeit im demokratischen System". *In*: _____. *Verfassungsgerichtsbarkeit*. Berlim: Suhrkamp, 2021, pp. 37 e ss.

Essas são percepções relativamente banais, muitas vezes comprovadas historicamente. Para os autores, entretanto, elas são negligenciáveis. Para Waldron, a coisa se resolve a partir da sua tese inicial de que, em questões de interpretação dos direitos fundamentais, não haveria certo ou errado. Nesse aspecto, Kramer concorda abertamente com ele. Por conseguinte, a decisão tem de ser tomada no momento em que ela puder ser influenciada pela opinião pública e tiver de ser assumida perante os eleitores. Esse não é o caso do Judiciário, mas com certeza o do Parlamento. Mesmo assim, ambos se aproximam da questão da aptidão (*Eignungsfrage*), por esta ser muito importante para os defensores do controle de normas.[67] No resultado final, o procedimento parlamentar lhes parece superior ao judicial no que concerne à riqueza de informações, à capacidade de processamento e às chances de participação.

Em contrapartida, Tushnet considera que consegue resolver o problema com a assertiva de que ambas as instituições, Congresso e Suprema Corte, são igualmente *"self-interested"*.[68] Por isso, o problema seria apenas *"one of choice between self-interested institutions"*.[69] Na nota de rodapé correspondente, ele explica que parece haver uma concessão à Suprema Corte, mas não ao Congresso, para que a sua *"good faith"* suplante o interesse próprio. *"I know of no reason to adopt the assumption with respect to Congress, but not*

---

[67] Cf. RAZ, Joseph. "Disagreement in Politics". *The American Journal of Jurisprudence*, Vol. 43, n° 1, jan. 1998, p. 25; KAVANAGH, Aileen. "Participation and Judicial Review: A Reply to Jeremy Waldron". *Law and Philosophy*, Vol. 22, n° 5, 2003, p. 451; KAVANAGH, Aileen. "Constitutional Review, the Courts, and Democratic Scepticism". *Current Legal Problems*, Vol. 62, n° 1, jan. 2009, p. 102; CHEMERINSKY, Erwin. "In Defense of Judicial Review: The Perils of Popular Constitutionalism". *University of Illinois Law Review*, n° 3, 2004, p. 673.

[68] TUSHNET, Mark. *Taking the Constitution Away from the Courts*. Princeton: Princeton University Press, 1999, p. 26.

[69] TUSHNET, Mark. *Taking the Constitution Away from the Courts*. Princeton: Princeton University Press, 1999, p. 27.

with respect to the courts". Mesmo que a Suprema Corte se esforce por implementar apenas as limitações que a Constituição impõe ao Congresso, isso não ajudaria. *"Its interest in maximizing its power will induce it to err on the side of limiting Congress too much"*.[70] O resultado passa a ser igual ao de Waldron e Kramer.

Mesmo que a Constituição seja tirada das mãos do Judiciário, como o exigem os autores, e apenas o Parlamento ou o Presidente (no que competir a cada) estabeleçam vinculativamente as prescrições constitucionais, isso não muda o essencial: para tal finalidade, eles precisariam identificar o sentido que a Constituição assume em controvérsias e polêmicas concretas, para, só então, descobrir o que é permitido ou proibido juridicamente. Via de regra, porém, esse sentido não está evidente: precisa ser apurado. Para tanto, existe apenas o caminho da interpretação do texto constitucional, labor (*Geschäft*) típico do jurista profissional. Mesmo que os políticos desempenhem esse labor, o modo de proceder (*Vorgang*) não deixa de ser o mesmo: a norma não contém informações diferenciadas para juristas e políticos, e o método interpretativo é igual para ambos.

Apesar disso, a interpretação constitucional não tem maior importância nas obras dos autores. Waldron comenta-a brevemente pela etiqueta *"legal reasoning"* [argumentação jurídica], e o faz porque os partidários do controle de normas veem como uma vantagem da jurisdição constitucional aquela de obrigar os Tribunais a fornecer justificativas jurídicas para as suas decisões. Waldron diverte-se com isso: *"In the United States, what is called 'reason-givings' is usually an attempt to connect the decision the court is facing with some antique piece of ill-thought-through eighteenth or nineteenth-century prose"* ["Nos Estados Unidos, o que se chama de 'fundamentação' é usualmente uma tentativa de conectar a decisão da qual o tribunal está a se ocupar com alguma obra antiga de prosa mal pensada dos

---

[70] TUSHNET, Mark. *Taking the Constitution Away from the Courts.* Princeton: Princeton University Press, 1999, p. 199.

séculos XVIII ou XIX"].⁷¹ Se alguém fosse comparar o sistema americano, judicialmente centrado, com o sistema britânico, centrado no Parlamento, a *judicial reasoning* estaria *"mostly concerned with interpretation and doctrines"*, enquanto, no Parlamento britânico, tratar-se-ia dos *"issues"* de verdade.⁷²

Poderia ter havido um equívoco sub-reptício aqui? A pergunta de partida era qual instituição seria a mais indicada para assegurar que as prescrições da Constituição fossem observadas pela Política. Todavia, as respostas de Waldron e Kramer se referem a quem soluciona melhor o problema material (*Sachproblem*). Ninguém põe em dúvida, no entanto, que o Parlamento tem, aqui, a vantagem. O verdadeiro motivo parece ser, por isso, que não se concede qualquer valor agregado à *"legal reasoning"*, uma vez que esta não pode levar a afirmações objetivas – seja porque não existem critérios universalmente válidos, seja porque uma interpretação é correta apenas dentro da instituição, e não de forma interinstitucional (*jede Interpretation nur institutionsintern richtig ist, nicht institutionenübergreifend*). Sob essas circunstâncias, porém, não importaria *como* uma norma é interpretada, tudo depende de *quem* a interpreta.

Os autores não estão de modo algum sozinhos nessa posição. Na realidade, uma das diferenças fundamentais entre a doutrina jurídica norte-americana – tal qual é hoje, predominantemente, praticada – e a europeia é que a primeira nega a autonomia relativa da aplicação do Direito, ao passo que a segunda a aceita.⁷³ Nos Estados Unidos, esses dois modos de proceder (*Vorgänge*), o processo decisório político e o jurídico, são preferencialmente explicados sob o prisma

---

71 WALDRON, Jeremy. "The Core of the Case Against Judicial Review". *Yale Law Journal*, Vol. 115, 2006, p. 1383.
72 WALDRON, Jeremy. "The Core of the Case Against Judicial Review". *Yale Law Journal*, Vol. 115, 2006, p. 1385.
73 Cf. ROBERTSON, David. *The Judge as Political Theorist*: Contemporary Constitutional Review. Princeton: Princeton University Press, 2010, pp. 5 e ss. e 13 e ss.

da "*rational choice*". Segundo esta, não apenas os políticos, mas também os juízes são agentes estratégicos na busca por otimizar suas vantagens. Preferências pessoais ou interesses institucionais passam a ser, então, determinantes para a tomada de decisão jurídica; lado outro, a derivação de juízos decisórios a partir da Constituição, pelo intermédio da argumentação jurídica, seria apenas ilusória.

Essa é uma constatação empírica sobre o comportamento judicial. Entretanto, um olhar sobre o modo de proceder (*Vorgang*)[74] da interpretação e aplicação da Constituição mostra os limites nos quais esbarra essa observação. A deliberação judicial (*richterliche Beratung*) de um caso acontece, quase em todo o lugar, sob o manto do sigilo deliberativo (*Beratungsgeheimnisses*), sendo inacessível para o público e a academia na mesma medida. Ainda que os autos do processo possam ser verificados anos após e contenham anotações sobre o transcurso das deliberações – o que obviamente não é garantido –, eles nunca revelam como esse modo de proceder (*Vorgang*) se deu em sua inteireza.[75] Como interagem e o que acontece na cabeça dos participantes pode vir a público, no máximo, por

---

[74] Nota do Coordenador (Gilmar Ferreira Mendes): O substantivo *Vorgang* não possui correspondente perfeito em português; na forma em que foi utilizado no texto, ele se refere às características que dão singularidade ao ofício judicante, aos traços basilares do funcionamento jurisdicional e ao modo pelo qual o Poder Judiciário cuida das questões de direito que lhes são submetidas. É sintomático que, para exprimir tais significados, seja usualmente necessário recorrer a termos estranhos à língua portuguesa: *métier*, *modus faciendi* e *modus procedendi*, respectivamente. Também isso explica a opção por afastar a tradução mais literal de *Vorgang*, que é "processo": a identidade nominal com o instrumento jurídico pelo qual o Estado exerce sua função de dizer o direito importaria em perda de clareza ou em empobrecimento explicativo.

[75] Uma tentativa de trazer uma luz, mas por KRANENPOHL, Uwe. *Hinter dem Schleier des Beratungsgeheimnisses*: Der Willensbildungs- und Entscheidungsprozess des Bundesverfassungsgerichts. Wiesbaden: VS Verlag, 2010; cf. também LÜBBE-WOLFF, Getrude. *Wie funktioniert das Bundesverfassungsgericht?* Göttingen: Vandenhoeck & Ruprecht, 2015.

meio de depoimentos próprios, mas que sempre são recebidos com desconfiança. Qual o juiz irá dizer que não segue o Direito?

Em contraposição, é óbvio que ocorre uma mudança de arena (*Arenenwechsel*) quando do ajuizamento de uma ação constitucional em face de uma decisão tomada pela Política.[76] Mudam os agentes, os critérios e o procedimento. A política passa de sujeito a objeto. Onde antes os políticos formavam um grupo coeso, agora eles recuam para os papéis de requerentes, requeridos e interessados (Äußerungsberechtigten), na medida em que o papel decisivo passa a ser dos juízes. Onde antes eram cruciais os critérios políticos da utilidade, viabilidade financeira e da capacidade de adesão majoritária (*Mehrheitsfähigkeit*) de uma medida – bem como de seu impacto em termos eleitorais –, passam a sê-lo os critérios da constitucionalidade. Onde antes o procedimento se guiava pela construção da vontade política, ele se orienta agora pela perspectiva do que a Constituição tem a dizer sobre o caso em exame.

Ademais, escapa à observação de que modo exatamente se chega a esse entendimento. Novamente: apenas o resultado é público, muito embora os Tribunais sejam exortados a fundamentá-lo. Na fundamentação, deve-se demonstrar de que modo decorre da Constituição a decisão sobre a constitucionalidade ou inconstitucionalidade de medidas políticas. Nesse sentido, é possível que sobre o processo de tomada de decisão se tenha ao menos um vislumbre – que é ampliado em ordenamentos jurídicos que permitem aos juízes publicar opiniões divergentes. Claro que também é fato conhecido que a produção e a apresentação de decisões podem se distanciar totalmente uma da outra.[77] Não se deveria, por isso, excluir de antemão que outros

---

[76] Aqui, recorro, em parte, a explanações anteriores. Cf. o capítulo *O que é político na jurisdição constitucional?*, nesta obra.

[77] Cf. MÜLLER-MALL, Sabine. "Interpretation und Urteil im Juridischen". *In*: GRIMM, Dieter; KÖNIG Christoph (Orgs.). *Lektüre und Geltung*: Zur Verstehenspraxis in der Rechtswissenschaft und in der Literaturwissenschaft. Göttingen: Wallstein Verlag, 2020, p. 27.

5 – NOVA CRÍTICA RADICAL À JURISDIÇÃO CONSTITUCIONAL

motivos para a decisão podem ter sido mais importantes do que aqueles informados na fundamentação decisória.

Essa possibilidade tampouco é apenas hipotética. Existem tribunais que de antemão não foram instituídos no interesse de um controle político eficaz; são configurados para que os detentores do poder não precisem temer a oposição. Há também juízes que, com a finalidade de evitar conflitos, se submetem às expectativas explicitamente colocadas ou antecipadas pela Política. Por fim, existem juízes que colocam a sua própria concepção ou seus interesses acima das disposições da Constituição. A questão é apenas saber se tal comportamento seria típica ou inerentemente judicial. Os realistas, que assim pressupõem, não podem clamar por percepções mais apuradas ou exclusivas acerca da atividade judicial de aplicação do Direito. Eles têm apenas uma teoria, a abordagem *rational choice*, cujo valor explicativo e alcance, porém, de forma alguma estão claros.

Por outro lado, subestima-se o fato de que também o sistema jurídico possui uma lógica própria ou um critério específico de racionalidade, tal como prontamente se admite em relação a sistemas tais como o político ou o econômico. É verdade que o Direito, sob o ângulo de sua positivação, é um produto da política. No Estado de Direito, porém, o Direito se emancipa do seu autor no momento em que passa a vigorar. A interpretação e a aplicação de normas jurídicas consumam-se por meio de equipes profissionais e segundo critérios jurídicos. Outrossim, Tribunais Constitucionais são instituições deliberativas[78] e, nessa condição, têm uma forma

---

[78] Cf. FEREJOHN, John; PASQUINO, Pasquale. "Constitutional Courts as Deliberative Institutions: Towards an Institutional Theory of Constitutional Justice". *In*: SADURSKI, Wojciech (Org.). *Constitutional Justice, East and West*. The Hague: Kluwer Law International, 2003, p. 21. Quando *Kramer* (KRAMER, Larry D. *The People Themselves*: Popular Constitutionalism and Judicial Review. Oxford: Oxford University Press, 2004, p. 240) acusa a Suprema Corte norte-americana de não deliberar, isso realmente acontece há algum tempo, mas não se pode generalizar o fato.

especificamente jurídica de tratar textos normativos, a qual deverá proteger a aplicação jurídica em face de comissionamentos para fins extrajudiciais. Nesse sentido, o sistema jurídico goza de relativa autonomia, tal como outros subsistemas sociais.

Com isso não se nega que a jurisdição constitucional suscite um problema democrático; este, entretanto, localiza-se num lugar diverso daquele usualmente pressuposto nos Estados Unidos. Problemático, do ponto de vista democrático, não é o *"counter-majoritarian difficulty"* (dilema contramajoritário),[79] afinal, a tarefa dos Tribunais Constitucionais é a imposição da vontade popular, tal como expressa na Constituição, contra a vontade da maioria de seus representantes.[80] Devido à diferença dos tempos, pode haver tensões entre a vontade popular histórica e a atual vontade da maioria. No entanto, caso se queira manter aquela função da Constituição, a de ser o parâmetro (*Maßstab*) da ação política, essas tensões não podem ser erradicadas por uma imposição da vontade da maioria. Elas têm de ser toleradas ou resolvidas por uma modificação constitucional.

O problema democrático da jurisdição constitucional, na realidade, consiste no seguinte: as decisões judiciais não são determinadas em sua totalidade pelo texto da Constituição. Claro que isso é inevitável, por ser característico das normas jurídicas. As normas jurídicas dedicam-se a regular um amplo leque de casos futuros; também aqueles nos quais não se pensou, ou não se pôde pensar, quando da aprovação da norma. São formuladas de maneira geral e abstrata (em grau maior ou menor), ao passo que os casos aos quais elas se aplicam sempre são individuais e concretos. Entre norma e caso, abre-se, portanto, um fosso (*Kluft*), o qual tem de ser transposto por meio da interpretação da norma. Isso se dá derivando-se uma

---

[79] A expressão pela primeira vez em BICKEL, Alexander. *The Least Dangerous Branch*. New Haven: Yale University Press, 1962, p. 16.

[80] Por isso, falam da *countermajoritarian opportunity*: FEREJOHN, John; PASQUINO, Pasquale. "The Judiciary and the Popular Will". *University of Pennsylvania Journal of Constitutional Law*, Vol. 13, 2011, p. 353.

5 – NOVA CRÍTICA RADICAL À JURISDIÇÃO CONSTITUCIONAL

proposição jurídica (*Rechtssatz*) concreta a partir de uma norma geral e abstrata, e é isso que torna a norma apta para a solução do caso.

Esse fosso (*Kluft*) pode ser maior ou menor, conforme o tempo de vigência e a precisão da norma, e conforme a complexidade e ineditismo do caso. Nenhuma norma, porém, é tão precisa a ponto de o seu sentido nunca levantar dúvidas. Por isso, interpretação não é apenas a revelação de um sentido depositado na norma desde o início. Ao invés, o sentido só começa a se constituir, em maior ou menor parte, durante esse proceder (*Vorgang*) interpretativo. A norma se perfectibiliza, por assim dizer, no ato de aplicação. Isso vale, de modo geral, para todo o Direito; e vale especialmente para o Direito Constitucional, âmbito no qual são definidos os princípios básicos da ordem estatal e social, sendo, por isso, mais comum contar com normas vagas aqui do que no direito legislado (*Gesetzesrecht*) – e vale de modo ainda mais especial para os direitos fundamentais, que a seus objetos e âmbitos de proteção reservam enunciados lapidares.

Quanto mais indefinida é a norma tanto mais interpretações são juridicamente possíveis, embora não em quantidade aleatória. Existem interpretações obviamente equivocadas. Embora seja possível que, dentro da margem interpretativa, se estabeleça um desacordo sobre qual venha a ser a solução correta, isso não significa, como se lê em Waldron, que a discussão jurídica teria alcançado, aí, seus limites. Na realidade, progride-se juridicamente dentro da margem interpretativa. Não se deixa à livre vontade judiciária o modo pelo qual a zona de indeterminação é preenchida; há novamente um direcionamento jurídico próprio. A dogmática jurídica[81] e o método jurídico, bem como (em parte) os precedentes, estreitam essa

---

[81] Nos EUA, não haveria equivalente para dogmática e, por isso, tampouco a compreensão do assunto, argumenta: SOMEK, Alexander. "Zwei Welten der Rechtslehre und die Philosophie des Rechts". *JuristenZeitung*, ano 71, nº 10, 2016, p. 481. Cf. também ATIYAH, P. S.; SUMMERS, Robert S. *Form and Substance in Anglo-American Law*: a Comparative Study in Legal Reasoning, Legal Theory and Legal Institutions. Oxford: Clarendon Press, 1987.

zona de indeterminação em uma medida que escapa a todas essas pesquisas sobre comportamento judicial – que não se ocupam do modo de proceder (*Vorgang*) próprio à interpretação e à aplicação de normas jurídicas.

A dogmática jurídica coloca à disposição de quem aplica o Direito um acervo de interpretações reconhecidas e comprovadas de normas jurídicas, conceitos jurídicos e até mesmo de complexos normativos; a ele se pode apelar na solução de problemas jurídicos recorrentes, no lugar de ter de recomeçar cada caso *ab ovo*. Uma vez que casos totalmente inéditos são bastante raros, também é possível basear-se em julgamentos anteriores, independentemente da questão de se saber se os precedentes são vinculantes (como nos sistemas do *common law*) ou não. Métodos jurídicos mostram como normas formuladas de modo indeterminado podem ser racionalmente concretizadas, sem que se abra mão da vinculação normativa. Uma das tarefas mais importantes das várias metodologias é separar argumentos jurídicos dos não jurídicos.

No caso de normas jurídicas indefinidas num grau tão elevado como o são os direitos fundamentais, acrescenta-se uma necessidade considerável de teoria.[82] Antes de um direito fundamental poder ser aplicado a um caso, tem de haver clareza sobre qual função os direitos fundamentais desempenham no contexto de um ordenamento jurídico. Trata-se apenas de direitos subjetivos dos indivíduos ou eles também moldam, enquanto princípios objetivos, o ordenamento jurídico em sua inteireza? Eles têm validade apenas vertical, portanto em face do Estado, ou também irradiam um efeito horizontal no relacionamento que entre si estabelecem os sujeitos de direito privado? Eles fornecem aos indivíduos somente pretensões de defesa (*Abwehransprüche*) contra ingerências estatais (*staatliche Eingriffe*)

---

[82] Cf. BÖCKENFÖRDE, Ernst-Wolfgang. "Grundrechtstheorie und Grundrechtsinterpretation". *Neuen Juristischen Wochenschrift (NJW)*. München: Beck, 1974, p. 1529; VOLKMANN, Uwe. "Rechts-Produktion oder: Wie die Theorie der Verfassung ihren Inhalt bestimmt". *Der Staat*, Vol. 54, 2015, p. 35.

5 – NOVA CRÍTICA RADICAL À JURISDIÇÃO CONSTITUCIONAL

ou derivam-se deles, também, pretensões para que o poder público atue (*auf staatliches Tun*)? Esses esclarecimentos teóricos antecedem a dogmática e o método, e os orientam no cumprimento da tarefa de concretização.

É verdade, porém, que a teoria, a dogmática e o método não vinculam os juízes de maneira semelhante à autoridade do texto normativo.[83] Eles são o resultado de um trabalho permanente no Direito, do qual fazem parte academia e práxis.[84] Esse processo raramente é incontrastável e nunca é definitivo. Ainda assim, a teoria, a dogmática e o método podem ficar bastante estáveis por períodos maiores de tempo, embora às vezes também possam se tornar objeto de veementes disputas, justamente em períodos de turbulência social, nos quais a compreensão jurídica tradicional passa a ser questionada quanto à sua adequação. Com certa frequência, discussões metodológicas são conduzidas de forma mais áspera do que disputas dogmáticas, porque por meio daquelas se decide não apenas sobre determinados conjuntos de casos, mas também sobre como lidar com o Direito em si.

Portanto, mesmo que o Direito disponha de instrumentos e práticas que limitam as margens interpretativas deixadas pelo texto normativo e que atuam na busca de um consenso, não se pode excluir a possibilidade de que, ao final da deliberação judicial, continue havendo posições divergentes. Aí não se pode evitar a pergunta sobre o que, no final das contas, é determinante na escolha entre elas. Será

---

[83] A força vinculante dos precedentes (*stare decisis*) só existe no *Common Law*.

[84] Cf. SCHULZE-FIELITZ, Helmuth. "Staatsrechtslehre und Bundesverfassungsgericht – prozedural gesehen". *Staatsrechtslehre als Mikrokosmos*. Tübingen: Mohr Siebeck, 2013, p. 394; JESTAEDT, Matthias. "Vom Beruf der Rechtswissenschaft – zwischen Rechtspraxis und Rechtstheorie". *In*: DREIER, Horst (Org.). *Rechtswissenschaft als Beruf*. Tübingen: Mohr Siebeck, 2018, p. 236; GRIMM, Dieter (Org.). *Vorbereiter – Nachbereiter?* Studien zum Verhältnis von Verfassungsrechtsprechung und Verfassungsrechtswissenschaft. Tübingen: Mohr Siebeck, 2019.

que, agora, convicções ideológicas ou políticas, afinidades partidárias ou interesses próprios têm caminho livre? Na verdade, parecem ser premissas contextuais e pré-compreensões (*Hintergrundannahmen und Vorverständnisse*) que entram em jogo.[85] Algumas são mesmo de natureza jurídica, tal como a compreensão da Constituição como ordem-quadro (*Rahmenordnung*) ou guia de atuação para a Política; ou o limite entre criação e aplicação do Direito, que são importantes para a pergunta pelo *judicial activism* ou *restraint*.

Todavia, elas também podem se originar a partir de determinadas concepções básicas acerca de uma ordem social justa (*gerechten Sozialordnung*), que podem ter paralelos com os objetivos de partidos políticos – como por exemplo a questão sobre o que se concede para o mercado e o que o Estado deveria assumir, a qual pode adquirir importância na avaliação das limitações dos direitos fundamentais econômicos. Assim também frequentemente ocorre com as concepções valorativas (*Wertvorstellungen*) às quais as regras jurídicas encontram-se associadas. Isso se torna especialmente relevante nesses tempos de mudança de valores na sociedade e pode, por exemplo, afetar, de forma progressiva ou conservadora, a postura perante os papéis de gênero ou da orientação sexual – e com isso influenciar a interpretação do particularmente aberto princípio da igualdade (que oferece um referencial jurídico de partida para toda e qualquer forma de discriminação).

Considerando a determinação incompleta das decisões judiciais, tudo isso é inevitável, sendo apenas mais clarividente no Direito Constitucional do que em outros ramos jurídicos. Entretanto, mesmo

---

[85] Cf. ESSER, Josef. *Vorverständnis und Methodenwahl in der Rechtsfindung*. Rationalitätsgrundlagen der richterlichen Entscheidungspraxis. Frankfurt: Athenäum Fischer, 1970; VOLKMANN, Uwe. "Rechtsgewinnung aus Bildern – Beobachtungen über den Einfluss dirigierender Hintergrundvorstellungen auf die Auslegung des heutigen Verfassungsrechts". *In*: KRÜPER, Julian; MERTEN, Heike; MORLOK, Martin (Orgs.). *An den Grenzen der Rechtsdogmatik*. Tübingen: Mohr Siebeck, 2010, p. 77.

5 – NOVA CRÍTICA RADICAL À JURISDIÇÃO CONSTITUCIONAL

essas pré-compreensões e premissas contextuais (*Vorverständnisse und Hintergrundannahmen*) não determinam a solução do caso imediata e desconectadamente da dogmática e do método. Ao contrário, tal ingresso no processo de aplicação se dá na forma normativa e pela mediação normativa. O controle de constitucionalidade não é mero ato cognitivo de saber jurídico, o qual, se executado segundo regras, dispensaria toda e qualquer atuação do juiz. Muito menos se trata do oposto, nomeadamente uma decisão pura, em relação à qual diretrizes normativas não fazem diferença. O controle de constitucionalidade permanece vinculado à racionalidade específica do sistema do Direito, não segue as racionalidades de outros sistemas ou mesmo um arbítrio subjetivo.

Do problema da democracia – a incompleta determinação, por parte da Constituição, das decisões judiciais – só se poderia escapar por meio de uma renúncia completa à jurisdição constitucional. No entanto, esse problema nem de longe é tão radical, como se tratasse de uma escolha entre governo do povo e governo dos juízes, consoante os autores o construíram. A decisão por uma renúncia ao controle de constitucionalidade é uma questão de ponderação em face dos problemas que surgem quando a pretensão de validade da Constituição se vê desacompanhada de uma instância que a implemente – o que resulta no cenário em que os órgãos de cúpula do Estado decidem, cada qual por si, quais vinculações lhes são impostas pela Constituição. A essa altura está claro que a pergunta pela aptidão das várias instituições para a interpretar e implementar as prescrições jurídico-constitucionais se torna inevitável.

Partindo-se do fato de que tanto nos órgãos políticos quanto no Judiciário a Constituição é interpretada e de que as regras da compreensão textual são as mesmas para ambos, as diferenças apenas podem derivar das condições sob as quais atuam as instituições. Consoante já se aludiu,[86] isso diz com o fato de que, por um lado,

---

[86] Cf. acima, no contexto em que se indagou por qual razão a necessidade de uma garantia da Constituição levou à jurisdição constitucional.

no exame da constitucionalidade das leis realizado no âmbito do Parlamento, ator e controlador são um só (falta, assim, a distância com relação ao objeto do controle, a qual possibilitaria um exame imparcial), enquanto os Tribunais Constitucionais julgam exatamente a partir da posição do observador externo, não participante do processo legislativo.

Por outro lado, ambos operam em diferentes sistemas funcionais: os Tribunais Constitucionais, no sistema jurídico, segundo uma lógica na qual só interessa o lícito (*rechtmäßig*) ou o ilícito (*rechtswidrig*); os parlamentos, no sistema político, sob uma lógica segundo a qual critérios políticos de sucesso são cruciais. No Estado Constitucional, de resto, prevalece a regra de que decisões políticas têm de ser, sobretudo, conformes à Constituição (*verfassungsmäßig*). Para cumprir esse requisito, o Parlamento precisa aplicar, portanto, um critério alheio ao sistema (*systemfremdes*), o qual pode entrar em contradição com os critérios próprios do sistema (*systemeigenen*). Nesse fato, reside o perigo de que, na verificação parlamentar da constitucionalidade das leis, o critério próprio de racionalidade do sistema político se imponha perante o critério que lhe é alheio. Isso depõe a favor da exteriorização do controle constitucional.

As premissas das quais partem os autores os impedem de considerar essas diferenças, ou mesmo conferir-lhes alguma importância. O que aqui se caracterizou como um manejo profissional da Constituição, por sua vez havido como um mérito da jurisdição constitucional, seria, na realidade, o mal a ser eliminado. Uma vez que essas premissas negam a possibilidade de que juízos decisórios sejam objetivamente derivados da Constituição (isto é, que sejam orientados por critérios jurídicos), aquilo que os juízes definem como uma prescrição da Constituição seria, na verdade, apenas a opinião interessada de pessoas insuficientemente legitimadas e politicamente irresponsáveis do ponto de vista democrático; e, ademais, uma opinião inautêntica, incapaz de reivindicar qualquer supremacia perante as compreensões constitucionais do Parlamento enquanto representante do povo.

5 – NOVA CRÍTICA RADICAL À JURISDIÇÃO CONSTITUCIONAL

No entanto, existem queixas antigas sobre falhas consideráveis na representação parlamentar, as quais abalam o pressuposto de que a vontade formada pelo Parlamento seria a vontade do povo. A base para tal já fora colocada no século XIX, com o surgimento dos partidos políticos, para os quais os criadores da Constituição não estavam preparados. Entre eleitores e eleitos se imiscuem, desde então, organizações especializadas em termos funcionais na aquisição ou preservação do poder político por meio da eleição e que orientam as suas ações, sobretudo, por esse objetivo. Numa democracia pluralista com sufrágio universal, os partidos são imprescindíveis para possibilitar a eleição e preservar o vínculo entre eleitores e eleitos (inclusive entre as eleições, não obstante o risco de se afastarem dos interesses do público).

O argumento de que precisamente a dependência do êxito eleitoral é que forçaria que as concepções e necessidades de grandes grupos populacionais fossem consideradas é apenas parcialmente correto. Nem todos os interesses são passíveis de representação (*repräsentationsfähig*); nem todos os que o são, ademais, têm o mesmo poder. Essas diferenças se acentuam ainda mais na medida em que alguns interesses podem se combinar ao poder midiático, enquanto outros não. As deformações são ainda piores quando os financiamentos partidários e eleitorais privilegiam interesses financeiramente sólidos. A representação fracassa plenamente perante minorias estruturais sem chance de elas mesmas se tornarem maioria, ou quando o consenso fundamental entre os concorrentes está de tal modo desgastado que o princípio da maioria perde a sua força de legitimação para a atividade legiferante (*Rechtsetzung*).

Tudo isso é tão óbvio e, especialmente no caso dos Estados Unidos, já foi discutido e comprovado de tantas maneiras,[87] que seria

---

[87] Cf. LESSIG, Lawrence. *Republic, lost*: How Money Corrupts Congress, and a plan to stop it. Nova York: Twelve, 2011; POST, Robert. *Citizens Divided*: Campaign finance reform and the Constitution. Cambridge: Harvard University Press, 2014.

de se esperar que alguém se ocupasse do problema. Porém, na medida em que os autores chegam a lançar um breve olhar sobre o assunto, eles misturam a capacidade representativa (*Repräsentationsfähigkeit*) dos Parlamentos com a pergunta acerca de sua aptidão para a interpretação e implementação da Constituição. Waldron, que pelo menos identifica o problema, o põe imediatamente de lado com a indicação de que a sua rejeição à *judicial review* valeria apenas para sistemas políticos nos quais os mecanismos democráticos funcionam. É claro que, para tanto, não se deveria estabelecer parâmetros excessivos; a concretização de uma igualdade política por meio de eleições, representação e procedimento parlamentar é imperfeita. Não se trataria de "*perfect fairness*", e sim de "*reasonable fairness*".[88]

A argumentação dos autores deixa no ar tantas dúvidas que parece muito simplório supor que, nessa ponderação, eles teriam apenas superestimado os riscos da *judicial review*, subestimando as fragilidades da representação parlamentar. Por isso, e na esperança de, no final, obter esclarecimentos mais pontuais, considerar-se-á, mais uma vez, a concepção do *popular* ou *populist constitutionalism*, ao qual todas as obras aqui tratadas estão relacionadas, já que o objetivo de tal abordagem é fazer com que, em questões constitucionais, o povo seja (novamente) o ator. Como se demonstrou que isso não pode ser compreendido ao pé da letra, é necessário traduzi-lo de tal forma que, em caso de dúvidas ou conflitos, o significado da Constituição seja decidido no processo democrático, não no jurídico.

No entanto, a Constituição só consegue realizar a função que lhe fora atribuída se ela for vinculante para aqueles que, em nome do povo, tomam ações cujos efeitos se fazem sentir pelo povo. De outra forma, a relação representativa estaria em desequilíbrio. A condição da sua eficácia é, por isso, a sua normatividade. Em todos os três autores, porém, a normatividade constitucional é um espaço vazio (*Leerstelle*). Na realidade, a Constituição seria apenas um

---

[88] WALDRON, Jeremy. "The Core of the Case Against Judicial Review". *Yale Law Journal*, Vol. 115, 2006, p. 1389.

5 – NOVA CRÍTICA RADICAL À JURISDIÇÃO CONSTITUCIONAL

ponto de partida de um discurso sobre as expectativas que estão nela formuladas, mas que apenas são determinadas *ad hoc*, a propósito da situação que dá azo à questão suscitada. Isso é algo diverso da concretização de uma norma textual, que se fixa, embora imperfeitamente, por meio da interpretação, que se legitima na medida em que possa demonstrar uma conexão derivativa entre norma e decisão (*Ableitungszusammenhang zwischen Norm und Entscheidung*) – ao passo que, em relação ao Parlamento, tal demonstração não é exigida.

Ademais, o momento constituinte – estruturalmente determinante – é colocado em estado de permanência pelos autores, o que reduz a Constituição em um evento processual. Tudo pode ser redefinido no processo político; o que se exige é apenas o resultado desse processo. Com isso, porém, a Constituição perde a capacidade de fornecer uma estrutura ao processo democrático e de apor-lhe objetivos e limites. De medida e garantia do processo democrático, ela passa a ser apenas uma parte desse processo. Ela não orienta para além do momento e, assim, não tem validade (*Geltung*). No final das contas, a normatividade da Constituição é sacrificada (*preisgegeben*) pelo *popular* ou *populist constitutionalism*. A Constituição é somente um ponto de vista na formação da vontade política, não um mandamento (*Gebot*).[89]

Por isso, falta aos autores a consciência dos custos implicados nessa renúncia à *judicial review*. Para eles, a pergunta pela jurisdição constitucional não necessita de qualquer ponderação sobre vantagens e desvantagens, porque, na realidade, tratar-se-ia de um jogo de soma zero. Apenas sob essa condição é que tal abordagem se torna coerente. Se a Constituição perder sua normatividade e sua supremacia (*Vorrang*), a política só está vinculada constitucionalmente até onde ela mesma determinar. Um tribunal que aplica a Constituição

---

[89] Uma defesa da normatividade e, desenvolvida a partir desta, a "judicial supremacy", por ALEXANDER, Larry; SCHAUER, Frederick. "On Extrajudicial Constitutional Interpretation". *Harvard Law Review*, Vol. 110, n° 7, mai. 1997.

a decisões políticas não faz valer as obrigações que o povo impusera aos órgãos de cúpula do Estado, apenas impede que a maioria siga a sua competente compreensão constitucional: dessa forma, à guisa de restabelecer a ideia fundadora dos Estados Unidos, os autores acabam, na verdade, por sacrificá-la (*preisgeben*).[90]

Em nenhum outro lugar isso fica mais claro do que na proposta de Tushnet de rebaixar os direitos fundamentais do nível da Constituição para o nível da legislação. Claro, a experiência dos colonos norte-americanos fora exatamente a de que os *"rights of Englishmen"*, quando garantidos apenas no nível legislativo, vinculavam somente o Executivo monárquico, sem, no entanto, prover defesa perante o Parlamento soberano. O aspecto revolucionário na Declaração de Direitos norte-americana não estava, consequentemente, no seu conteúdo. Ele não se desviava em muito dos *"rights of Englishmen"*. O aspecto novo foi, na realidade, a elevação ao nível constitucional e, com isso, a sua supremacia em face da lei parlamentar. Em Tushnet, a situação jurídica inglesa pré-constitucional (da quadra revolucionária), contra a qual os colonos se rebelavam, é declarada como o exemplo a ser seguido pelos Estados Unidos no século XXI.

IV.

Além dos opositores radicais à *judicial review*, existe uma série de críticos da jurisdição constitucional que não necessariamente querem acabar com o controle judicial de normas, mas enfraquecê-lo ou restringi-lo quanto ao objeto. Serve-lhes de exemplo o chamado *"New Commonwealth Model of Constitutionalism"*. A designação remete ao comparativista constitucional Stephen Gardbaum, de nacionalidade canadense.[91] Outros falam de *"weak form of judicial*

---

[90] Cf. DWORKIN, Ronald. *A Matter of Principle*. Oxford: Clarendon Press, 1985, pp. 6 e 71.
[91] GARDBAUM, Stephen. *The New Commonwealth Model of Constitutionalism*: Theory and Practice. Cambridge: Cambridge

5 – NOVA CRÍTICA RADICAL À JURISDIÇÃO CONSTITUCIONAL

review".[92] Com origem no Canadá, teve por fator determinante, não as ideias acerca de um *popular constitutionalism*, tal como defendido por Tushnet, Kramer e Waldron, e sim um interesse político de resguardar o federalismo canadense de tendências centralizadoras, que julgavam estar contidas num catálogo de direitos fundamentais.

A Constituição canadense de 1867, *The British North America Act*, foi um mero estatuto organizacional. Em 1982, foi-lhe acrescentada uma *Charter of Fundamental Rights and Freedoms*. Essa *Charter*, porém, encontrou resistência em algumas das províncias canadenses: suspeitava-se que ela serviria de instrumento de centralização. Sobretudo o Quebec se voltou com veemência contra a *Charter*. Nessas circunstâncias, seu surgimento só foi possível apelando-se à chamada *override clause*. Segundo esta, o Parlamento da Federação e os Parlamentos das Províncias podem ignorar as sentenças da Suprema Corte que declaram uma lei incompatível com a *Charter*. Essa lei inconstitucional continuaria em vigor por mais cinco anos (sendo possível prorrogar esse prazo várias vezes).

A solução canadense pode ser denominada *Commonwealth Model*, porque a Nova Zelândia e a própria Grã-Bretanha a seguiram, com as respectivas variações. É verdade que estas não estavam interessadas na defesa do federalismo, e sim na soberania do parlamento. O *Bill of Rights* da Nova Zelândia, implementado em 1990, não tem hierarquia constitucional, apenas legislativa. Os Tribunais não podem anular leis, mas têm o compromisso de interpretá-las tanto quanto possível em conformidade com a Constituição. Na Grã-Bretanha, a tentativa de reconciliar o *Human Rights Act*, de 1998, com a declaração máxima da Constituição, a soberania do parlamento, levou a que sentenças da Suprema Corte que consideram uma lei

---

University Press, 2013. Cf. artigo anterior de mesmo título em *American Journal of Comparative Law*, Vol. 49, 2001, p. 707.

92 Cf. os artigos para o simpósio "Weak-form Review in Comparative Perspectives". *I-CON*. Vol. 17, Issue 3, jul. 2019, pp. 807-942.

inconstitucional tivessem efeito apenas declaratório. O parlamento tem a liberdade de preservar a validade desse tipo de lei.

Via de regra, esse tipo de *judicial review* é considerado como uma "forma fraca" de jurisdição constitucional, tributária às circunstâncias especiais dos respectivos países. Só que agora cada vez mais vozes se manifestam no sentido de entender ser esta a melhor solução.[93] Stephen Gardbaum é o seu protagonista. Ele inverte a relação regra-exceção e considera a "forma forte" do *judicial review* uma particularidade europeia do Pós-Guerra, que desembocaria no seguinte paradoxo: *"perfecting democratic procedures by disabling the democratic institutions"*.[94] Em contrapartida, a "forma fraca" indicaria um caminho para resolver o problema do dilema contramajoritário (*counter-majoritarian difficulty*). O Parlamento não seria prejudicado; as instituições seriam forçadas a dialogar; a legitimidade dos Tribunais se reforçaria; e haveria equilíbrio entre os direitos fundamentais e a democracia.

Outros autores não rejeitam a jurisdição constitucional, mas veem nela defasagens consideráveis e, por isso, querem limitá-la. Trata-se, sobretudo, de Ran Hirschl, que apareceu em cena, em 2004, com o livro "Towards Juristocracy", ao qual se seguiram numerosos artigos que advertem contra uma jurisdição constitucional

---

[93] Também Tushnet e Waldron dão a entender que não têm objeções à forma frágil do *judicial review*, cf. TUSHNET, Mark. *Taking the Constitution Away from the Courts*. Princeton: Princeton University Press, 1999, pp. 127 ("ingenious devices") e 175; WALDRON, Jeremy. "The Core of the Case Against Judicial Review". *Yale Law Journal*, Vol. 115, 2006, p. 1354. Também na Alemanha estão surgindo vozes a favor desse modelo como uma alternativa a ser considerada, cf. KAISER, Roman; WOLFF, Daniel. "Verfassungshütung im Commonwealth als Vorbild für den deutschen Verfassungsstaat?" *Der Staat*, Vol. 56, 2017, p. 39.

[94] GARDBAUM, Stephen. "The New Commonwealth Model of Constitutionalism: Theory and Practice". *American Journal of Comparative Law*, Vol. 49, 2001, p. 754.

5 – NOVA CRÍTICA RADICAL À JURISDIÇÃO CONSTITUCIONAL

excessiva.⁹⁵ Segundo ele, o pecado original dos Tribunais foi o de terem estendido a *judicial review* também a casos de *"megapolitics"*, que para ele são: *"core political controversies that define the boundaries of the collective or cut through the heart of the entire nation"*.⁹⁶ Como exemplos, cita o planejamento macroeconômico, a segurança nacional, o processo eleitoral, a mudança de regime de governo, a justiça de transição, a identidade coletiva, *nationbuilding, raison d'être* do Estado.

Hirschl avalia esse fenômeno *"from a participatory democracy standpoint"* e chega à conclusão de que se trata de uma *"intrusion of the judiciary into the prerogatives of legislatures and executives"*.⁹⁷ O assunto traduziria um *"inherently and substantively political exercise"*, e não questões jurídicas.⁹⁸ Problemas desse tipo poderiam ser resolvidos apenas *"by the populace itself, through its elected and accountable representatives"*.⁹⁹ Nisso ele concorda com Tushnet, Kramer e Waldron. Em contrapartida, tribunais seriam

---

⁹⁵ HIRSCHL, Ran. *Toward Juristocracy*. Cambridge: Harvard University Press, 2007; HIRSCHL, Ran. "The New Constitutionalism and the Judicialization of Pure Politics Worldwide". *Fordham Law Review*, Vol. 75, 2006, p. 721; HIRSCHL, Ran. "The Judicialization of Mega-Politics and the Rise of Political Courts". *Annual Review of Political Science*, Vol. 11, 2008, p. 94; HIRSCHL, Ran. "The Realist Turn in Comparative Constitutional Politics". *Political Science Quarterly*, Vol. 62, 2009, p. 825.

⁹⁶ HIRSCHL, Ran. "The Judicialization of Mega-Politics and the Rise of Political Courts". *Annual Review of Political Science*, Vol. 11, 2008, p. 94.

⁹⁷ HIRSCHL, Ran. "The Judicialization of Mega-Politics and the Rise of Political Courts". *Annual Review of Political Science*, Vol. 11, 2008, p. 95.

⁹⁸ HIRSCHL, Ran. "The New Constitutionalism and the Judicialization of Pure Politics Worldwide". *Fordham Law Review*, Vol. 75, 2006, p. 727.

⁹⁹ HIRSCHL, Ran. "The New Constitutionalism and the Judicialization of Pure Politics Worldwide". *Fordham Law Review*, Vol. 75, 2006, p. 99.

apropriados, sobretudo, à obtenção e à apreciação de provas. No presente caso, eles deveriam se limitar à responsabilização por condutas inadequadas e à implementação de garantias procedimentais e de tratamento equânime.

Para firmar a sua suposição, Hirschl apresenta um número impressionante de decisões do mundo inteiro, as quais resolveram polêmicas sumamente políticas ou de grandes efeitos políticos. Contudo, apenas os assuntos dessas decisões lhe pareceram dignos de nota, não as suas fundamentações. Tal como os opositores radicais da *judicial review*, ele não está interessado na interpretação constitucional. Tampouco coloca em questão se as respectivas Constituições contêm palavras acerca dos objetos das decisões. A adequação da política para garantir o cumprimento das exigências constitucionais é, aí, irrelevante: a normatividade da Constituição é um vazio também na obra de Hirschl. A atividade jurisdicional-constitucional (*verfassungsgerichtliche Tätigkeit*) não é percebida como dependente da Constituição. Ele a considera mera política e, com isso, já sela sua ilegitimidade.

Também Richard Fallon aconselha limitar a jurisdição constitucional, mas, à diferença dos outros autores, para poder melhor defendê-la. Seu ensaio é uma resposta a Jeremy Waldron, como o próprio título já deixa entrever,[100] a este contradiz em quase todos os aspectos centrais. Entretanto, o ensaio de Waldron o teria convencido de que a *judicial review* precisa ser revista, para o bem de sua legitimidade. A proposta de Fallon se baseia na distinção entre *errors of underprotection* e *errors of overprotection* dos direitos fundamentais. Os primeiros possuem um peso maior do que os segundos. "*Legislative action is more likely to violate fundamental*

---

[100] FALLON, Richard H. "The Core of an Uneasy Case for Judicial Review". *Harvard Law Review*, Vol. 121, nº 7, mai. 2008, p. 1693.

5 – NOVA CRÍTICA RADICAL À JURISDIÇÃO CONSTITUCIONAL

rights than legal inaction".[101] Por isso, o controle deveria ser limitado a casos de *underprotection*.

Em função disso, que tipos de leis não seriam mais submetidos a um controle judicial? Fallon considera várias combinações. Ele não vê necessidade de uma *judicial review* no caso de leis que protegem direitos fundamentais sem que, com isso, outros direitos fundamentais sejam afetados. Aqui, no entanto, a questão que se coloca é a de saber qual titular de direitos fundamentais poderia ter um interesse jurídico protegido em face de tais leis. O grupo mais importante é formado por aqueles casos nos quais o legislador resolve uma colisão de diversos direitos fundamentais (*"accommodations"*). Seja como for que isso aconteça, por ponderação ou hierarquização (*Abwägung oder Hierarchisierung*), tal não seria passível de revisão. Também podem ser consideradas um subconjunto desse grupo as "combinações de somas zero", ou seja, casos em que a proteção de um direito fundamental só pode ser alcançada às custas de um outro.

Fallon parte dessa suposição, de que os casos infensos à revisão seriam raras exceções. Essa seria, no entanto, uma visão estritamente norte-americana. A Constituição norte-americana contém apenas alguns poucos direitos fundamentais, dentre os quais nenhum direito geral à liberdade comparável ao Art. 2 (1) da Lei Fundamental alemã. Além disso, nenhum direito fundamental foi submetido a uma "reserva de limites" (*Schrankenvorbehalt*). Para resolver essa dificuldade, o campo de incidência dos direitos fundamentais já é delimitado, quanto ao nível de intervenção, por uma delimitação estrita dos âmbitos de proteção. Até agora, nem os princípios da concordância prática e da proporcionalidade, nem o dever de proteção a partir dos direitos fundamentais, conseguiram se impor. Caso se seguisse a proposta de Fallon, a maioria dos

---

[101] FALLON, Richard H. "The Core of an Uneasy Case for Judicial Review". *Harvard Law Review*, Vol. 121, nº 7, mai. 2008, p. 1700.

processos que versam sobre direitos fundamentais seria tolhida do *Bundesverfassungsgericht*.

Trabalhos que se reúnem sob a etiqueta da "desmistificação" também contribuem para a fragilização da jurisdição constitucional – se não do ponto de vista da intenção, certamente do efeito. À diferença das obras analisadas até o momento, tal grupamento não pretende uma retirada de poder dos Tribunais Constitucionais; não há objetivos normativos, porquanto a aproximação do fenômeno dá-se de forma empírica. Em primeiro lugar, deve-se citar aqui Tom Ginsburg, o qual, em face do rápido desenvolvimento da jurisdição constitucional, na segunda metade do século XX, sobretudo após 1989, faz a natural, porém negligenciada, pergunta: *"Why would self-interested governments willingly constrain themselves by constitutional means? And why would democratic majorities restrict their future political choices by putting their faith in the hands of unelected judges?"*[102]

Ginsburg subdivide as explicações havidas até o momento em quatro grupos.[103] Para o primeiro, idealista, a consciência da sedução dos governantes ou a experiência da mudança de democracias liberais em regimes autoritários, preparou o terreno para a jurisdição constitucional. Esta deveria proteger o *limited government*, o *rule of law* e os direitos fundamentais contra tentativas de subversão. A explicação funcional afirma que problemas de competência, tais como aparecem na esteira do federalismo e da divisão de poderes, tornaram necessários mecanismos decisórios específicos. A explicação realista

---

[102] GINSBURG, Tom; VERSTEEG, Mila. "Why Do Countries Adopt Constitutional Review?" *The Journal of Law, Economics, and Organization*, Vol. 30, 2013, p. 588. Cf. também GINSBURG, Tom. *Judicial Review in New Democracies*: Constitutional Courts in Asian Cases. Cambridge: Cambridge University Press, 2003, pp. 21 e ss. (*"Judicial Review as Insurance"*).

[103] GINSBURG, Tom; VERSTEEG, Mila. "Why Do Countries Adopt Constitutional Review?" *The Journal of Law, Economics, and Organization*, Vol. 30, 2013, pp. 592 e ss.

5 – NOVA CRÍTICA RADICAL À JURISDIÇÃO CONSTITUCIONAL

vê a causa no interesse dos políticos em manter o poder. Finalmente, a explicação imitatória parte da ideia de que instituições testadas e aprovadas de outros países são copiadas quando da elaboração de novas Constituições.

Uma tipologia semelhante se encontra em Hirschl, que também busca pelos motivos do fenômeno da *"juristocracy"*.[104] Ele diferencia explicações funcionais, explicações relativas aos direitos fundamentais, explicações institucionais e explicações centradas nos tribunais. A funcional é bastante parecida com a de Ginsburg. A abordagem pelos direitos fundamentais se baseia na suposição de que a proteção dos direitos fundamentais esteja mais bem salvaguardada por instituições judiciais do que por instituições políticas. A explicação institucional se ocupa, sobretudo, com a crescente jurisdição internacional. A abordagem centrada nos Tribunais se diferencia das outras pelo fato de não se ocupar da configuração dos Tribunais Constitucionais, e sim de seu funcionamento. Juízes "ávidos de poder" e Tribunais "imperialistas" teriam se apropriado da Constituição para poder decidir questões políticas e morais.

Ginsburg continua fiel a seu método empírico e, analisando o banco de dados montado por ele de todas as Constituições do mundo, constata que a estatística apoia a explicação realista, enquanto, para as outras explicações, haveria menos comprovações. Hirschl chega a um resultado semelhante por caminhos diferentes. Ele descarta todas as quatro tentativas de explicação apresentadas por ele como insuficientes e abre espaço para apenas uma quinta, que ele descreve como *"a more strategic and realistic approach to the judicialization of politics"* e que é similar ao tipo realista de Ginsburg.[105] Segundo

---

[104] HIRSCHL, Ran. "The Judicialization of Mega-Politics and the Rise of Political Courts". *Annual Review of Political Science*, Vol. 11, 2008, pp. 106 e ss.

[105] HIRSCHL, Ran. "The Judicialization of Mega-Politics and the Rise of Political Courts". *Annual Review of Political Science*, Vol. 11, 2008, p. 97. Também *Tushnet* (TUSHNET, Mark. *Taking the Constitution*

ela, não são primariamente os juízes, e sim os políticos participantes da Constituinte, que têm interesse na jurisdição constitucional. A suposição de que a política poderia ser judicializada sem o forte apoio por parte dos políticos seria ingênua.

É novamente pela abordagem *rational choice* que se explica aqui o desenvolvimento da jurisdição constitucional. Hirschl exige por repetidas vezes que se compreendam os Tribunais Constitucionais como instituições políticas e os juízes como agentes políticos, sem fazer distinção entre *objeto, eficácia* e o *modo de proceder (Vorgang)* do controle jurisdicional de constitucionalidade.[106] O efeito esperado pela política por parte dos Tribunais Constitucionais não seria o controle do poder, e sim, ao contrário, o reforço do poder – e isso justamente quando posições dominantes estariam sendo ameaçadas. Maiorias consolidadas teriam menos interesse no *judicial review*. *"In short, it is the arrival of political competition, or the emergence of a new constellation of power, that makes threatened elites discover the charme of constitutional protection and powerful courts"*.[107]

Não se pode negar o fato de que a explicação realista, que retira da jurisdição constitucional sua aura, tem correspondências na realidade. Ginsburg e Hirschl apresentam exemplos suficientes para tal. A questão é apenas se, dessa forma, o fenômeno está abarcado em sua totalidade, tal como, em contraponto a Ginsburg, supõe Hirschl. A visão realista não considera de antemão a possibilidade de ideias se tornarem eficazes na prática e, nesse sentido, passarem a integrar a realidade. A tentativa de explicação idealista, que pelo menos é citada por Ginsburg, nem sequer aparece em Hirschl. Ao

---

Away from the Courts. Princeton: Princeton University Press, 1999, p. 173) parece inclinar-se a essa ideia: *"Judicial review may serve politicians 'interests, not their constituents'"*.

[106] Cf. supra.

[107] HIRSCHL, Ran. "The Judicialization of Mega-Politics and the Rise of Political Courts". *Annual Review of Political Science*, Vol. 11, 2008, p. 108.

5 – NOVA CRÍTICA RADICAL À JURISDIÇÃO CONSTITUCIONAL

invés, uma avaliação como a já citada de Bruce Ackerman demonstra como líderes revolucionários carismáticos se engajam com ardor por ideias que vão defender (até mesmo sob risco de morte), extraindo justamente dessa circunstância sua legitimidade.[108]

Um aprofundamento na história da formação das Constituições poderia demonstrar, ademais, que novas Constituições de forma alguma são sempre o ditame de uma maioria, mas sim, com frequência, um compromisso de forças rivais, que desejam assegurar o consenso básico para a futura competição. Com frequência, também, o que dá ensejo a uma garantia intensificada por meio dos Tribunais Constitucionais é a vontade conjunta de evitar a repetição de males já superados. Assim como a jurisprudência dos Tribunais não pode ser reduzida à maximização da influência dos juízes, tampouco a decisão a favor da jurisdição constitucional pode ser justificada somente a partir dos interesses de manutenção do poder por parte da Política. É preciso considerar que pode haver um desvio de funções, mas não necessariamente tomar o desvio pelo real sentido.

V.

Não há qualquer relação obrigatória entre jurisdição constitucional e democracia, tanto do ponto de vista positivo quanto negativo. A jurisdição constitucional e a democracia não são mais contraditórias do que mutuamente dependentes. Pressuposta a essa assertiva está uma compreensão de democracia que, por um lado, não se restringe ao princípio da maioria; e, por outro, não se deixa definir por uma vontade popular havida, absolutamente, por verdadeira. Mesmo dentro desses dois extremos, no entanto, os Tribunais Constitucionais seriam cabíveis. Só que, no primeiro caso, eles se limitariam a verificar se a vontade da maioria foi constituída de

---

[108] BRUCE, Ackerman. *Revolutionary Constitutionalism*: Charismatic leadership and the rule of law. Cambridge: The Belknap Press of Harvard University Press, 2019.

forma correta; e, no segundo, precisariam se submeter à instância que reivindica incorporar a verdadeira vontade popular. Em ambas as situações, eles seriam evidentemente marginalizados de diferentes formas.

Entre os dois polos há muitas nuances de democracia e jurisdição constitucional e, de forma correspondente, do relacionamento entre elas. Comparativamente, é possível encontrar democracias pluralistas que não possuem jurisdição constitucional. A observância das regras do jogo democrático, do princípio do Estado de Direito e dos direitos fundamentais precisa dispor de uma proteção cultural bastante forte, a qual dispensaria um controle judicial. Por outro lado, é possível encontrar democracias funcionando mal ou próximas de modelos populistas, embora possuam Tribunais Constitucionais. Para essas serviria, então, a chamada explicação realista, segundo a qual os Tribunais Constitucionais não ocupariam uma posição central no sistema.

A decisão a favor ou contra a jurisdição constitucional deve, portanto, ser considerada de modo pragmático, ponderando-se o risco democrático *vis-a-vis* o ganho em favor do Estado de Direito e da democracia.[109] A decisão cabe ao poder constituinte. Ele não está sujeito a nenhuma vinculação prévia. Onde se afirma o contrário, trata-se de vinculação suprapositiva. É fato que essa tem sido cada vez mais postulada;[110] sua base é uma prévia titularidade de

---

[109] Cf. o capítulo *Nem contradição, nem condição: controle de constitucionalidade e democracia*, nesta obra.

[110] WEINRIB, Jacob. *Dimensions of Dignity*. Cambridge: Cambridge University Press, 2016, pp. 17 e ss., 156 e ss. e 167 e ss.; WEINRIB, Jacob. "The Modern Constitutional State: a Defence". *Queen's Law Journal*, Vol. 40, 2014, p. 166; HAREL, Alon. *Wozu Recht?* Freiburg: Verlag Karl Alber, 2018, pp. 243-284; KUMM, Mattias. "The Idea of Socratic Contestation and the Right to Justification". *Law and Ethics of Human Rights*, Vol. 4, 2010, p. 141; KUMM, Mattias. "The Turn to Justification". *In*: ETINSON, Adam (Org.). *Human Rights*: Moral or Political? Oxford: Oxford University Press, 2018, cap. 7.

5 – NOVA CRÍTICA RADICAL À JURISDIÇÃO CONSTITUCIONAL

direitos em favor dos indivíduos. Ou se supõe que esses direitos só têm valor se o indivíduo também puder demandá-los perante uma instância (*Instanz*) independente da política; ou se concede a cada indivíduo um "direito à justificação", relativo ao ato de império (*Hoheitsakt*) que lhe afeta, o que, por sua vez, exigiria uma instância implementadora sob a forma jurisdicional (*eine gerichtsförmige durchsetzungsinstanz*).

No entanto, há casos em que, na ausência de uma resolução do poder constituinte, os próprios Tribunais Superiores se autorizaram para o controle de normas (*Normenkontrolle*). *Marbury v. Madison* é o exemplo mais conhecido.[111] Mas a decisão da Suprema Corte de Israel no caso do *Mizrahi Bank* não fica muito atrás.[112] Algo semelhante aconteceu com a decisão da Suprema Corte indiana, na qual esta reivindicou o controle de constitucionalidade de emendas constitucionais.[113] No entanto, foi do significado e da função das Constituições que esses Tribunais extraíram tal autoridade. Não obstante, o *status* da jurisdição constitucional é mais precário nesses casos e, em última análise, esse autoempoderamento será aceito pela sociedade ou combatido como uma usurpação, a depender de fatores jurídico-culturais.

A nova crítica radical à jurisdição constitucional, mesmo parecendo tão pouco convincente em seu resultado, é um indicativo de uma reviravolta jurídico-cultural, que se dá após uma era de euforia e, em parte, também de hiperatividade dos Tribunais Constitucionais. A crítica é motivada pela teoria democrática, mas coincide com uma tendência a um efetivo desempoderamento e aparelhamento (*Gleichschaltung*) dos Tribunais Constitucionais cujo pano de fundo é uma rejeição à democracia pluralista. Considerando que os novos regimes populistas (sobretudo no âmbito da União Europeia) estão

---

[111] *Marbury v. Madison*, 5 U.S. (1 Cranch), 137 (1803).
[112] *United Mizrahi Bank v. Migdal Village*, CA 6821/93 (1995).
[113] *Kesavananda Bharati v. State of Kerala*, 4 SCC 225 (1973).

à procura de justificação jurídica, não poderia surpreender se os autores aqui debatidos fossem para tanto aproveitados. A estes, então, seria necessário descobrir o que os difere dos populistas.

REFERÊNCIAS BIBLIOGRÁFICAS

ALEXANDER, Larry; SCHAUER, Frederick. "On Extrajudicial Constitutional Interpretation". *Harvard Law Review*, Vol. 110, nº 7, mai. 1997.

ALEXY, Robert. *Theorie der Grundrechte*. Baden-Baden: Nomos, 1985.

ALTER, Karen J. *The New Terrain of International Law*: Courts, Politics, Rights. Princeton: Princeton University Press, 2014.

ANDENAS, Mads; WILBERG, Ingeborg. *The Constitution of Norway*: A Commentary. Oslo: Universitetsforlaget, 1987.

ANSCHÜTZ, Gerhard; MENDE, Helmuth. "Empfiehlt es sich, die Zuständigkeit des Staatsgerichtshofs auf andere als die in Art. 19 Abs. 1 RV bezeichneten Verfassungsstreitigkeiten auszudehnen?" *Verhandlungen des 34. Deutschen Juristentages*, Vol. 34, nº 2. Berlim: De Gruyter, 1926.

ATIYAH, P. S.; SUMMERS, Robert S. *Form and Substance in Anglo-American Law*: a Comparative Study in Legal Reasoning, Legal Theory and Legal Institutions. Oxford: Clarendon Press, 1987.

BALKIN, Jack M. *Living Originalism*. Cambridge: Harvard University Press, 2011.

BEAUD, Olivier; PASQUINO, Pasquale (Orgs.). *La controverse sur "Le gardien de la constitution" et la justice constitutionnelle*: Kelsen contra Schmitt. Paris: Panthéon-Assas, 2007.

BICKEL, Alexander. *The Least Dangerous Branch*. New Haven: Yale University Press, 1962.

BÖCKENFÖRDE, Ernst-Wolfgang. "Die Methoden der Verfassungsinterpretation". *Neuen Juristischen Wochenschrift*. München: Beck, 1976.

_____. "Grundrechtstheorie und Grundrechtsinterpretation". *Neuen Juristischen Wochenschrift (NJW)*. München: Beck, 1974.

_____. "Kritik der Wertbegründung des Rechts". *In*: SPAEMANN, Robert et al. *Festschrift für Robert Spaemann*. Weinheim: Acta Humaniora, VCH, 1987.

BRUCE, Ackerman. *Revolutionary Constitutionalism*: Charismatic leadership and the rule of law. Cambridge: The Belknap Press of Harvard University Press, 2019.

BRUNHÖBER, Beatrice. *Die Erfindung "demokratischer Repräsentation" in den Federalist Papers*. Tübingen: Mohr Siebeck, 2010.

BRÜNNECK, Alexander von. *Verfassungsgerichtsbarkeit in westlichen Demokratien*. Baden-Baden: Nomos, 1992.

CALDWELL, Peter C. *Popular sovereignty and the crisis of the German constitutional law*: the theory and practice of Weimar constitutionalism. Durham: Duke University Press, 1997.

CAPPELLETTI, Mauro. *Judicial Review in the Contemporary World*. Indianapolis: Bobbs-Merrill, 1971.

CHEMERINSKY, Erwin. "In Defense of Judicial Review: The Perils of Popular Constitutionalism". *University of Illinois Law Review*, n° 3, 2004.

CHEN, Albert H. Y. *Constitutional Courts in Asia*: a comparative perspective. Cambridge: Cambridge University Press, 2018.

COLLINGS, Justin. *Democracy's Guardians*: a History of the German Federal Constitutional Court, 1951-2001. Oxford: Oxford University Press, 2015.

CROWLEY, Steven P. "The Majoritarian Difficulty: Elective Judiciaries and the Rule of Law". *University of Chicago Law Review*, Vol. 62, 1995.

CURRIE, David P. *The Constitution of the Federal Republic of Germany*. Chicago: University of Chicago Press, 1994.

DREIER, Horst. "Verfassungsgerichtsbarkeit in der Weimarer Republik". *Der Staat*, Vol. 22, 2014.

DWORKIN, Ronald. *A Matter of Principle*. Oxford: Clarendon Press, 1985.

ELSTER, Jon; SLAGSTAD, Rune (Orgs.). *Constitutionalism and Democracy*. Cambridge: Cambridge University Press, 1988.

ELY, John Hart. *Democracy and Distrust*. Cambridge: Harvard University Press, 1980.

ESSER, Josef. *Vorverständnis und Methodenwahl in der Rechtsfindung*. Rationalitätsgrundlagen der richterlichen Entscheidungspraxis. Frankfurt: Athenäum Fischer, 1970.

FALLON, Richard H. "The Core of an Uneasy Case for Judicial Review". *Harvard Law Review*, Vol. 121, n° 7, mai. 2008.

FEREJOHN, John; PASQUINO, Pasquale. "Constitutional Courts as Deliberative Institutions: Towards an Institutional Theory of Constitutional Justice". *In*: SADURSKI, Wojciech (Org.). *Constitutional Justice, East and West*. The Hague: Kluwer Law International, 2003.

_____. "The Judiciary and the Popular Will". *University of Pennsylvania Journal of Constitutional Law*, Vol. 13, 2011.

FOMBAD, Charles M. (Org.). *Constitutional Adjudication in Africa*. Oxford: Oxford University Press, 2017.

FORSTHOFF, Ernst. "Die Umbildung des Verfassungsgesetzes". *In*: BARION, Hans; FORSTHOFF, Ernst; WEBER, Werner (Orgs.). *Festschrift für Carl Schmitt*. Berlim: Duncker & Humblot, 1959.

FRIEDMAN, Barry. "The Birth of an Academic Obsession: The History of the Countermajoritarian Difficulty". *Yale Law Journal*, Vol. 112, 2002.

FROWEIN, Jochen A.; MARAUHN, Thilo (Orgs.). *Grundfragen der Verfassungsgerichtsbarkeit in Mittel- und Osteuropa*. Berlim: Springer, 1998.

GARDBAUM, Stephen. "The New Commonwealth Model of Constitutionalism: Theory and Practice". *American Journal of Comparative Law*, Vol. 49, 2001.

_____. "Weak-Form Review in Comparative Perspective". *International Journal of Constitutional Law* (I-CON), Vol. 17, 2019.

_____. *The New Commonwealth Model of Constitutionalism*: Theory and Practice. Cambridge: Cambridge University Press, 2013.

GINSBURG, Tom. *Judicial Review in New Democracies*: Constitutional Courts in Asian Cases. Cambridge: Cambridge University Press, 2003.

GINSBURG, Tom; VERSTEEG, Mila. "Why Do Countries Adopt Constitutional Review?" *The Journal of Law, Economics, and Organization*, Vol. 30, 2013.

GRABER, Mark A. "The Problematic Establishment of Judicial Review". *In*: GILLMAN, Howard; CORNELL, Clayton (Orgs.). *The Supreme Court in American Politics*. Lawrence: University Press of Kansas, 1999.

GRABER, Mark A.; LEVINSON, Sanford; TUSHNET, Mark (Org.). *Constitutional Democracy in Crisis?* Oxford: Oxford University Press, 2018.

GREENBERG, Douglas *et al.* (Orgs.). *Constitutionalism and Democracy*: Transitions in the Contemporary World. Oxford: Oxford University Press, 1993.

GRIMM, Dieter (Org.). *Vorbereiter – Nachbereiter?* Studien zum Verhältnis von Verfassungsrechtsprechung und Verfassungsrechtswissenschaft. Tübingen: Mohr Siebeck, 2019.

GRIMM, Dieter. "Zum Verhältnis von Interpretationslehre, Verfassungsgerichtsbarkeit und Demokratieprinzip bei Kelsen". *In*: _____. *Verfassungsgerichtsbarkeit*. Berlin: Suhrkamp, 2021.

_____. "Die Errungenschaft des Konstitutionalismus und ihre Aussichten in einer veränderten Welt". *In*: _____. *Die Zukunft der Verfassung II*. Berlin: Suhrkamp, 2012.

_____. "Die politischen Parteien". *In*: BENDA, Ernst; MAIHOFER, Werner; VOGEL, Hans-Jochen (Orgs.). *Handbuch des Verfassungsrechts*. 2ª ed. Berlin: De Gruyter, 1994.

_____. "Entstehungs- und Wirkungsbedingungen des modernen Konstitutionalismus". *In*: _____. *Die Zukunft der Verfassung*. Berlin: Suhrkamp, 1991.

_____. "Human Rights and Judicial Review in Germany". *In*: BEATTY, David M. (Org.). *Human Rights and Judicial Review*: a Comparative Perspective. Boston: Brill, 1994.

_____. "Methode als Machtfaktor". *In*: HORN, Norbert *et al.* (Orgs.). *Europäisches Rechtsdenken in Geschichte und Gegenwart*: Festschrift für Helmut Coing. Vol. 1. München: C. H. Beck, 1982.

_____. "Probleme einer eigenständigen Verfassungsgerichtsbarkeit in Deutschland". *In*: _____.*Verfassungsgerichtsbarkeit*. Berlim: Suhrkamp, 2021.

_____. "Rückkehr zum liberalen Grundrechtsverständnis?" *In*: _____. *Die Zukunft der Verfassung*. 2ª ed. Frankfurt: Suhrkamp, 1994.

_____. "Schutzrecht und Schutzpflicht". *In*: DÄUBLER-GMELIN, Herta (Org.). *Festschrift für Ernst Gottfried Mahrenholz*. Berlim: de Gruyter, 1994.

_____. "The Role of Fundamental Rights after 65 Years of Constitutional Jurisprudence in Germany". *International Journal of Constitutional Law* (I-CON), Vol. 13, 2015.

_____. "Ursprung und Wandel der Verfassung". *In*: ISENSEE, Josef; KIRCHHOFF, Paul (Orgs.). *Handbuch des Staatsrechts der Bundesrepublik Deutschland*. Vol. I. 3ª ed. Heidelberg: C. F. Müller, 2003.

_____. "Verfassungsgerichtsbarkeit im demokratischen System". *In*: _____. *Verfassungsgerichtsbarkeit*. Berlim: Suhrkamp, 2021.

_____. "Zum Verhältnis von Interpretationslehre, Verfassungsgerichtsbarkeit und Demokratieprinzip bei Kelsen". *In*: _____. *Verfassungsgerichtsbarkeit*. Berlim: Suhrkamp, 2021.

_____. *Die Zukunft der Verfassung*. 2ª ed. Frankfurt: Suhrkamp, 1994.

_____. *Ich bin ein Freund der Verfassung*: Wissenschaftsbiographisches Interview von Oliver Lepsius, Christian Waldhoff und Matthias Roßbach mit Dieter Grimm. Tübingen: Mohr Siebeck, 2017.

GUSY, Christoph. *100 Jahre Weimarer Verfassung*. Berlim: Duncker & Humblot, 2018.

HALTERN, Ulrich R. *Verfassungsgerichtsbarkeit, Demokratie und Mißtrauen*: Das Bundesverfassungsgericht in einer Verfassungstheorie zwischen Populismus und Progressivismus. Berlim: Duncker & Humblot, 1998.

HAREL, Alon *et al*. *Wozu Recht?* Freiburg: Verlag Karl Alber, 2018.

HERBST, Tobias. "Die These der einzig richtigen Entscheidung: Überlegungen zu ihrer Überzeugungskraft insbesondere in den Theorien von Ronald Dworkin und Jürgen Habermas". *JuristenZeitung*, Vol. 67, 2012.

HESSE, Konrad. *Die normative Kraft der Verfassung*. Tübingen: J.C.B. Mohr, 1959.

_____. *Grundzüge des Verfassungsrechts der Bundesrepublik Deutschland*. 20ª ed. Heidelberg: Müller, 1995.

HEUN, Werner. "Original Intent und Wille des historischen Verfassungsgebers". *Archiv des öffentlichen Rechts*, Vol. 116, 1991.

HIPPEL, Ernst von. "Das richterliche Prüfungsrecht". *In*: ANSCHÜTZ, Gerhard; THOMA, Richard (Orgs.). *Handbuch des Deutschen Staatsrechts*. Vol. II. Tübingen: Mohr Siebeck, 1932.

HIRSCHL, Ran. "The Judicialization of Mega-Politics and the Rise of Political Courts". *Annual Review of Political Science*, Vol. 11, 2008.

_____. "The New Constitutionalism and the Judicialization of Pure Politics Worldwide". *Fordham Law Review*, Vol. 75, 2006.

_____. "The Realistic Turn in Comparative Constitutional Politics". *Political Research Quarterly*, Vol. 62, 2009.

_____. *Toward Juristocracy*. Cambridge: Harvard University Press, 2007.

_____. *Towards Juristocracy*: The Origins and Consequences of the New Constitutionalism. Cambridge: Harvard University Press, 2004.

HOFFRITZ, Jutta. *Totentanz*: 1923 und seine Folgen. Hamburgo: Harper Collins, 2022.

HORN, Hans-Rudolf; WEBER, Albrecht (Orgs.). *Richterliche Verfassungskontrolle in Lateinamerika, Spanien und Portugal*. Baden-Baden: Nomos, 1989.

ISSACHAROFF, Samuel. *Fragile Democracies*: Contested Power in the Era of Constitutional Courts. Cambridge: Cambridge University Press, 2015.

JACOB, Herbert *et al.* (Orgs.). *Courts, Law and Politics in Comparative Perspective*. New Haven: Yale University Press, 1996.

JEFFERSON, Thomas. "Proposed Constitution for Virginia". *In*: FORD, Paul Leicester (Org.). *The Writings of Thomas Jefferson*. Vol. X. Nova York: G. P. Putnam's Sons, 1894.

_____. "Proposed Constitution for Virginia". *In*: FORD, Paul Leicester (Org.). *The Writings of Thomas* Jefferson. Vol. III. Norderstedt: Hansebooks GmbH, 1894.

JESTAEDT, Matthias. "Vom Beruf der Rechtswissenschaft – zwischen Rechtspraxis und Rechtstheorie". *In*: DREIER, Horst (Org.). *Rechtswissenschaft als Beruf*. Tübingen: Mohr Siebeck, 2018.

JESTAEDT, Matthias; LEPSIUS, Oliver; MÖLLERS, Christoph; SCHÖNBERGER, Christoph. *Das entgrenzte Gericht*. Eine kritische Bilanz nach sechzig Jahren Bundesverfassungsgericht. Berlim: Suhrkamp, 2011.

KAISER, Roman; WOLFF, Daniel. "Verfassungshütung im Commonwealth als Vorbild für den deutschen Verfassungsstaat?" *Der Staat*, Vol. 56, 2017.

KAUFMANN, Erich; NAWIASKY, Hans; HENSEL, Albert; BÜHLER, Ottmar. "Die Gleichheit vor dem Gesetz im Sinne des Art. 109 der Reichsverfassung". *Veröffentlichungen der Vereinigung der Deutschen Staatsrechtslehrer (VVDStRL)*. Vol. 3. Berlim: de Gruyter, 1927.

KAVANAGH, Aileen. "Constitutional Review, the Courts, and Democratic Scepticism". *Current Legal Problems*, Vol. 62, n° 1, jan. 2009.

_____. "Participation and Judicial Review: A Reply to Jeremy Waldron". *Law and Philosophy*, Vol. 22, n° 5, 2003.

KELSEN, Hans. "Wer soll der Hüter der Verfassung sein?" *Die Justiz*, Vol. VI, 1930/1931.

_____. "Wesen und Entwicklung der Staatsgerichtsbarkeit". *Veröffentlichungen der Vereinigung der Deutschen Staatsrechtslehrer (VVDStRL)*. Vol. 5. Berlim: de Gruyter, 1929.

_____. *Reine Rechtslehre*: Einleitung in die rechtswissenschaftliche Problematik. Leipzig e Viena: Franz Deuticke, 1934.

_____. *Vom Wesen und Wert der Demokratie*. Tübingen: Mohr, 1920.

_____. *Wer soll der Hüter der Verfassung sein?* Berlim: W. Rothschild, 1931.

KENNEDY, Duncan. *A Critique of Adjudication*: fin de siècle. Cambridge: Harvard University Press, 1997.

KIRCHHOF, Gregor; MAGEN, Stefan; SCHNEIDER, Karsten (Orgs.). *Was weiß Dogmatik?* Tübingen: Mohr Siebeck, 2012.

KLARMAN, Michael J. "How Great Were the "Great" Marshall Court's Decisions?" *Virginia Law Review*, Vol. 87, 2001.

KOPPETSCH, Cornelia. *Die Gesellschaft des Zorns*: Rechtspopulismus im globalen Zeitalter. Bielefeld: Transcript, 2019.

KRAMER, Larry D. *The People Themselves*: Popular Constitutionalism and Judicial Review. Oxford: Oxford University Press, 2004.

KRANENPOHL, Uwe. *Hinter dem Schleier des Beratungsgeheimnisses*: Der Willensbildungs- und Entscheidungsprozess des Bundesverfassungsgerichts. Wiesbaden: VS Verlag, 2010.

KRETZMER, David. "Democracy in the Jurisprudence of the Supreme Court of Israel". *Israel Yearbook on Human Rights*. Vol. 26. Londres: Martinus Nijhoff Publishers, 1987.

KRÜPER, Julian; PAYANDEH, Mehrdad; SAUER, Heiko (Orgs.). *Konrad Hesses normative Kraft der Verfassung*. Tübingen: Mohr Siebeck, 2019.

KÜHNE, Jörg-Detlef. *Die Entstehung der Weimarer Verfassung*. Düsseldorf: Droste, 2018.

KUMM, Mattias. "Constitutional Courts and Legislatures". *Católica Law Review*, Vol. 1, 2017.

_____. "The Idea of Socratic Contestation and the Right to Justification". *Law and Ethics of Human Rights*, Vol. 4, 2010.

_____. "The Turn to Justification". *In*: ETINSON, Adam (Org.). *Human Rights*: Moral or Political? Oxford: Oxford University Press, 2018.

LABAND, Paul. *Das Staatsrecht des Deutschen Reiches*. 5ª ed. Vol. II. Tübingen: Mohr, 1911.

LAUFAR, Heinz. *Verfassungsgerichtsbarkeit und politischer Prozess*: Studien zum Bundesverfassungsgericht der Bundesrepublik Deutschland. Tübingen: Mohr Siebeck, 1965.

LESSIG, Lawrence. *Republic, lost*: How Money Corrupts Congress, and a plan to stop it. Nova York: Unabridged, 2011.

_____. *Republic, lost*: How Money Corrupts Congress, and a plan to stop it. Nova York: Twelve, 2011.

REFERÊNCIAS BIBLIOGRÁFICAS

LEUCHTENBURG, William E. *The Supreme Court Reborn*: The Constitutional Revolution in the Age of Roosevelt. Oxford: Oxford University Press, 1995.

LEVITSKY, Steven; ZIBLATT, Daniel. *Wie Demokratien sterben*. München: Pantheon, 2018.

LÜBBE-WOLFF, Getrude. *Wie funktioniert das Bundesverfassungsgericht?* Göttingen: Vandenhoeck & Ruprecht, 2015.

LUCIANI, Massimo. "Il diritto e l'eccezione". *Rivista AIC*, n° 2-2022. Roma: Associazione Italiane dei Costituzionalisti, 2022.

LUHMANN, Niklas. *Das Recht der Gesellschaft*. Frankfurt: Suhrkamp, 1993.

_____. *Gesellschaftsstruktur und Semantik*. Vol. 4. Frankfurt: Suhrkamp, 1995.

MALLAT, Chibli. *Introduction to Middle Eastern Law*. Oxford: Oxford University Press, 2009.

MANOW, Philip. *Die politische Ökonomie des Populismus*. Berlim: Suhrkamp, 2018.

MARCH, James G.; OLSEN, Johan P. *Democratic Governance*. Nova York: Free Press, 1995.

MOHNHAUPT, Heinz; GRIMM, Dieter. *Verfassung. Zur Geschichte des Begriffs von der Antike bis zur Gegenwart*. 2ª ed. Berlim: Duncker & Humblot, 2002.

MORGAN, Edmund S. *Inventing the People*: The Rise of Popular Sovereignty in England and America. Nova York: W. W. Norton, 1988.

MÜLLER, Jan-Werner. *Was ist Populismus?* Berlim: Suhrkamp, 2016.

MÜLLER-MALL, Sabine. "Interpretation und Urteil im Juridischen". *In*: GRIMM, Dieter; KÖNIG Christoph (Orgs.). *Lektüre und Geltung*: Zur Verstehenspraxis in der Rechtswissenschaft und in der Literaturwissenschaft. Göttingen: Wallstein Verlag, 2020.

NEUMANN, Volker. *Carl Schmitt als Jurist*. Tübingen: Mohr Siebeck, 2015.

O'FALLON, James. "Marbury". *Stanford Law Review*, Vol. 44, 1992.

PHILIPPI, Klaus Jürgen. *Tatsachenfeststellungen des Bundesverfassungsgerichts*. Köln: Heymann, 1971.

POST, Robert. *Citizens Divided*: campaign finance reform and the constitution. Cambridge: Harvard University Press, 2014.

RAKOVE, Jack N. *Original Meanings*: Politics and Ideas in the Making of the Constitution. Nova York: Alfred A. Knopf, 1996.

RAZ, Joseph. "Disagreement in Politics". *The American Journal of Jurisprudence*, Vol. 43, n° 1, jan. 1998.

RECKWITZ, Andreas. *Das Ende der Illusionen. Politik, Ökonomie und Kultur in der Spätmoderne*. Berlim: Suhrkamp, 2019.

ROBERTSON, David. *The Judge as Political Theorist*: Contemporary Constitutional Review. Princeton: Princeton University Press, 2010.

SADURSKI, Wojciech. *Rights Before Courts*: a Study of Constitutional Courts in Postcommunist States of Central and Eastern Europe. Dordrecht: Springer Netherlands, 2005.

SCALIA, Antonin. *A Matter of Interpretation*: Federal Courts and the Law, an Essay. Princeton: Princeton University Press, 1997.

SCHEPPELE, Kim Lane. "Autocratic Legalism". *The University of Chicago Law Review*, Vol. 85, 2018.

_____. "Constitutional Coups and Judicial Review". *Transnational Law and Contemporary Problems*, Vol. 51, 2014.

SCHLAICH, Klaus; KORIOTH, Stefan. *Das Bundesverfassungsgericht*: Stellung, Verfahren, Entscheidungen. 12ª ed. München: C. H. Beck, 2021.

SCHMITT, Carl. "Das Reichsgericht als Hüter der Verfassung". *In*: SCHREIBER, Otto (Org.). *Die Reichsgerichts-Praxis im deutschen Rechtsleben*. Fest-gabe zum 50jährigen Bestehen des Reichsgerichts (1. Oktober 1929). Vol. 1. Berlim: de Gruyter, 1929.

_____. "Das Reichsgericht als Hüter der Verfassung". *In*: SCHREIBER, Otto (Org.). *Die Reichsgerichts-Praxis im deutschen Rechtsleben*. Festgabe zum 50jährigen Bestehen des Reichsgerichts (1. Oktober 1929). Vol. 1. Berlim: de Gruyter, 1929.

_____. "Der Hüter der Verfassung". *AöR*, Vol. 55, 1929.

_____. "Der Hüter der Verfassung". *Archiv des öffentlichen Rechts*, Vol. 55 (neue Folge 16), n° 2, 1929.

_____. "Die Tyrannei der Werte". *In*: *Säkularisierung und Utopie*. Ebracher Studien. Ernst Forsthoff zum 65. Geburtstag. Stuttgart: Kohlhammer, 1967.

_____. *Der Hüter der Verfassung*. Tübingen: Mohr, 1931.

_____. *Gesetz und Urteil*: Eine Untersuchung zum Problem der Rechtspraxis. Berlim: Verlag Otto Liebmann, 1912.

_____. *Verfassungslehre*. Berlim: Duncker & Humblot, 1928.

SCHULZE-FIELITZ, Helmuth. "Staatsrechtslehre und Bundesverfassungsgericht – prozedural gesehen". *Staatsrechtslehre als Mikrokosmos*. Tübingen: Mohr Siebeck, 2013.

SIEDER, Rachel; SCHJOLDEN, Line; ANGELL, Alan (Orgs.). *The Judicialization of Politics in Latin America*. Nova York: Palgrave Macmillan US, 2005.

SILVA, Virgílio Afonso da. "Deciding without deliberating". *International Journal of Constitutional Law*, Vol. 11, n° 3, 2013.

SOMEK, Alexander. "Zwei Welten der Rechtslehre und die Philosophie des Rechts". *JuristenZeitung*, ano 71, n° 10, 2016.

STARCK, Christian; WEBER, Albrecht (Org.). *Verfassungsgerichtsbarkeit in Westeuropa*. Vol. 2. Baden-Baden: Nomos, 1986.

STOLLEIS, Michael. *Geschichte des öffentlichen Rechts in Deutschland*. München: C.H. Beck, Vol. 3, 1999.

STOURZH, Gerald. "Hans Kelsen, die österreichische Bundesverfassung und die rechtsstaatliche Demokratie". *In*: *Die Reine Rechtslehre in wissenschaftlicher Diskussion*: Referate und Diskussion auf dem zu Ehren des 100. Geburtstages von Hans Kelsen von 22. bis 27. September 1981, abgehaltenen Internationalen Symposion. Viena: Manz, 1982.

_____. "Schutz der Verfassung in der österreichischen Dezemberverfassung von 1867". *In*: SIMON, Thomas; KALWODA, Johannes (Orgs.). *Schutz der Verfassung*: Normen, Institutionen, Höchst-und Verfassungsgerichte: Tagung der Vereinigung für Verfassungsgeschichte in Hofgeismar vom 12. bis 14. März, 2012. (Der Staat). Vol. 22. Berlim: Duncker & Humblot, 2014.

TATE, C. Neal; VALLINDER, Torbjörn (Orgs.). *The Global Expansion of Judicial Review*. Nova York: New York University Press, 1995.

TEW, Yvonne. *Constitutional Statecraft in Asian Courts*. Oxford: Oxford University Press, 2020.

THOMA, Richard. "Das richterliche Prüfungsrecht". *Archiv des öffentlichen Rechts* (doravante: *AöR*), Vol. 43, 1922.

TUSHNET, Mark. *Taking the Constitution Away from the Courts*. Princeton: Princeton University Press, 1999.

VAN DER SCHYFF, Gerhard. "The prohibition on constitutional review by the Judiciary in the Netherlands in critical perspective: The case and roadmap for Reform". *German Law Journal*, Vol. 21, n° 5. Cambridge: Cambridge University Press, 2020.

VILLALÓN, Pedro Cruz. *La formación del sistema europeo de control de constitucionalidad (1918-1939)*. Madrid: Centro de Estudios Constitucionales, 1987.

VISSER, Maartje de. *Constitutional Review in Europe*. Oxford: Hart Publishing, 2014.

VOLKMANN, Uwe. "Rechtsgewinnung aus Bildern – Beobachtungen über den Einfluss dirigierender Hintergrundvorstellungen auf die Auslegung des heutigen Verfassungsrechts". *In*: KRÜPER, Julian; MERTEN, Heike; MORLOK, Martin (Orgs.). *An den Grenzen der Rechtsdogmatik*. Tübingen: Mohr Siebeck, 2010.

_____. "Rechts-Produktion oder: Wie die Theorie der Verfassung ihren Inhalt bestimmt". *Der Staat*, Vol. 54, 2015.

WAHL, Rainer. "Die normative Kraft der Verfassung: Die Antrittsvorlesung Konrad Hesses in ihrem historischen Kontext". *Der Staat*, Vol. 58, 2019.

_____. "Die praktische Wirksamkeit der Verfassung: Der Fall des Grundgesetzes". *In*: SACHS, Michael; SIEKMANN, Helmut (Orgs.). *Der grundrechtsgeprägte Verfassungsstaat. Festschrift für Klaus Stern zum 80. Geburtstag*. Berlim: Duncker & Humblot, 2012.

WALDRON, Jeremy. "The Core of the Case Against Judicial Review". *Yale Law Journal*, Vol. 115, 2006.

_____. *Law and Disagreement*. Oxford: Oxford University Press, 1999.

WEINRIB, Jacob. "The Modern Constitutional State: a Defence". *Queen's Law Journal*, Vol. 40, 2014.

_____. *Dimensions of Dignity*. Cambridge: Cambridge University Press, 2016.

WEINRIB, Lorraine. "Of Diligence and Dice: Reconstituting Canada's Constitution". *University of Toronto Law Journal*, Vol. 42, 1985.

WENDENBURG, Helge. *Die Debatte um die Verfassungsgerichtsbarkeit und der Methodenstreit der Staatsrechtslehre in der Weimarer Republik*. Göttingen: O. Schwartz, 1984.

WIEDERIN, Ewald. "Der österreichische Verfassungsgerichtshof als Schöpfung Hans Kelsens und sein Modellcharakter als eigenständiges Verfassungsgericht". *In*: SIMON, Thomas; KALWODA, Johannes (Orgs.). *Schutz der Verfassung*: Normen, Institutionen, Höchst-und Verfassungsgerichte: Tagung der Vereinigung für Verfassungsgeschichte in Hofgeismar vom 12. bis 14. März, 2012. (Der Staat). Vol. 22. Berlim: Duncker & Humblot, 2014.

_____. "Münchhausen in der Praxis des Staatsrechts". *In*: JABLONER, Clemens (Org.). *Gedenkschrift für Robert Walter*. Viena: Manz, 2013.

WOOD, Gordon S. *The Creation of the American Republic 1776-1787*. Chapel Hill: The University of North Carolina Press, 1998.

WRASE, Michael. "Die Methode der Grundrechtsinterpretation". *In*: GRIMM, Dieter (Org.). *Vorbereiter – Nachbereiter? Studien zum Verhältnis von Verfassungsrechtsprechung und Verfassungsrechtswissenschaft*. Tübingen: Mohr Siebeck, 2019.

ZIERLEIN, Karl-Georg. "Die Bedeutung der Verfassungsrechtsprechung für die Bewahrung und Durchsetzung der Staatsverfassung. Ein Überblick über die Rechtslage in und außerhalb Europas". *Europäische Grundrechte-Zeitschrift*, 30 set. 1991.

A Editora Contracorrente se preocupa com todos os detalhes de suas obras! Aos curiosos, informamos que este livro foi impresso no mês de novembro de 2023, em papel Pólen Natural 80g.